Kommunikations- und Medienethik

herausgegeben von

Alexander Filipović
Christian Schicha
Ingrid Stapf

Band 12

Claudia Paganini

Werte für die Medien(ethik)

Gefördert durch den Forschungsschwerpunkt ‚Kulturelle Begegnungen – Kulturelle Konflikte' der Leopold-Franzens-Universität Innsbruck.

Die Deutsche Nationalbibliothek verzeichnet diese Publikation in der Deutschen Nationalbibliografie; detaillierte bibliografische Daten sind im Internet über http://dnb.d-nb.de abrufbar.

ISBN 978-3-8487-6310-8 (Print)
ISBN 978-3-7489-0415-1 (ePDF)

Bis Band 4 erschienen bei Beltz Juventa, Weinheim.

Onlineversion
Nomos eLibrary

1. Auflage 2020
© Nomos Verlagsgesellschaft, Baden-Baden 2020. Gesamtverantwortung für Druck und Herstellung bei der Nomos Verlagsgesellschaft mbH & Co. KG. Alle Rechte, auch die des Nachdrucks von Auszügen, der fotomechanischen Wiedergabe und der Übersetzung, vorbehalten. Gedruckt auf alterungsbeständigem Papier.

Für Pablo

Zum Geleit

„Aber nun geschah tatsächlich etwas Unglaubliches – und zwar genau in diesem Moment! Da draußen flog ein gottverdammtes UFO herum. Ich sah es klar und deutlich. […] Es kam definitiv näher. Ich konnte seine Form nun genauer erkennen. Und als die Untertasse kurz zur Seite kippte, sah ich, dass es gar keine Untertasse war. Der symmetrisch geformte Rumpf erinnerte eher an die Klinge einer Doppelaxt. In der Mitte zwischen den langen, gezackten Flügeln befand sich ein schwarzes, achtkantiges Prisma, das wie ein dunkles Juwel in der Morgensonne funkelte.
In diesem Moment erlitt mein Hirn einen Kurzschluss, denn ich kannte das markante Design des Fluggerätes nur allzu gut. Schließlich hatte ich es in den letzten paar Jahren beinahe jeden Abend im Fadenkreuz gehabt. Es handelte sich um eine Gleve der Sobrukai, eines der Kampfschiffe der bösen Aliens in Armada, meinem Lieblingscomputerspiel.
Was natürlich nicht sein konnte. Das wäre so, als würde man einen TIE-Jäger oder einen Warbird der Klingonen am Himmel sehen. Die Sobrukai und ihre Gleven waren Fiktion. In der realen Welt existierten sie nicht, basta. Computerspiele erwachten nicht zum Leben, und erfundene Raumschiffe düsten nicht am Himmel über deiner Heimatstadt umher."[1]

Und doch: Das Undenkbare geschieht. Zumindest im jüngsten Roman des amerikanischen Bestsellerautors Ernest Cline. Hatten der Ich-Erzähler Zack Lightman und all die anderen Gamer an ihren Computern bis dato weitgehend unbeachtet virtuelle Kämpfe ausgefochten, werden sie jetzt, da das Computerspiel *Armada* Realität geworden ist und eine Aleninvasion das Fortbestehen der menschlichen Zivilisation gefährdet, zu den Helden der Menschheit. Nur sie haben das nötige Knowhow, um die Erde zu retten. Auf den ersten Seiten seiner Erzählung aber legt Cline nicht nur die Grundsteine für einen spannenden Science-Fiction-Thriller und nebenbei für eine literarische Auseinandersetzung mit medienethischen Fragen – wie etwa den Wechselwirkungen zwischen virtuellem und nicht-virtuellem Leben –, er macht zugleich jene zwei Grundkonstanten (be)greifbar,

---

[1] Cline E. (2017), Kapitel I.

die die Geschichte des Menschen mit seinen Medien von Beginn an geprägt haben: Faszination und Irritation. Medien und die Handlungsmöglichkeiten, die sich aus ihrem Einsatz ergeben, haben das menschliche Denken immer schon inspiriert. Mehr noch: Wenn man die Bereitschaft mitbringt, die Philosophiegeschichte gegen den Strich zu lesen, mag man bei näherem Hinsehen sogar mit Stefan Münker konstatieren, es handle sich bei dieser Geschichte – angefangen mit Platons Phaidron und seiner Beschäftigung mit dem Phänomen der Schrift – letztlich um eine „Auseinandersetzung der jeweiligen Philosophen mit den historisch verfügbaren Medien"[2]. Eng einher mit der Faszination ging und geht aber die Irritation, die besonders in Zeiten der medialen Umbrüche spürbar wird. Dies zeigt sich schon im Alten Orient, wo dem ersten Verschriftlichen mündlich überlieferter Botschaften mit großer Skepsis begegnet worden ist[3], aber auch an jenen Eckpunkten der Neuzeit, die uns besser in Erinnerung sind: der Erfindung des Buchdrucks und der Fotografie, dem Durchbruch von Radio, Kino, Fernsehen und Computer[4]. Faszination und Irritation stehen zueinander in Spannung. Es ist das aber eine Spannung, die überwunden und fruchtbar gemacht werden kann, wenn es nämlich gelingt, beide Komponenten in einer konstruktiven Kritik zusammenzuführen. Konstruktive Kritik schließlich ist, worauf Medienethik abzielt oder worauf zumindest dasjenige Verständnis von Medienethik abzielt, aus dem heraus das vorliegende Werk verfasst worden ist. Die folgenden Überlegungen jedenfalls sind vor dem Hintergrund von Faszination und Neugierde für die Möglichkeiten der medial vermittelten Kommunikation entstanden, aber auch im Bewusstsein um Gefahren und Schattenseiten.

Zwischen diesem gleichzeitigen Angezogen- und Gewarnt-Sein soll ein normativer Zugang erarbeitet werden, der verschiedene grundsätzliche Ziele verfolgt. Zum einen nämlich soll eine Medienethik entwickelt werden, die alle Teilbereiche des medialen Handelns umfasst. Zum anderen eine Medienethik, die – mit Problemen konfrontiert – inhaltlich konkrete Antworten zu geben vermag. Um dies zu erreichen, wird bei den moralischen Überzeugungen der Akteur*innen angesetzt, der theoretische Unterbau aber soll möglichst verständlich und überschaubar bleiben. Auch zielt die hier entworfene Medienethik darauf ab, motivierend zu wirken, – idealer Weise – konsensfähig zu sein und schließlich anschlussfähig an diejeni-

---

2 Münker S. (2009), S. 15.
3 Paganini C. (2012), S. 195–207.
4 Irrgang B. (2011).

gen normativen Zugänge, aus denen heraus Medienethik gegenwärtig betrieben wird.

Als Grundlage für dieses Bemühen dient meine an der *Hochschule für Philosophie München* eingereichte Habilitationsschrift aus dem Jahr 2018. Der ursprüngliche Text wurde allerdings stark überarbeitet, weil er – wie bei wissenschaftlichen Qualifikationsarbeiten üblich – in den Teilen, wo es darum geht, die eigene Qualifikation unter Beweis zu stellen, zu umfangreich war und in anderen, der knapp werdenden Zeit geschuldet, zu spärlich. Von daher handelt es sich beim vorliegenden Werk um eine einerseits deutlich gekürzte, andererseits – ebenso deutlich – erweiterte Fassung, die nunmehr einem breiteren Publikum vorgestellte werden soll.

Inhaltsverzeichnis

1. Was Medienethik ist   13
   1.1. Medium   13
   1.2. Ethik   19
      1.2.1. Top-Down versus Bottom-Up-Modelle   24
         1.2.1.1. Top-Down-Modell   25
         1.2.1.2. Bottom-Up-Modell   27
         1.2.1.3. Holistisches Modell, Kohärenzmodell   30
      1.2.2. Angewandte Ethik versus Bereichsethik   34
   1.3. Medienethik   38

2. Was Medienethik soll   51
   2.1. Ausgangslage   51
      2.1.1. Der Wandel in den Medien   51
      2.1.2. Der Mensch in den Medien   58
      2.1.3. Die Moral in den Medien   62
   2.2. Desiderate der Medienethik   66
   2.3. Die rekonstruktive Methode   79
      2.3.1. Rekonstruktion moralischer Überzeugungen   80
      2.3.2. Auffinden eines Kernbestandes von Werten   89
      2.3.3. Erarbeiten einer gut begründeten Antwort   92

3. Was Medienethik kann   97
   3.1. Selbstverpflichtungskodizes als Ausgangspunkt   97
   3.2. Werte für die Medienethik   102
      3.2.1. Transparenz   105
      3.2.2. Fairness   116
      3.2.3. Respekt   127
      3.2.4. Verantwortung   137
      3.2.5. Kompetenz   145

Inhaltsverzeichnis

4. Ein Ausblick	153
4.1. Möglichkeiten für die Praxis	153
4.2. Möglichkeiten für die Theorie	157
Bibliographie	163

1. Was Medienethik ist

In diesem ersten Kapitel werden zentrale Begriffe diskutiert und die wichtigsten Spannungsfelder, in denen sich Medienethik bewegt, beleuchtet: Auf eine Auseinandersetzung mit dem Begriff ‚Medium' folgen allgemeine Überlegungen, die Charakteristik der Bereichsethik und ihr Verhältnis zur allgemeinen Ethik betreffend, bevor schließlich eine Arbeitsdefinition von Medienethik vorgeschlagen und ihr Gegenstandsbereich festgelegt werden sollen. Zuletzt wird eine Abgrenzung gegenüber anderen Bereichsethiken vorgenommen sowie eine Einteilung des Faches.

1.1. Medium

Nähert man sich der Frage, was Medienethik ist, zunächst über die Ebene der Begriffe, ist selbstverständlich zu fragen, was unter ‚Medien' bzw. ‚Medium'[5] verstanden werden soll. ‚Medium'[6] kommt aus dem Lateinischen (lat. medium – Mitte, gr. μέσον – das Mittlere) und bedeutet zunächst einmal Mitte. Da eine Mitte nicht für sich allein besteht, sondern eine Mitte von bzw. Mitte zwischen ist – d. h. das Reden von einer Mitte nur im Zusammenhang mit mindestens zwei weiteren Größen sinnvoll ist –, handelt es sich beim Medium um einen Beziehungsbegriff[7], dessen Inhalt von den aufeinander bezogenen Größen abhängig ist.

Die aus diesem Umstand zu erwartende Offenheit des Begriffs spiegelt sich in der Vielzahl der de facto bestehenden Definitionen wider: Neben Menschmedien wie Boten[8], Wahrsagern oder Priestern, Erfolgsmedien wie Geld oder Macht, dem Medium Sprache, dem Medium Luft etc. werden Medien in der Sekundärliteratur auch als technische Kanäle umschrieben. Systemtheoretiker verstehen unter Medien soziale Interaktionen, andere

---

5 Einen Überblick bietet Thies C. (2011), S. 206.
6 Garncarz J. (2016), S. 15, weist darauf hin, dass der Begriff ‚Medium' Anfang des 20. Jahrhunderts hauptsächlich im Singular gebraucht wurde, seit dem Ende des 20. Jahrhunderts dagegen überwiegend im Plural vorkommt.
7 Kerlen D. (2003), S. 9.
8 Krämer S. (2008) nähert sich der Frage, was ein Medium sei, über die Idee des Botengangs.

1. Was Medienethik ist

meinen, Medien seien ästhetische Kommunikationsmittel und wieder andere definieren Medium als Zeichenvorrat usw.

Noch vielfältiger sind die diversen Systematisierungsversuche: Manche Autoren unterscheiden zwischen einem biologischen, einem physikalischen, einem technologischen, einem soziologischen, einem kulturellen, einem systemischen und einem strukturellen Medienbegriff[9], andere zwischen einem universalen, einem elementaren, einem technischen, einem kommunikationssoziologischen, einem kommunikativ funktionalen und einem systemischen[10]. Wieder andere erstellen Untergruppen von Medien, indem sie etwa Informations-, Kommunikations- und Interaktionsmedien voneinander abheben oder Individual- von Massenmedien. Unter Berufung auf die jeweiligen Funktionen werden Artikulationsmedien von Verbreitungsmedien, Wahrnehmungsmedien, Kommunikationsmedien, Speichermedien und Verarbeitungsmedien unterschieden, unter Berufung auf die Verbreitung Ort- bzw. Nahmedien von Fernmedien. Weiters begegnet die Einteilung in Zeitmedien und Simulationsmedien, in Medien der oral auditiven Kommunikation, der Textvermittlung, der piktoralen Vermittlung und in digitale Medien. Last but not least werden Medien den Untergruppen Druck, optische Medien, akustische Medien, Übertragungsmedien und Computer zugeordnet[11].

Die Vielzahl der unterschiedlichen Definitions- und Systematisierungsvorschläge jedenfalls ist Ausdruck dafür, wie lebendig und vielschichtig der medienphilosophische Diskurs[12] geführt wird. Spätestens seit den fünfziger Jahren nämlich wird der Terminus technicus ‚Medium' als solcher diskutiert und mit Marshall McLuhans Werk *Understanding Media: The Extensions of Man*[13] wächst das Bewusstsein dafür, dass die sich vollziehenden medialen Umbrüche massiven Reflexionsbedarf mit sich bringen. Parallel zur allmählich einsetzenden akademischen Institutionalisierung der Medienphilosophie zieht die Entdeckung des Mediums als ein Begriff der Philosophie des 20. Jahrhunderts immer weitere Kreise. Der sogenannte ‚Medial

---

9 Posner R. (1985), S. 255–258.
10 Kübler H.-D. (2000).
11 Für einen Überblick und eine scharfe Kritik siehe Faulstich W. (2002), S. 20. Er schreibt: „All diese Versuche sind [...] entweder unlogisch, unverständlich, dysfunktional, unvollständig, unbegründet oder banal."
12 Eine fundierte Auseinandersetzung mit den wichtigsten zeitgenössischen Medientheorien findet sich in Lagaay A. / Lauer D. (2004), S. 7–30, aber auch bei Vogel M. (2001)."
13 McLuhan M. (1964).

Turn'[14] spaltet die wissenschaftliche Community: Während die Einen für eine starke Leseart plädieren und den Medial Turn als radikalen Paradigmenwechsel interpretieren, nach dem nunmehr jede Philosophie Medienphilosophie sein müsse, bevorzugen die Anderen ein schwächeres Verständnis, dem zufolge der Medial Turn den Linguistic Turn nicht überwindet, sondern als konsequente Weiterentwicklung zu interpretieren ist. In jedem Fall aber geht Medienphilosophie weit über die Klärung ihrer basalen Begriffe hinaus, sie eröffnet eine Vielzahl spannender und produktiver Debatten, die bis dato jedoch noch kaum mit der Medienethik zusammengeführt werden konnten. Obwohl ein solches Fruchtbar-Machen für die Medienethik[15] eine reizvolle Aufgabe darstellen würde, soll an dieser Stelle lediglich eine knappe Begriffsgeschichte geboten bzw. skizziert werden, woran Medienethiker*innen m. E. üblicherweise denken, wenn sie von einem Medium sprechen.

Belege für eine Verwendung des Wortes ‚Medium' in der deutschen Sprache findet man ab dem 17. Jahrhundert und zwar vorwiegend als einen naturwissenschaftlichen oder grammatikalischen Terminus. Während im Lateinischen die Bedeutung einer räumlichen oder zeitlichen Mitte, von Mittelmaß, Mittelweg, Mittelpunkt, der Hälfte oder dem Raum zwischen mehreren Objekten überwiegt, lässt sich in den einschlägigen deutschen Herkunftswörterbüchern ein deutlich funktionaler Zug feststellen. Die besonders im 18. Jahrhundert geläufige Wiedergabe von ‚Medium' mit ‚Hilfsmittel' erfährt zu Beginn des 19. Jahrhunderts eine Verschiebung in Richtung vermittelndes Element, Zwischenmittel, Vermittelndes, wobei als Vermittelndes schon bald auch eine vermittelnde Person in Frage kommt. Letztere Variante des spiritistischen Mittlers erreicht um 1900 einen Höhepunkt und spielt nach wie vor in der Parapsychologie eine Rolle[16].

Sieht man von jenen Fällen ab, wo ‚Medium' als ein parapsychologischer, spiritistischer, grammatikalischer oder physikalischer Fachbegriff dient, begegnet der Begriff des Mediums gegenwärtig hauptsächlich in der Bedeutung von Raum oder von Mittel. Wenngleich es sich bei der räumlichen Mitte zwischen voneinander verschiedenen Objekten und demjenigen, das zwischen diesen Objekten vermittelt, offensichtlich um unterschiedliche Entitäten handelt, wird der Zusammenhang deutlich, wenn man folgendes bedenkt: Die räumliche Mitte oder der Raum zwischen

---

14 Münker S. (2009), S. 7–29.
15 Heesen J. (2015), S. 86–98.
16 Hoffmann S. (2002), S. 24–28.

zwei Objekten ist üblicherweise nicht leer[17], sondern mit chemischen Elementen gefüllt. Sofern ‚Medium' einen solchen Zwischenraum bezeichnet, kann man in der Folge ebenso von einem Medium sprechen, wenn man einen raumerfüllenden Stoff meint, der sich zwischen zwei Objekten befindet – wie etwa die Luft zwischen zwei Menschen. Da Stoffe Impulse, Energie und damit Informationen übertragen, kann ein Medium weiters ein Träger von physischen oder chemischen Veränderungen sein und in der Folge ein Mittler oder ein Mittel, je nachdem ob sich der Träger aktiv oder passiv verhält.

Trotz des Zusammenhangs, der sich zwischen einem räumlichen und einem instrumentellen Medien-Verständnis herstellen lässt, ist nicht zu übersehen, dass diese beiden „Aspekte" – wie sich Hoffmann ausdrückt[18] – in der Geschichte der Medienphilosophie als eigenständige, getrennte Größen behandelt und umfassend interpretiert worden sind. Dies zeigt sich nicht zuletzt daran, dass die Mittel-Variante eine weitere Differenzierung erfahren hat, nämlich in allgemeine Mittel, die Menschen in ihrem Tun nützlich sein können, d. h. jegliche Art einer Verlängerung des menschlichen Körpers, und in Mittel der Kommunikation.

Als allgemeine Mittel kommen jegliche Erweiterungen oder Ersatzstücke von Körperfunktionen und Körperteilen in Frage: Indem man nämlich ein Verhältnis zum menschlichen Körper und seinen Aktivitäten herstellt, wird das Rad ebenso zum Medium wie der PKW oder der Fotoapparat[19]. Indem diese Artefakte aber auch auf den Körper zurückwirken, machen sie Wirklichkeit erfahrbar und rücken wiederum in eine sehr vage Nähe zu Kommunikationsmitteln.

Ein derart weites Medienverständnis ist jedoch wenig hilfreich, wenn man den Gegenstandsbereich der Medienethik festlegen will. Da menschliches Handeln fast immer Raum und Mittel außerhalb des Körpers miteinbezieht, stünde kein sinnvolles Kriterium (mehr) zur Verfügung, mithilfe dessen man Medienethik von anderen Bereichsethiken abgrenzen könnte. Außerdem würde man mit einer Beschreibung von Medienethik als einer Reflexion auf den moralischen Wert menschlichen Handelns, insofern dieses über die unmittelbaren Körpergrenzen und -funktionen hinausgeht,

---

17 Krämer S. (2008) spricht in diesem Zusammenhang von einer „transitorischen Körperlichkeit" (S. 32) und führt ihre These vom notwendigen Angefüllt-Sein des Zwischenraums bis auf Aristoteles zurück (S. 29).
18 Hoffmann S. (2002), S. 151: „Die Begriffsbedeutungen Mitte und Mittel zielen auf zwei völlig verschiedene Aspekte ein und derselben Sache."
19 Kloock D. / Spahr A. (1997), S. 11.

nicht das treffen, was für gewöhnlich gemeint ist, wenn man von Medienethik spricht. Würde alles Handeln, bei dem der Mensch unmittelbare Körpergrenzen und -funktionen überschreitet, in den Bereich der Medienethik fallen, wäre (beinahe) jede Ethik Medienethik und die Rede von Medienethik müßig. Ähnliches gilt übrigens auch für die Bioethik, die – wollte man sie unter Berufung auf die Übersetzung von ‚bios' mit ‚Leben' als Lebensethik umschreiben – von einer allgemeinen Ethik nicht mehr unterscheidbar wäre und damit nicht als sinnvoll abgrenzbare Teildisziplin in Frage käme.

Wendet man sich daher auf der Suche nach einem engeren Kriterium wieder der Bedeutung von ‚Medium' als Kommunikationsmittel zu, fällt auf, dass hier eine weitere Unterscheidung vorgenommen wird. Bei Medien als Mittel der Kommunikation kann es sich nämlich entweder um geistige Produkte – wie etwa Schriftzeichen – handeln oder um deren Träger. Doch damit nicht genug, denn die Träger können einerseits stofflich sein – wie eine Schreibfläche –, andererseits strukturell – wie etwa Organisationen oder Institutionen. Diesem Umstand scheint Werner Faulstich gerecht werden zu wollen, wenn er in Anlehnung an Ulrich Saxer folgende Definition vorschlägt:

„Ein Medium ist ein institutionalisiertes System um einen organisierten Kommunikationskanal von spezifischem Leistungsvermögen mit gesellschaftlicher Dominanz."[20]

Ein weiterer, häufig rezipierter Zugang ist jener von Harry Pross, der zwischen Primärmedien – ohne Einsatz von Technik (Theater) –, Sekundärmedien – Einsatz von Technik bei der Produktion (Zeitung) – und Tertiärmedien – Einsatz von Technik bei Produktion und Rezeption (DVD) – differenziert[21]. Diese Unterscheidung hat zwar eine gewisse Plausibilität, trägt aber nur beschränkt dazu bei, besser zu verstehen, was Medium meint. Auch die zuvor angeführte Definition von Werner Faulstich scheint als Basis für die Medienethik wenig geeignet, weil sie äußerst komplex ist und eine ganze Reihe von Begriffen beinhaltet, die ihrerseits geklärt werden müssten.

Der medienethische Diskurs ist aber von einem hohen Maß an Interdisziplinarität geprägt. Als Akteur*innen beteiligen sich neben den Wissenschaftler*innen der unterschiedlichen Disziplinen auch Professionalist*innen aus den Bereichen Journalismus, Public Relations, Neue Medien usw.

---

20 Faulstich W. (2002), S. 26; Saxer U. (1997), S. 21.
21 Pross H. (1972), S. 127–128.

1. Was Medienethik ist

Daher dürfte es wenig hilfreich sein, eine Definition – wie die zuletzt erwähnte – zu wählen, die letztlich nur von solchen Wissenschaftler*innen nachvollzogen werden kann, die im Spezialdiskurs der Medienphilosophie ausgewiesen sind. Zugleich wäre es naiv zu meinen, quasi als Nebenprodukt der Beschäftigung mit Fragen der Medienethik eine Definition von ‚Medium' bieten zu können, die dem Stand der Forschung gerecht wird und konsensfähig ist. Nichts destotrotz war die Auseinandersetzung mit dem Begriff ‚Medium' nicht umsonst.

Denn in der Darstellung der unterschiedlichen Auffassungen, was ein Medium ist, hat sich gezeigt, dass ein sehr weites Verständnis nicht dazu beitragen kann, den Gegenstandsbereich der Medienethik zu bestimmen und diese gegenüber anderen Bereichsethiken abzugrenzen. Außerdem geht man in der Medienethik üblicherweise von Problemen aus, die das Leben mit sich bringt. Diese Probleme werden dann zusammengefasst und als Themen einer bestimmten Bereichsethik behandelt. Das bedeutet, die Entscheidung über den Gegenstandsbereich der Bereichsethik fällt nicht ausgehend von einem Begriff vor bzw. unabhängig von der Wahrnehmung faktischer moralphilosophischer Herausforderungen. Vielmehr werden Probleme diskutiert, die insofern ähnlich sind, als sie einem bestimmten Lebensbereich zuzurechnen sind, und erst in einem weiteren Schritt wird überlegt, welcher Begriff passend sein könnte, diesen Lebensbereich zu umreißen.

Von daher sollte es tatsächlich machbar sein – und dies geschieht de facto –, Medienethik zu betreiben, ohne sich darauf festzulegen, was ein Medium ist. Sehr wohl aber kann man benennen, welche Art von Medien für die Medienethik gemeinhin von Relevanz ist. Dies ist eine Frage der Konvention, die ebenso gut anders entschieden werden könnte. Wenngleich nämlich Menschmedien (Priester), Medien, die eine Verlängerung des menschlichen Körpers darstellen (Fahrrad) oder Träger der Vermittlung (Schriftzeichen) sind etc., üblicherweise nicht gemeint sind, wenn Medienethiker von Medien sprechen, könnte man sehr wohl auch jene moralischen Probleme, die sich im Zusammenhang mit dem Einsatz dieser Medien ergeben, zur Medienethik zählen. Allerdings hätte man es dann mit einer ganz anderen Medienethik zu tun. Medienethik dagegen, wie sie gegenwärtig betrieben wird, liegt ein Verständnis von Medium zugrunde, wonach Medien technische Hilfsmittel sind, die im Prozess der Erstellung, Distribution und Rezeption[22] von Informationen zum Einsatz kommen.

---

22 Funiok R. (2011), S. 11.

1.2. Ethik

Wenngleich die Begriffe ‚Ethik' und ‚Moral' in der Alltagssprache weitgehend gleichbedeutend gebraucht werden, hat sich in der Philosophie eine Unterscheidung etabliert. ‚Ethik' ist demnach als eine Reflexion auf die moralische Praxis zu verstehen, die auf unterschiedliche Art und Weise betrieben werden kann: In einem Fall werden vorhandene moralische Überzeugungen, Bräuche etc. beschrieben und zwar unter der Rücksicht, dass sie vorkommen (deskriptive Ethik). Dabei wird in der jeweiligen Disziplin der Anspruch erhoben, dass die getroffenen historischen, soziologischen, ethnologischen oder psychologischen Aussagen zutreffen, gut begründet oder kohärent mit anderen Ansichten sind. Nicht thematisiert wird dagegen die Frage, ob die untersuchten moralischen Gewohnheiten zu Recht praktiziert werden und ob moralische Grundsätze zu Recht Geltung beanspruchen können. Innerhalb dieser (deskriptiven) empirischen Zugänge wird folglich für jene Aussagen ein Wahrheitswert behauptet, die moralische Bräuche, Regeln etc. beschreiben, nicht aber für jene, die mit der Berechtigung von moralischen Bräuchen zu tun haben.

In einem zweiten Fall betrachtet man Handlungen, Bräuche und Gewohnheiten unter der Rücksicht, dass sie sein sollen und versucht, Richtlinien für ein gutes moralisches Handeln zu entwerfen (normative Ethik)[23]. Ob derartige Aussagen begründungs- und wahrheitsfähig sind, ist umstritten. So meinen Kognitivist*innen – wie die Autorin dieser Arbeit –, dass es sich bei moralischen Äußerungen um Behauptungen handelt, die wahr oder falsch sein können. Nonkognitivist*innen dagegen lehnen diese Annahme ab. Ihrer Ansicht nach sind moralische Äußerungen gerade keine Behauptungen, auch wenn die Oberflächengrammatik dies suggeriert, sondern vielmehr Imperative (Präskriptivisten) oder Ausdruck von Gefühlen (Emotivisten)[24]. Mit derartigen Überlegungen verlässt man aber bereits den Bereich der normativen Ethik und betreibt vielmehr Metaethik. In

---

23 Beauchamp T. L. / Childress J. F. (2007), S. 1–12.
24 Die Unterschiede zwischen den verschiedenen kognitivistischen und nonkognitivistischen Ansätzen wird am besten vor dem Hintergrund der Sprechakttheorie verständlich, wie sie durch John Langshaw Austin (1911–1960) und John Searle (*1932) entfaltet worden ist. Ausgehend von der Beobachtung, dass wir, wenn wir sprechen, handeln, wird zwischen der illokutionären Rolle – was wir im Äußern (in locutione) einer Lautfolge tun – und der perlokutionären Rolle einer Äußerung – was wir durch das Äußern (per locutionem) einer Lautfolge bewirken – unterschieden. In diesem Sinn können nun Moralphilosophen fragen, was wir tun, wenn wir eine moralische Äußerung – wie etwa: ‚Es ist schlecht zu fol-

diesem – dritten – Fall erfolgt die Reflexion auf Moral insofern, als man die sprachphilosophischen, erkenntnistheoretischen und metaphysischen Voraussetzungen von Ethik und Moral untersucht. So fragen Metaethiker*innen, was wir tun, wenn wir moralische Äußerungen machen, worauf wir uns berufen, wenn wir unsere moralischen Überzeugungen rechtfertigen, oder was unsere moralischen Überzeugungen wahr macht.

Um was für eine Art von Reflexion handelt es sich bei der Medienethik? Will man diese Frage beantworten, ist zu beachten, dass die soeben skizzierte Unterscheidung und die dazu gehörenden Begriffe nicht unumstritten sind. Zwar besteht hinsichtlich einer grundsätzlichen Einteilung des Faches Ethik in die drei Modi, Moralphilosophie zu betreiben[25] – nämlich als deskriptive Ethik, als normative Ethik oder als Metaethik –, ein Konsens, die Punkte, in denen Dissens herrscht, sind aber beachtlich: Bleibende Differenzen bestehen hinsichtlich der Frage, ob die deskriptive Ethik zur philosophischen Ethik zu zählen sei[26], als auch im Hinblick auf den Begriff selbst. Da es in der Ethik per definitionem um normative Aussagen gehe, sei es unsinnig, von ‚deskriptiver Ethik' zu sprechen. Aus demselben Grund wird der Ausdruck ‚normative Ethik' verworfen, der dann nämlich als Tautologie zu werten wäre – ähnlich der Rede vom ‚alten Greis'. Weiters ist strittig, inwiefern Ethik und Metaethik voneinander abhängen[27], wie streng die Trennung dieser beiden Ebenen zu denken ist[28] und ob im Konfliktfall eher die ethische oder die metaethische Aussage anzupassen ist usw.

In welchem Verhältnis zu diesen drei Ebenen steht nun die Medienethik? Medienethik reflektiert den moralischen Wert von medialem Handeln, sie stellt die Praxis kritisch in Frage und entwirft normative Konzepte für eine sinnvolle Gestaltung medial vermittelter menschlicher Interaktion. Medienethik soll klären, welche Handlungen zu Recht als geboten, verboten oder erlaubt gelten können, und gibt Gründe an, warum wir – wenn wir Handlungen, Emotionen und Haltungen bewerten – die Prädikate ‚gut', ‚schlecht', ‚indifferent', ‚richtig' oder ‚falsch' gebrauchen. Daher

---

tern.' – machen. Behaupten wir etwas, befehlen wir oder drücken wir unsere Gefühle aus?
25 Filipović A. (2016), S. 42, spricht in diesem Zusammenhang von der vertikalen Dimension der Einordnung, während er unter der horizontalen Dimension „eine Beiordnung zu anderen angewandten Ethiken" versteht.
26 Quante M. (2011), S. 17.
27 Fenner D. (2010), S. 3.; Wolf U. (2012), S. 22–23, meint, dass sich die „Trennung von Metaethik und praktischer Ethik [...] kaum aufrecht erhalten lässt".
28 Birnbacher D. (2013), S. 59–60; Ricken F. (2003), S. 18.

1.2. Ethik

ist Medienethik grundsätzlich normativ. Und sie ist – da sie sich auf unser Handeln bezieht, auf eine Verbesserung unserer moralischen Kompetenz und auf eine Verbesserung unseres Habitus abzielt – eine praktische Disziplin[29]. Dies bedeutet aber weder, dass Medienethik keine deskriptiven Elemente enthält, noch dass sie kein theoretisches Interesse an der Frage nach dem hätte, was wahr ist.

Medienethik beschäftigt sich mit Problemen, die von der alltäglichen medialen Praxis aufgeworfen werden. Will man klären, inwiefern Medienethik auf Fachwissen aus nicht-philosophischen Disziplinen, auf empirische Untersuchungen aus dem Bereich der Medien- und Kommunikationswissenschaft, der Wirtschaftswissenschaften, Soziologie, Psychologie etc. zurückgreifen muss, ist es daher hilfreich zu überlegen, in welchen Situationen für eine Bereichsethik relevante Probleme entstehen.

Dies ist erstens der Fall, wenn ein Konflikt zwischen einem moralischen Gebot – z. B. Schutz der Privatsphäre – und einer außermoralischen Zielsetzung – Maximierung der Verkaufszahlen – besteht. Denken wir an den folgenden Konflikt: Ein freier Redakteur weiß, dass er verpflichtet ist, die Privatsphäre seines (menschlichen) Berichtsobjektes zu wahren. Zugleich will er aber eine spannende, intime Details preisgebende Story schreiben, damit zum besseren Verkauf seines Mediums beitragen und seine Chancen auf eine feste Stelle erhöhen. Um eine Lösung zu finden, genügt es nicht, an die Charakterstärke der Journalist*innen zu appellieren, die sich für das Gute, für das Einhalten eines moralischen Gebotes zu entscheiden haben[30]. Vielmehr ist es in diesem Fall notwendig zu begreifen, wie die

---

29 Köberer N. (2015), S. 106, spricht von einer „empiriegeleiteten Ethik", räumt aber auch ein, dass die Medienethik zugleich „prinzipiengeleitet" sei.

30 Eine solche Individualethik wurde in den Anfangstagen der Medienethik betrieben: Otto Groth (1962), S. 387ff, beschreibt den guten Journalisten als Menschen von großer Gewissenhaftigkeit, Vertrauenswürdigkeit, Entschlusskraft, Diskretion und Selbstbeherrschung. In Anlehnung an Kant formuliert er den Leitsatz: „Entscheide dich so, dass deine Entscheidung unter sorgsamer Erhaltung und Ausbildung deiner Gesamtpersönlichkeit dem Wohle der Gesamtheit dient" (S. 630). Ähnlich wie in Emil Dovifats (1890–1969) Konzept der publizistischen Persönlichkeit und seiner Betonung des Begriffs der Gesinnung bleibt bei Groth der Umstand weitgehend unberücksichtigt, dass die Interaktionen zwischen einzelnen Personen und der Gesellschaft Auswirkungen auf die Arbeit des Journalisten haben. Wirkungsgeschichte und Kritik dieser Positionen nimmt dann Hermann Boventer (1928–2001) insofern auf, als er in Einklang mit Gerhard Maletzke Massenkommunikation nicht mehr eindimensional beschreibt. In Abgrenzung von einer Werte relativierenden Situationsethik konzentriert sich jedoch auch Boventer auf die moralische Selbstverantwortung der einzelnen Journalist*innen.

Marktmechanismen funktionieren, wer wofür Verantwortung trägt, welche Handlungsoptionen sich ergeben, und diese – in einem weiteren Schritt – im Zuge einer moralphilosophischen Analyse zu gewichten. Empirische Kenntnisse aus benachbarten Fächern sind also erforderlich, um den Konflikt richtig einschätzen und einen konstruktiven Ausweg vorschlagen zu können.

Sie sind aber auch dann notwendig, wenn zweitens die Problemlage derart komplex ist, dass sie allein aufgrund moralischer Appelle nicht gelöst werden kann, weil ohne Berücksichtigung von Faktenwissen nicht entschieden werden kann, welche Option die bessere ist oder auf was für ein moralisches Gebot man sich berufen könnte. Sollen Eltern – um ein Beispiel zu nennen – ihren Kindern verbieten, Online- Games zu spielen, in denen sich die Jugendlichen über einen Avatar eine neue Online-Identität geben und Verhaltensweisen ausprobieren, die offline verboten sind? Sollen Eltern den Konsum dieser Spiele begrenzen oder uneingeschränkt zulassen?

Will man eine sinnvolle Antwort geben, ist eine realistische Einschätzung dessen wichtig, welche Folgen vom häufigen, gelegentlichen oder seltenen Spielen derartiger Online-Games zu erwarten sind. Man muss klären, ob das virtuelle Experimentieren mit gesellschaftlich unerwünschten Handlungsweisen dazu führt, die Hemmschwelle auch im nicht-virtuellen Leben zu senken, oder ob das spielerische Ausprobieren zum Reifen des Spielers beiträgt und seine Entwicklung hin zu einem verantwortungsbewussten jungen Menschen fördert[31]. Die Liste der Fragen ließe sich noch lange fortsetzen. Für ihre Beantwortung jedenfalls sind Kenntnisse erforderlich, die die Philosophie selbst nicht liefern kann und daher – als eine Grundlage für die eigene Auseinandersetzung mit der Thematik – von anderen Fächern anfragen muss.

Schwierigkeiten entstehen schließlich, wenn drittens Wertkonflikte oder Prinzipienkollisionen auftreten. In diesem Fall könnte man prima facie geneigt sein zu meinen, auf die Expertise nicht-philosophischer Disziplinen verzichten zu können. Am konkreten Beispiel zeigt sich jedoch, dass dem nicht so ist: Sollen wir das Recht einzelner Personen auf Information höher einschätzen als das Recht eines Staates, seine Stabilität zu schützen, indem bestimmte Informationen zurückgehalten werden (Wikileaks)? Eine Lösung kann nur gefunden werden, wenn geklärt wird, worin das Recht eines Individuums auf Information in der jeweiligen Situation besteht und worin das Recht einer Gemeinschaft auf Stabilität. Die Bedeu-

---

31 Paganini C. (2019).

tung von Werten und Prinzipien ist unabhängig von einem konkreten Kontext nicht verständlich, sondern muss unter Zuhilfenahme von empirischem Wissen immer wieder neu ausbuchstabiert werden, soll die anschließende normative Debatte zu einem Ergebnis führen.

In allen drei Fällen muss die Medienethik also auf empirisches Datenmaterial zurückgreifen und zwar nicht nur, um von den medialen Akteur*innen und Vertreter*innen anderer Disziplinen ernst genommen zu werden, sondern weil die genannten Probleme ansonsten nicht befriedigend gelöst werden können[32]. Die Voraussetzungen der Medienethik näher zu beschreiben und zu ergründen, ist aber nicht bloß im Stadium der Theoriebildung und Problemlösung notwendig. Vielmehr muss seitens der Philosophie auch nach der Vorlage eines normativen Ansatzes die Bereitschaft aufrecht bleiben, die eigenen Thesen der Verifizierung bzw. Falsifizierung an der Realität auszusetzen. Zugleich müssen deskriptive und normative Aussagen aber sauber voneinander getrennt werden, weil eine normative Medienethik nur auf diese Weise sinnvoll auf den Ergebnissen der empirischen Forschung aufbauen und von ihnen profitieren kann.

Medienethik zielt einerseits auf Orientierungswissen ab und wird mit dem Ziel betrieben, das Handeln der medialen Akteur*innen zu beeinflussen. Insofern ist Medienethik – wie bereits gezeigt wurde – eine praktische Disziplin. Andererseits besteht ein theoretisches Interesse, zu erkennen, welche normativen Aussagen als wahr gelten können (Reflexionswissen). Und auch, was das Verhältnis zur Metaethik betrifft, ist eine eindeutige Zuordnung nicht unproblematisch. Zwar ist offensichtlich, dass Medienethik nicht primär auf eine Reflexion ihrer sprachphilosophischen, erkenntnistheoretischen oder metaphysischen Voraussetzungen ausgerichtet ist. Jedoch gehen Medienethiker*innen – so wie andere Menschen auch – von einer ganzen Reihe an metaethischen Grundannahmen aus, die teils implizit wirksam sind, teils explizit formuliert werden: Sind moralische Äußerungen Behauptungen oder drücken sie lediglich eine gewisse persönliche Präferenz aus? Erhebe ich den Anspruch, dass meine moralischen Äußerungen wahr oder falsch sein können? Woher wissen wir, dass Sätze über die Moral richtig sind? Wodurch werden sie gerechtfertigt? Wie können wir erkennen, was gut ist? Gibt es objektive Werte, die unserem Han-

---

[32] Ein Beispiel dafür, wie empirische Befunde dazu führen können, dass Medienethiker Probleme anders und – möglicherweise – besser verstehen lernen, ist in den Arbeiten von John Fiske zu finden – Fiske J. (1987); Fiske J. (1989); Fiske J. (1993); Fiske J. (1996).

deln zugrunde liegen und die es für uns zu entdecken gilt, oder setzt der Mensch seine Werte in einem kreativen Akt selbst?

Die Liste der Fragen ließe sich lange fortsetzen. Und auch, wenn von der Medienethik nicht verlangt werden kann, für die Probleme der Metaethik befriedigende Lösungen anzubieten, ist es für die Art und Weise, wie man Medienethik betreibt, nicht irrelevant, ob man eher einen kognitivistischen oder einen nonkognitivistischen Standpunkt favorisiert, ob man dazu neigt, einen Wertrealismus oder einen Wertrelativismus für wahr zu halten etc. Insofern also baut jede normative Theorie – bewusst oder unbewusst – auf metaethischen Grundannahmen auf und es ist daher für Medienethiker*innen hilfreich, sich Klarheit darüber zu verschaffen, zu welchen metaethischen Annahmen man selbst tendiert, und diese Annahmen, die die Basis jeder normativen Ethik bilden, kritisch zu überdenken.

1.2.1. Top-Down versus Bottom-Up-Modelle

Nach diesen ersten Differenzierungen ist zu fragen, mit welcher Art von Normativität wir es in der Medienethik zu tun haben. Ist Medienethik angewandte Ethik im Sinn eines Top-Down-Modells? Oder ist sie als Vergleich ähnlicher Fälle zu betreiben (Bottom-Up)[33]? Ist der Ausdruck ‚angewandte Ethik' sinnvoll oder sollte man eher von anwendungsorientierter Ethik, Bindestrich-Ethik, Bereichsethik, praktizierender praktischer Philosophie etc. sprechen?

Diese und ähnliche Fragen stellen sich nicht nur in Bezug auf die Medienethik, sondern beschäftigen in gleicher Weise jene Kolleg*innen, die sich mit Medizinethik, Wirtschaftsethik, Technikethik usw. auseinandersetzen. Wenngleich sich die angewandte Ethik – denkt man etwa an die Zahl der Publikationen, Kongresse und Stellenwidmungen – in den letzten Jahren immer größerer Beliebtheit erfreut hat, werden ihr Status (innerhalb der philosophischen Ethik) und ihre korrekte Bezeichnung nach wie vor kontrovers diskutiert. Die Debatte um die passende Bezeichnung wird nicht nur im deutschen Sprachraum geführt, sondern findet auch in der englischen Fachliteratur eine Entsprechung, wo das umstrittene ‚applied' zunehmend durch ‚practical' ersetzt wird. Hier wie dort scheint es aber nicht primär darum zu gehen, die ideale Bezeichnung zu finden. Vielmehr weisen die unterschiedlichen Ansichten hinsichtlich des Sprachge-

---

[33] Für eine Gegenüberstellung von Top-Down- und Bottom-Up-Modellen siehe Filipović A. (2016), S. 43–44.

brauchs auf tiefergreifende inhaltliche Differenzen hin, die im Folgenden kurz dargestellt und in Bezug auf die Medienethik ausgewertet werden. Die Relevanz dieser Überlegungen für die Medienethik beruht darauf, dass sich, je nachdem welchem Modell der Vorzug gegeben wird, für das Selbstverständnis des Faches und seines Ortes innerhalb der philosophischen Ethik (große) Unterschiede ergeben.

1.2.1.1. Top-Down-Modell

Vertreter*innen eines Top-Down-Modells sehen die Aufgabe der angewandten Ethik darin, dass sie im Rahmen der moralphilosophischen Grundlagenforschung erarbeitete, allgemeine Prinzipien auf konkrete Fragestellungen anwendet. Auf diese Weise würde man dazu beitragen, für die einzelnen Lebensbereiche ein „Normen- und Regelpanorama"[34] zu entwickeln, das dem Anspruch gerecht wird, Fragen nicht nur zu diskutieren, sondern tatsächlich auch zu lösen. Diese Anwendung kann sowohl auf einzelne, einem bestimmten Lebensbereich zuzuordnende Fälle erfolgen als auch auf Problembereiche, wobei sowohl konkrete Urteile als auch spezifische Normen mittels Deduktion aus allgemeinen Normen gewonnen werden. Da die Anwendung auf Einzelfälle nicht dem Anspruch gerecht wird, für einen ganzen Lebensbereich moralische Orientierung zu bieten, und damit – wie es Bayertz formuliert[35] – die inhaltliche Spezifik der angewandten Ethik verfehlen würde, gehen die meisten Vertreter*innen von Top-Down-Modellen von einer Anwendung auf Problemfelder aus.

Der Prozess der Anwendung setzt ein hierarchisches Verständnis vom Verhältnis zwischen allgemeinem Obersatz und konkretem Untersatz voraus. Er verläuft deduktiv und folgt – stark vereinfacht[36] – der Form:

I. Jede Handlung der Beschreibung A ist verpflichtend.
II. Handlung b fällt unter die Beschreibung A
∴ Handlung b ist verpflichtend.

Während es sich bei Prämisse I um eine allgemeine normative Aussage handelt, kommen in Prämisse II die empirischen Daten zum Tragen. Die Kunst der Bereichsethiker*innen bestünde demnach darin, in Kenntnis der

---

34 Pieper A. / Thurnherr U. (1998), S. 13.
35 Bayertz K. (1991), S. 20.
36 Tetens H. (2011), S. 18–22, liefert eine differenzierte Darstellung der Argumentationsstrukturen in der angewandten Ethik.

empirischen Rahmenbedingungen möglichst treffend darzustellen, unter welche allgemeinen Beschreibungen sich spezifische Probleme subsumieren lassen. Ein korrektes Ergebnis (Konklusion) zu erzielen, wäre dann – unter Anwendung eines wahrheitserhaltenden Schlussprinzips – gewissermaßen ein Leichtes.

De facto lässt sich aber feststellen, dass die Anwendung von allgemeinen normativen Theorien in der Bereichsethik nicht unproblematisch ist. Dies mag zum einen daran liegen, dass kein Konsens besteht, welcher normativen Theorie der Vorzug zu geben ist[37]. Zum anderen deuten die Schwierigkeiten, die im Zuge der Anwendung entstehen, auf grundsätzliche Schwächen des Top-Down-Modells hin. James Childress etwa kritisiert, dass die Methode der Deduktion keine Handlungslenkung ermögliche, weil allgemeine Regeln zu unbestimmt seien, als dass man aus ihnen deduzieren könnte, welche Handlung moralisch gut, geboten etc. sei[38]. Tom Beauchamp gibt zu bedenken, dass es für manche konkreten Fälle insofern – möglicherweise – keine passende allgemeine Norm gebe, als diese Probleme allein unter Berufung auf eine einzige Norm nicht in ihrer ganzen Bandbreite und Tiefe erfasst werden können. In diesem Zusammenhang zeigt er auch, dass allgemeine Normen erst spezifiziert werden müssen, bevor man entscheiden kann, ob ein spezielles Problem überhaupt einer Regel oder einem Prinzip zuordenbar ist. Schließlich wendet er ein, dass ein Lösungsansatz, der das normative Prinzip im Obersatz einführt und der empirischen Aussage lediglich den Untersatz zugesteht, eine höhere Wertschätzung des Allgemeinen gegenüber dem Konkreten impliziere, von abstrakten Normen gegenüber moralischen Bräuchen, von institutionellen

---

37 Beauchamp T. L. / Childress J. F. (2009), S. 387; Fenner D. (2010), S. 11; Wolf U. (2012), S. 21. Tetens H. (2011), S. 20, schreibt im Zusammenhang mit dem Dissensproblem: „Es geht [in der angewandten Ethik] um dringliche ethische Probleme, die, wenn sie nicht möglichst einvernehmlich geregelt werden, den sozialen, politischen, ökonomischen und kulturellen Zusammenhalt der Menschen ernsthaft gefährden können. Dann aber sollte man nicht auf fundamentale Normen zurückgreifen, die in aller Regel strittig sind. Eine fundamentale Argumentationsnorm regiert insgeheim die angewandte Ethik: ‚Versuche in der Angewandten Ethik Fragen nach Möglichkeit so zu klären, dass der immer zu erwartende Dissens in den Grundlagen der Ethik und Metaethik gar nicht erst zum Tragen kommt.'"
38 Childress J. F. (2007), S. 16. Gegen ein deduktives Vorgehen spricht sich auch Ricken F. (2003), S. 21, aus. Winkler E. R. (1993), S. 4, bezeichnet es sogar als „philosophically naive".

Regeln gegenüber alltäglichen Urteilen. Eine derartige Priorität aber sei nicht plausibel[39].

Auch Marcus Düwell argumentiert, dass das Verhältnis zwischen praktischen Orientierungsfragen und der theoretischen Reflexion auf moralische Grundbegriffe komplexer sei als im Top-Down-Modell ausgedrückt, und mahnt deshalb, die Anwendungsdimension nicht als Appendix, sondern als Zielpunkt der normativen Ethik zu sehen[40]. Kritik am Top-Down-Modell übt weiters Nikolaus Knoepffler, der meint, dass Prinzipien erst in der konkreten Situation richtig verstanden werden können. Trotz ihrer unterschiedlichen Akzentuierungen zeigen all diese Einwände eine ähnliche Tendenz: Die Anwendung allgemeiner Normen verläuft – so formuliert es Kurt Bayertz – in zwei Richtungen. Das zeigt sich nicht nur dort, wo Anwendungsfragen zu massiven Begründungsproblemen führen[41], sondern auch, wo die Anwendung problemlos zu funktionieren scheint. Indem man nämlich ein Prinzip anwendet, interpretiert und verändert man es zugleich. „Die Anwendung eines Prinzips", so Bayertz, „besteht nicht nur in einem Subsumtionsvorgang, sondern enthält ein interpretatives und damit auch produktives Element."[42]

1.2.1.2. Bottom-Up-Modell

Ebenso wenig wie im Top-Down-Modell wird die von Bayertz beschriebene Wechselwirkung im Bottom-Up-Modell berücksichtigt, bei dem das Lösen eines konkreten Problems durch den Vergleich mit anderen Fällen geschieht. Dieses Modell, das in der Literatur teils als ‚kontextualistisch', teils als ‚kasuistisch'[43] bezeichnet wird, setzt anstelle einer Deduktion ein „Geflecht horizontaler Analogien zwischen gleichrangigen Fällen"[44]. Aufgabe

---

39 Beauchamp T. L. (2003), S. 7–8.
40 Düwell M. (2006), S. 243. Er spricht vom Missverständnis einer rein technischen Anwendung, wenn er den Begriff der Anwendung für ein holistisches Modell nutzbar machen möchte. Diesem holistischen Modell zufolge besteht zwischen allgemeiner Norm und konkretem Fall keine einseitig hierarchische Abhängigkeitsbeziehung, sondern vielmehr ein Verhältnis der gegenseitigen Beeinflussung und Korrektur, die stets mit Blick auf das Ganze (gr. τὸ ὅλον) zu erfolgen hat.
41 Bayertz K. (1991), S. 40.
42 Bayertz K. (2008), S. 174.
43 Die Bezeichnung ‚kasuistisch' ist problematisch, weil insbesondere in der Rechtslehre unter Kasuistik das Anwenden allgemeiner Regeln auf einzelne Fälle, also gerade kein Bottom-Up-Vorgehen, verstanden wird.
44 Bayertz K. (2008), S. 171.

1. Was Medienethik ist

der Moralphilosoph*innen ist es, den Kontext des jeweiligen Falls wahrzunehmen und herauszuarbeiten, worin Unterschiede und Gemeinsamkeiten zu anderen Fällen bestehen. Obwohl die Bezeichnung ‚Bottom-Up' suggeriert, dass ausgehend von der Beobachtung und Analyse von Einzelfällen schließlich mittels induktiver Generalisierung allgemeine Normen erarbeitet werden, finden sich auch Spielarten eines Bottom-Up-Ansatzes, bei denen eine explizite Generalisierung unterbleibt[45]. Dabei sind die Grenzen zu pragmatischen, partikularistischen und femininen Theorien oft fließend.

Bei all diesen Zugängen jedoch wird die Vorrangstellung der konkreten Probleme gerne mit der Beobachtung gerechtfertigt, dass wir im Alltag fast immer sicher sind, was zu tun ist, aber nur selten angeben können, warum dieses und jenes zu tun und anderes zu unterlassen ist. Man urteilt über Handlungen, Haltungen und Emotionen, indem man vergleicht und Analogien herstellt, nicht indem man sich von allgemeinen Prinzipien leiten lässt. Trotz der prima facie Plausibilität dieses Arguments scheint der Verweis auf die lebensweltliche Praxis als Rechtfertigung zu schwach. Denn einmal ist zu hinterfragen, ob es tatsächlich so ist, dass die meisten Menschen wissen, was sie tun sollen, nicht aber, warum sie es tun sollen. Auch die Behauptung, Menschen würden sich nicht auf allgemeine Prinzipien, sondern auf ähnliche Fälle berufen, wenn sie Handlungsentscheidungen treffen, ist anzuzweifeln und müsste gegebenenfalls durch geeignete empirische Studien belegt werden.

Und selbst nachdem dies geschehen wäre, ließe sich aus dem Umstand, dass man im Alltag eine gewisse (unreflektierte) Methode anwendet, um zu moralischen Urteilen zu kommen, nicht schlussfolgern, dass dies auch die geeignete Methode für die wissenschaftliche Aufarbeitung solcher Urteile ist. Wenn man aber doch akzeptieren wollte, dass der Erfolg einer Methode im Alltag ein hinreichender Grund sein könnte, diese Methode in der Moralphilosophie anzuwenden, steht man vor dem Problem, wie sich ein solches Gelingen feststellen lässt. Welche Kriterien können angegeben werden, um die Behauptung zu stützen, dass sich ein moralisches Alltagsurteil bewährt hat. Beruft man sich nämlich allein auf die eigene Intuition oder den eigenen Eindruck, muss man auch den Eindruck anderer

---

45 Die Kritik von Bayertz, der gegen das Bottom-Up-Modell einwendet, dass es in der angewandten Ethik sehr wohl um die Begründung von Normen und zwar von Normen gehe, die allgemein sind, jedoch auf einen bestimmten Bereich zugeschnitten wurden, trifft daher nur jene Ansätze, in denen eine induktive Generalisierung unterbleibt.

Menschen ernst nehmen, die behaupten könnten, dass sich solche Urteile häufig gerade nicht bewähren, d.h. dass unser alltägliches Bewerten von Situationen oft genug scheitert.

Will man also nicht bloß eine vage Intuition, sondern klare Kriterien angeben, wann eine Handlung als gut oder richtig gelten darf, muss man eine Vorstellung davon haben, was als gut oder richtig anzusehen ist (moralische Bewertung), d. h. man muss noch vor dem Bottom-Up-Verfahren bestimmte moralische Prinzipien anerkennen. Der Verweis auf ähnliche Fälle löst dieses Problem nicht, er verschiebt es lediglich. Denn auch für den bereits „gelösten" ähnlichen Fall stellt sich die Frage, warum man die „Lösung" positiv bewertet. Lässt sich darauf keine Antwort geben, kann man sich nur darauf berufen, dass die Lösung funktional (Ziel-Mittel-Bewertung) war, wobei selbstverständlich auch hier Kriterien angegeben werden müssten. Nimmt man aber das bloße Funktionieren als Maßstab, geht jegliches kritisches Potential gegenüber kulturellen Irrtümern verloren – Beauchamp spricht in diesem Zusammenhang von „a method without content"[46].

Doch zurück zum Verhältnis zwischen dem Konkreten und dem Allgemeinen, wo Vertreter*innen von Bottom-Up-Modellen – sofern sie nicht überhaupt auf die Ebene des Allgemeinen verzichten (wollen) – eine Bewegung vom konkreten Fall zur allgemeinen Norm vorschlagen. Gegen eine solche Vorrangstellung spricht – wie bereits ausgeführt – der Umstand, dass das bewertende Vergleichen von konkreten Fällen allgemeine Prinzipien, Regeln und Maximen voraussetzt, dass – anders formuliert – jede Einzelfallentscheidung eine, wenngleich vielleicht unbewusste Prinzipienentscheidung miteinschließt[47]. Hinzu kommt, dass selbst das Herstellen von Analogien nur möglich ist, wenn man sich – explizit oder implizit – auf grundlegende Normen oder Prinzipien bezieht, weil man nur dann zeigen kann, dass

---

46 Beauchamp T. L. (2003), S. 10, ebenso Beauchamp T. L. / Childress J. F. (2009), S. 395.
47 So argumentieren Beauchamp T. L. (2003), S. 10; Bayertz K. (2008), S. 174; Fenner D. (2010), S. 17–18, und letztlich auch Knoepffler N. (2010), S. 52, wenn er in Frage stellt, ob das, was man aus dem bloßen Vergleichen einzelner Fälle gewinnen kann, überhaupt noch eine Regel ist. Irrgang B. (1998), S. 13, meint in diesem Zusammenhang: Die „Reflexion des ethischen Alltags ohne methodische Anleitung bleibt dilettantisch und läuft letzten Endes auf die Weigerung hinaus, die eigentliche Dimension anwendungsorientierter Ethik zu erreichen, nämlich ethische Konfliktfälle für andere nachvollziehbar zu entscheiden."

eine Handlung a einer Handlung b unter einer moralisch relevanten Rücksicht ähnlich und einer Handlung c unähnlich ist[48].

Wenn ich beispielsweise zwischen zwei Fällen von Cyber-Mobbing eine Analogie herstelle, vergleiche ich die beiden Fälle nicht unter der Rücksicht, welche Software die Täter verwendet haben oder ob sie, während sie am Computer saßen, Vollkornkekse gegessen haben. Ich vergleiche vielmehr die moralisch relevanten Merkmale von Handlungen, dass sie ihre Opfer auf Facebook schlecht gemacht, sie vom Chat ausgeschlossen haben etc. Um zu wissen, dass das Schlecht-Machen und Ausgrenzen von anderen Menschen moralisch relevante Merkmale der Handlung sind, das Verzehren von Vollkornkeksen dagegen nicht, muss ich – bewusst oder unbewusst – bereits eine Überzeugung zugunsten eines allgemeinen Prinzips – z. B. dass man Menschen nicht schädigen darf – haben.

Ungeachtet dieser Kritikpunkte fällt positiv auf, dass Vertreter*innen von Bottom-Up-Modellen eine große Sensibilität für die konkrete Situation zeigen sowie das Bemühen, den Einzelfall ernst zu nehmen.

1.2.1.3. Holistisches Modell, Kohärenzmodell

Angewandte Ethik versucht, für konkrete Probleme ethisch relevante Kriterien zu finden und diese für den lebensweltlichen Kontext zu aktualisieren – so Dagmar Fenner[49]. Angewandte Ethik stellt die Problematizität von Handlungen dar – Bayertz[50] –, arbeitet ihre moralische Dimension heraus, thematisiert unausgesprochene Prämissen, klärt Begriffe, prüft den Rationalitätsanspruch unterschiedlicher Positionen, macht das begriffliche und theoretische Instrumentarium der Moralphilosophie für die Lösung konkreter Probleme fruchtbar. Angewandte Ethik ist kein fertiges Produkt – Beauchamp[51] –, sondern ein stets offener Prozess[52]. Sie ergänzt Theorie durch Praxis und Praxis durch Theorie.

---

48 Beauchamp T. L. / Childress J. F. (2009), S. 394 : "[...] casuists sometimes write as if paradigm cases speak for themselves or inform moral judgment by their facts alone. Clearly, they do not. For the casuist to move constructively from case to case, some recognized rule of moral relevance must connect the cases. The rule is not part of the case, but rather a way of interpreting and linking cases."
49 Fenner D. (2010), S. 22–23.
50 Bayertz K. (1991), S. 23, 44.
51 Beauchamp T. L. (2003), S. 11.
52 Singer P. (2011), S. 2, 8, meint in diesem Zusammenhang, dass es Aufgabe der angewandten Ethik sei, die Praxis zu gestalten, indem man zeigt, dass ethisches

1.2. Ethik

Solche und ähnliche Charakterisierungen von angewandter Ethik geben Vertreter*innen von holistischen bzw. kohärentistischen[53] Modellen. Aus der Beobachtung, dass konkretes Urteilen nie theorielos ist und normative Theorien als Ausgangspunkt, Zielpunkt und Korrektiv die Praxis brauchen, schließen sie, dass die Alternative zwischen Top-Down-und Bottom-Up-Modell nicht bestehe, sondern es Aufgabe der Bereichsethiker*innen sei, zwischen den Ebenen der Theorie und der Praxis hin- und herzugehen, bei Widersprüchen bald auf der einen, bald auf der anderen Ebene Anpassungen vorzunehmen, ein Netz von Überlegungen und Argumenten zu knüpfen, die sowohl deduktiv als auch induktiv sind[54].

Anwendung ist folglich nicht etwas, das nachträglich zu einer gelungenen Theoriebildung hinzukommt, Anwendung beeinflusst die Prinzipien[55], sie ist „normbildend"[56]. Warum dem so ist, wird von den unterschiedlichen Autoren unterschiedlich erklärt. Beauchamp etwa argumentiert mit dem Vorgang der Spezifizierung: Damit man ein konkretes Problem unter Berufung auf eine abstrakte Norm beurteilen kann, muss diese Norm spezifiziert werden. Durch den Vorgang der Spezifizierung aber – d. h. durch das Ausbuchstabieren, was eine abstrakte Norm in der konkreten Situation bedeutet – verliert das Allgemeine an Unbestimmtheit, man fügt Inhalt hinzu, verändert die Norm[57]. Fenner beruft sich auf unter-

---

Argumentieren möglich ist. Ein ethisches Urteil, das sich in der Praxis nicht bewährt, müsse auch einen theoretischen Mangel aufweisen.
53 In der Literatur wird das hier beschriebene Modell teils als holistisch, teils als kohärentistisch bezeichnet. Fenner D. (2010), S. 25, gebraucht den Ausdruck ‚kohärentistisch' (lat. cohaerere – zusammenhängen), „weil es auf den Zusammenhang, d. h. die ‚Kohärenz' mit bestehenden Moralvorstellungen ankommt". Holistisch wird dagegen mit Bedacht auf den Umstand gebraucht, dass die Konkretisierung abstrakter Normen in der angewandten Ethik mit Blick auf das Ganze (gr. τὸ ὅλον) zu erfolgen hat. Ich werde im Folgenden dem Ausdruck ‚holistisch' den Vorzug geben, weil das Anliegen des besagten Modells m.E. mit dem Blick auf das Ganze der Ethik besser zum Ausdruck gebracht wird. Der Zusammenhang mit bestehenden Moralvorstellungen scheint ein weiteres wichtiges, dem ersten Anspruch gegenüber aber nachzureihendes Kriterium zu sein.
54 Bayertz K. (2008), S. 174; ähnlich Ward S. J. A. (2011), S. 78. Nida-Rümelin J. (2005), S. 61, schreibt: „Theoretische und praktische Fragen der Ethik bilden nicht zwei disjunkte Klassen, sondern ein Kontinuum, und die Begründungsfragen verlaufen weder von der Theorie zur Praxis noch von der Praxis zur Theorie, [...]."
55 Knoepffler N. (2010), S. 53.
56 Fenner D. (2010), S. 24.
57 Beauchamp T.L. (2003), S. 12–14.

schiedliche Abstraktionsgrade ethischer Argumentation[58], die den Blick auf den Zusammenhang von Theorie und Praxis verstellen können, und Nida-Rümelin spricht von den theoretischen und praktischen Fragen der Ethik als von einem nicht aufzulösenden Kontinuum. Denn: Unsere moralischen Überzeugungen betreffen primär konkrete Handlungen, müssen aber laufend im Rahmen ethischer Theorien angemessen rekonstruiert werden, sollen sie nicht an Überzeugungskraft einbüßen[59].

Wenngleich man kritisieren könnte, dass die Wechselwirkung bzw. das Kontinuum zwischen Theorie und Praxis nur ungenau bestimmt ist, scheint der holistische Zugang – angesichts der massiven Kritik am Top-Down- und am Bottom-Up-Modell – eine attraktive Alternative darzustellen. Allerdings kann das holistische Modell zu weitreichenden Folgen führen, weshalb Friedo Ricken beispielsweise Julian Nida-Rümelins Kritik am Top-Down-Modell zustimmt, den Schritt zum Zugeständnis, dass für verschiedene Bereiche menschlicher Praxis unterschiedliche normative Kriterien angemessen sein könnten, aber nicht mitgehen will[60]. Auch Andreas Vieth thematisiert diese weitreichenden Folgen, wenn er meint, die angewandte Ethik verliere dann ihre Harmlosigkeit, wenn sie nicht mehr pragmatisch als durch außerethische Unterschiede begrenzte Anwendung verstanden wird, sondern als besondere philosophische Ethik, für die „jeweils unterschiedliche Normen, Werte, Prinzipien, evaluative Eigenschaften oder Ideen relevant"[61] sind.

Wenn aber der allgemeine normative Rahmen durch – möglicherweise – unterschiedliche Kriterien der Medienethik, Medizinethik, Naturethik etc. verändert werden kann und kein „unkorrigierbares System von Regeln"[62] mehr ist, stellt sich die Frage, was von diesem Rahmen letztlich übrig bleiben wird und welche Berechtigung allgemeinen normativen Theorien dann noch zukommen mag. Dies ist vor allem deshalb von Bedeutung, weil in einer Bereichsethik diskutierte Problemstellungen möglicherweise nicht nur diese Bereichsethik betreffen[63]. Denken wir beispielsweise

---

58 Sie unterscheidet zwischen der Ebene der ethischen Theorien, der Ebene der ethischen Prinzipien, der Ebene der ethischen Normen und der Ebene der singulären Urteile. Fenner D. (2010), S. 21.
59 Nida-Rümelin J. (2005), S. 59–60.
60 Ricken F. (2003), S. 21.
61 Vieth A. (2006), S. 56.
62 Siep L. (2004), S. 23.
63 Ricken F. (2003), S. 24.

an das Phänomen des Happy Slapping[64]. Die Beurteilung der medialen Darstellung und Verbreitung von Gewalt fällt klar in den Bereich der Medienethik. Ebenso klar ist, dass die zugrundeliegende Problematik, das Erlaubt- oder Verbotensein von körperlicher Gewalt im zwischenmenschlichen Umgang, die ganze Gesellschaft betrifft und über die Medienethik hinausgeht. Sollte es aber für unterschiedliche Lebensbereiche unterschiedliche Normen geben, ist ungewiss, in welchem Zusammenhang diese zueinander stehen und wie Konflikte gelöst werden, wo die Grenzen einer Bereichsethik überschritten werden und die normativen Vorstellungen einer Bereichsethik mit jenen einer anderen Bereichsethik nicht harmonieren.

Für welches Modell man sich entscheidet, steht jedenfalls in einem Zusammenhang damit, was man unter Medienethik versteht und was man von ihr erwartet. Wer Wert auf Einheitlichkeit und eine starke Theorie legt, wird eher für ein Top-Down-Modell plädieren. Wer das Diktat der Vernunft ablehnt und Gemeinsamkeiten im moralischen Empfinden der Akteure erspüren will, wird dagegen eher einem Bottom-Up-Modell den Vorzug geben. Insofern erscheint es plausibel, – mit Bayertz[65] – unter einer Bereichsethik eine philosophische Disziplin zu verstehen, die sich mit allgemeinen normativen Aussagen befasst, diese jedoch für einen bestimmten Lebensbereich entwickelt. Denn wer Medienethik betreibt, sucht nicht nur nach einer Möglichkeit, mit konkreten Fragen und Problemen umzugehen, sondern sucht auch nach inhaltlichen Richtlinien, die über den einzelnen Fall hinausgehen und größere Zusammenhänge herstellen. Dabei wird bewusst oder unbewusst auf allgemeine Normen oder Prinzipien zurückgegriffen, die jedoch – konfrontiert mit dem konkreten Lebensbereich – in einem neuen Licht erscheinen und modifiziert werden, wie es das holistische Modell beschreibt.

Nähert man sich der Medienethik dann mit einem holistischen Verständnis, ist nicht ausgeschlossen, dass normative Aussagen, die sich in der Medienethik bewähren, in einer anderen Bereichsethik nur zum Teil zutreffen oder ganz versagen. Die sich daraus ergebende Frage, ob es legitim bzw. sinnvoll ist, für unterschiedliche Lebensbereiche unterschiedliche Normen anzunehmen, lässt sich m. E. gegenwärtig nicht entscheiden. Zuvor müssten für Wirtschaftsethik, Umweltethik, Technikethik etc. ebenso

---

64 Unter ‚Happy Slapping' (engl. lustiges Schlagen) versteht man das digitale Aufzeichnen und anschließende Veröffentlichen von körperlichen Angriffen auf meist unbekannte Passanten, aber auch auf Mitschüler*innen oder Lehrpersonen.
65 Bayertz K. (2008), S. 165–179.

1. Was Medienethik ist

holistische Ansätze entwickelt werden und erst im Anschluss daran kann evaluiert werden, ob diese in ihren Kernelementen übereinstimmen – wobei hier selbstverständlich die Begrenztheit der menschlichen Erkenntnisfähigkeit und mögliche tieferliegende systematische Hindernisse zu berücksichtigen sind.

Gegenüber dem lange Zeit dominanten Top-Down-Modell entspricht der holistische Zugang nicht nur einer Art Emanzipation der angewandten Ethik, sondern überhaupt einem Perspektivenwechsel in der Ethik, dem man sich – nimmt man es mit dem rücksichtslosen Fragen der Philosophie ernst – nicht von vorneherein verschließen sollte. Zugleich dürfen Bereichsethiker*innen aber die (mögliche) Anschlussfähigkeit ihrer Thesen an andere Bereichsethiken nicht aus dem Auge verlieren, was nebenbei ein Argument dafür sein könnte, primär Medienethik und nicht Journalismusethik, Internetethik, PR-Ethik etc. zu betreiben. Denn je inhomogener der medienethische Diskurs sich gestaltet, je mehr er in kleine und Kleinstdiskurse zerfällt, desto geringer ist die Wahrscheinlichkeit, einen gemeinsamen Nenner mit anderen Lebensbereichen zu finden. Die unterschiedlichen Haltungen gegenüber den genannten Modellen jedoch, stehen nicht nur in einer Wechselwirkung zum Verständnis des Faches, sondern schlagen sich auch in der Wahl von Begrifflichkeiten nieder.

1.2.2. Angewandte Ethik versus Bereichsethik

Der am häufigsten gebrauchte Ausdruck, um eine sich an den konkreten Problemstellungen der unterschiedlichen Lebensbereiche orientierende Ethik zu bezeichnen, ist jener der ‚angewandten Ethik'. Da das Adjektiv ‚angewandt' aber – wie bereits gezeigt wurde – das (Miss)Verständnis in sich birgt, bei dieser Art von Ethik handle es sich ausschließlich um ein Top-Down-Vorgehen, wurde eine Vielzahl von neuen Ausdrücken geprägt. Diese zeigen das Bemühen, eine sprachlich unverfängliche Lösung zu finden. Gleichzeitig wird deutlich, dass nicht nur der sprachliche Ausdruck zur Diskussion steht – bzw. wie zuvor skizziert das Verhältnis zum Fach Ethik –, sondern auch die Frage, ob man nach einem Oberbegriff für bestimmte Themenstellungen, eine wissenschaftliche Disziplin, eine Methode etc. sucht[66]. So sprechen manche Autoren von ‚Bindestrich-Ethik', ‚praktischer Ethik', ‚anwendungsorientierter Ethik', von ‚praktizierender praktischer Philosophie' usw. Für und wider diese und andere Bezeich-

---

[66] Kaminsky C. (2005), S. 23.

1.2. Ethik

nungen kann argumentiert werden und wurde argumentiert[67]: Der Ausdruck ‚praktische Ethik' sei redundant, weil Ethik bereits praktische Philosophie sei, praktische Ethik dann also praktisch praktische Philosophie wäre; unter praktizierender praktischer Philosophie müsse man nicht unbedingt die hier gemeinte Ethik verstehen usw.[68]

Beschränkt man sich auf jene Vorschläge, die bereits eine gewisse Akzeptanz und Verbreitung erreicht haben, fällt der Blick zunächst auf den Zugang von Kurt Bayertz, der von der Beobachtung ausgeht, dass sowohl die (so genannte) theoretische, normative oder allgemeine Ethik als auch die (so genannte) angewandte Ethik sich mit allgemeinen Normen und mit konkreten Problemen befassen. Allerdings sei der Blickwinkel, der Zugang ein anderer. Im einen Fall nämlich liegt das Hauptinteresse an der Begründung allgemeiner Prinzipien etc., hypothetische Beispiele werden nur zur Illustration der jeweiligen Theorie herangezogen – Bayertz spricht von begründungsorientierter Ethik. Die problemorientierte Ethik dagegen erhebt den Anspruch, Probleme, die ihren Ursprung außerhalb der Philosophie haben und auch von Nicht-Philosophen als klärungsbedürftig erachtet werden, unter Zuhilfenahme eines philosophischen Instrumentariums zu lösen[69].

Das Begriffspaar begründungsorientierte – problemorientierte Ethik würde damit zwei Disziplinen innerhalb der philosophischen Ethik bezeichnen, die beide – im Unterschied zur Metaethik – normative Aussagen behandeln. Die gewählten Adjektive sind nicht nur weniger problematisch als das Wörtchen ‚angewandt', sondern sogar inhaltlich sinnvoll und aussagekräftig. Nicht zuletzt erscheint Bayertz Vorschlag deshalb erfolgverspre-

---

67 Im englischen Sprachraum gestaltet sich die Diskussion deutlich einfacher: Aufgrund der bereits genannten Problematik gebrauchen immer mehr Autoren anstelle von ‚Applied Ethics' den Ausdruck ‚Practical Ethics' – Childress J. F. (2007), S. 16. Thematisiert wird außerdem die Abgrenzung gegenüber ‚Professional Ethics' (Berufsethik, Berufsethos) – Beauchamp T. L. (2003), S. 3 –, womit sich die deutschsprachige Literatur kaum befasst.
68 Für einen Überblick siehe Kaminsky C. (2005), S. 23–30. Der Mangel an sprachlicher Eindeutigkeit setzt sich auch dort fort, wo nicht mehr nach einem Oberbegriff, sondern nach einer Bezeichnung für die konkrete Bereichsethik gesucht wird. Vieth A. (2006), S. 55, bietet eine Aufzählung der „inflationären" Wortneuschöpfungen (Öko-Ethik, Gen-Ethik,...) und bezeichnet diese scharf als „Karikatur".
69 Bayertz K. (1991), S. 23; Bayertz K. (2008), S. 172. In diesem Zusammenhang wäre allerdings zu fragen, ob nicht auch die Probleme der normativen Ethik, der Metaethik bzw. selbst die der theoretischen Philosophie ihren Ursprung außerhalb der Philosophie haben.

chend, weil auch die Bezeichnung jener Disziplin, von der sich die angewandte Ethik abheben soll (allgemeine, normative oder theoretische Ethik), durchaus strittig ist[70]. Dass eine breite Rezeption bisher ausblieb, mag daran liegen, dass Bayertz mit zusammengesetzten Adjektiven arbeitet, was etwas schwerfällig, ja sperrig wirkt.

Besser etablieren konnte sich dagegen der Ausdruck ‚Bereichsethik', der u. a. von Nida-Rümelin geprägt wurde. Ähnlich wie Bayertz geht er von einem holistischen Ansatz aus. Unter Bereichsethik versteht er jene Teildisziplin der philosophischen Ethik, die „sich auf einen spezifischen Bereich menschlicher Praxis bezieht"[71]. Es sei aber durchaus denkbar, dass sich in den unterschiedlichen Bereichen menschlicher Praxis unterschiedliche normative Kriterien als angemessen erweisen, von denen man zunächst einmal nicht sagen könne, ob sie sich miteinander zu einem einzigen normativen System verbinden lassen.

Die Rezeption von Nida-Rümelins Zugang fällt unterschiedlich aus. Neben Kritik an dem zugrundeliegenden, stark holistischen Ansatz[72], scheint vor allem das Anliegen, die problematische Bezeichnung ‚angewandte Ethik' durch ‚Bereichsethik' austauschen zu wollen, nicht allzu viele Mitstreiter zu finden. Marcus Düwell etwa möchte auf die ‚angewandte Ethik' als Oberbegriff für die verschiedenen bereichsspezifischen Ethiken nicht verzichten[73] und auch Carmen Kaminsky will trotz der Verwendung von ‚Bereichsethik' die Rede von der ‚angewandten Ethik' nicht aufgeben. Allerdings versteht sie unter angewandter Ethik eine Art Metadisziplin, den „Ausdruck für die moralphilosophische Auseinandersetzung mit methodischen und verfahrenstechnischen Problemen, die sich im Vollzug der Bereichsethiken ergeben"[74].

Ausschlaggebend für ihr Konzept von angewandter Ethik bzw. von Bereichsethik ist das Unbehagen, einen interdisziplinären und einen genuin philosophischen Diskurs unter einem einzigen Begriff – nämlich dem der Bereichsethik – zusammenzufassen. Sie hält es daher für angebracht, die unterschiedlichen Bereichsethiken als interdisziplinäre Disziplinen zu betreiben und spezifisch philosophische Fragen, d. h. eigentlich metaethische Fragen, in einer irgendwie übergeordneten angewandten Ethik zu be-

---

70 Zur Redundanz des Ausdrucks ‚normative Ethik' siehe Quante M. (2011), S. 17. Ähnlich in Bezug auf den Begriff ‚theoretische Ethik' siehe Beauchamp T. L. (2003), S. 12.
71 Nida-Rümelin J. (2005), S. 64.
72 Ricken F. (2003), S. 20–24.
73 Düwell M. (2006), S. 243. Ähnlich Funiok R. (2011), S. 52.
74 Kaminsky C. (2005), S. 30.

handeln. Damit übernimmt sie zwar den Begriff, richtet sich aber klar gegen das ursprüngliche Anliegen von Nida-Rümelin, der gewissermaßen eine Emanzipation der Bereichsethik erreichen und Medizinethik, Wirtschaftsethik, Umweltethik etc. daher gerade nicht als Teil einer angewandten Ethik verstehen wollte[75].

Dessen ungeachtet legt sich der Verdacht nahe, bei der von Kaminsky genannten Kluft zwischen interdisziplinären und philosophischen Diskursen handle es sich um ein Scheinproblem, das zu einer unnötigen Vermehrung von Disziplinen führe. Fragen zu den Bedingungen und Möglichkeiten normativer Theorien werden bereits in der Metaethik behandelt, eine angewandte Ethik als Metadisziplin zu den normativen Theorien der Bereichsethik wäre eine Doppelung, von der nicht klar ist, welchen Erkenntnisgewinn sie liefern könnte. Weiters ist schwer vorstellbar, wie man Ethik ohne Berücksichtigung von konkreten Handlungen überhaupt betreiben will. Die Reflexion von moralischen Bräuchen, Normen, Konventionen etc. nimmt ihren Ausgangspunkt beim tatsächlichen Tun, Meinen und Wollen von Menschen. Dessen interdisziplinäre Erforschung und Aufbereitung aber liefert jene empirischen Daten, auf die Moralphilosophie üblicherweise zurückgreift. Der richtige Umgang mit diesen empirischen Daten, das Zusammenspielen von deskriptiven Disziplinen und Philosophie, verlangt methodische Kompetenz, ist aber nicht – wie Kaminsky befürchtet – unmöglich.

Außerdem ist mit Dagmar Fenner einzuwerfen, dass sich jene Philosoph*innen, die de facto Bereichsethik betreiben, meist weniger mit Metafragen beschäftigen, sondern mit den konkreten Problemstellungen des jeweiligen Lebensbereichs[76]. Als Argument für einen übergeordneten Diskurs könnte man dagegen die Befürchtung Fenners anführen, die einzelnen Bereichsethiken würden ansonsten unverbunden nebeneinander bestehen bleiben, jene Disziplin der philosophischen Ethik, die problemorientiert betrieben wird, in zusammenhangslose Teile zerfallen. Allerdings scheint diese Befürchtung zur Begründung einer Metadisziplin zu schwach. Außerdem ist die systematisch betriebene Bereichsethik ein noch sehr junges Fach und es dürfte daher kein Fehler sein, seine Entwicklung vorerst abzuwarten, bevor man einen so großen Schritt wie die Einführung einer Metadisziplin tut.

Alles in allem scheint mir Bayertz Unterscheidung zwischen begründungsorientierter und problemorientierter Ethik inhaltlich am sinnvolls-

---

75 Nida-Rümelin J. (2005), S. 64.
76 Fenner D. (2010), S. 46.

1. Was Medienethik ist

ten, wobei ‚problemorientierte Ethik' jedenfalls als Sammelausdruck zu verstehen wäre. Allerdings ist der Ausdruck sprachlich sperrig und wird sich daher vermutlich nicht durchsetzen können. Im weiteren Textverlauf wird der Ausdruck ‚Bereichsethik' gebraucht, auf die Bezeichnung ‚angewandte Ethik' dagegen gänzlich verzichtet. Auch wenn die Rede von einer Bereichsethik gegenüber der einer problemorientierten Ethik weniger aussagekräftig ist, birgt sie zumindest nicht – wie der Ausdruck ‚angewandte Ethik' – die Problematik eines einseitigen Top-Down-Verständnisses in sich, sondern ist neutral, sodass letztlich alle drei besprochenen Modelle darunterfallen könnten.

1.3. Medienethik

Medienethik, so könnte eine Arbeitsdefinition lauten, ist die wissenschaftliche Reflexion auf den moralischen Wert von Handlungsmöglichkeiten, Haltungen und Emotionen, die sich im Zusammenhang mit medial vermittelter Kommunikation ergeben. Damit aber ist ein weiterer Begriff ins Spiel gebracht, der – ähnlich wie der des ‚Mediums' – häufig gebraucht wird, jedoch schwer zu definieren ist: ‚Kommunikation' (lat. communicare – mitteilen) bezeichnet den Austausch von Informationen[77]. Diese Informationen können sich auf Fakten beziehen, auf Meinungen, Emotionen, Apelle etc. Kommunikation erfolgt verbal oder nonverbal, bewusst oder unbewusst. Es kommunizieren Menschen, Tiere, möglicherweise auch Maschinen, wobei letztere Informationen – zumindest derzeit – nur insofern weitergeben, als sie von Menschen dazu veranlasst, d. h. programmiert worden sind. Ferner lässt sich Kommunikation unter verschiedenen Rücksichten beschreiben:

Wir sprechen über Kommunikation, wenn wir uns auf unsere eigenen Erfahrungen mit Kommunikation beziehen[78], wenn wir Kommunikation als Handlung beschreiben, insofern es interessiert, ob durch Kommunikation Probleme gelöst werden, welche inneren Vorgänge sich in der Kommunikationssituation abspielen oder welche Reaktionen dieser oder jener

---

77 Für eine Analyse der öffentlichen Kommunikation und der sich daraus ergebenden Konsequenzen für die Medienethik siehe Filipović A. (2007).
78 Neben anderen Merkmalen (Universalität, Flüchtigkeit, Relationalität, Heterogenität und Selbstbezüglichkeit) nennen Merten K. (1999), S. 15, und Beck K. (2007), S. 13–15, das als Ursache dafür, warum es schwierig ist, Kommunikation zu definieren.

1.3. Medienethik

Reiz üblicherweise hervorruft. Naturalisten reduzieren Kommunikationsprozesse auf naturwissenschaftlich wahrnehmbare Phänomene und klammern Aspekte wie Bewusstsein, Gedanken, Absicht oder Zielsetzungen aus, in der Informationstheorie wird Kommunikation als das Übertragen von Signalen durch den Raum bestimmt und in der Systemtheorie als autopoietische Operation zur Ausbildung und Erhaltung sozialer Systeme. Bereits diese oberflächlichen Anmerkungen zeigen, dass der Ausdruck ‚Kommunikation' nicht weniger vielfältig verwendet wird[79] als der Ausdruck ‚Medium'.

Für die Medienethik relevant jedenfalls ist diejenige Kommunikation, die man als Austausch von Informationen, der verbal oder nonverbal zwischen Menschen stattfindet, umschreiben kann[80]. Dieser Austausch ist medial vermittelt, d. h. er ereignet sich nicht von Angesicht zu Angesicht. Vielmehr werden die Informationen unter Gebrauch von technischen Hilfsmitteln fixiert, transportiert und rezipiert.

Soweit eine Annäherung an die Frage, was Medienethik ist. Die Aufgabe, die sich daraus in einem nächsten Schritt ergibt, besteht darin, die Medienethik von anderen Bereichsethiken abzugrenzen, und zwar zumindest dort, wo die Überschneidungen derart bedeutend oder zahlreich sind, dass die Gefahr besteht, die Unterschiede könnten in den Hintergrund treten, ein unpräziser Sprachgebrauch könnte sich einschleifen und die der Folge die Zuordnung[81] bzw. sogar die inhaltliche Diskussion erschweren. Solche Bereichsethiken sind die Kommunikationsethik und die Informations-

---

79 Zur Vieldeutigkeit des Begriffs ‚Kommunikation' siehe Merten K. (1977), S. 168–170, der 160 Definitionen von Kommunikation zusammengetragen hat, sowie Maletzke G. (1998), S. 36–44. Schulz W. (1994), S. 140, schreibt: „Es gibt eine sehr weitgefasste und eine engere Bedeutung von Kommunikation. Der engere Kommunikationsprozess bezieht sich auf die Gemeinsamkeiten zwischen verschiedenen Menschen, auf einen sozialen Prozess. Der umfassende Begriff wird in vielen verschiedenen Bereichen und in den entsprechenden Wissenschaften angewandt, so auch auf Prozesse unter Tieren (animalische Kommunikation), Prozesse innerhalb lebendiger Organismen (Biokommunikation) wie auch innerhalb oder zwischen technischen Systemen (technische Kommunikation, Maschinenkommunikation) oder zwischen Menschen und technischen Apparaten, zum Beispiel Computern (Mensch-Maschine-Kommunikation)."
80 Krämer S. (2008), S. 12–19, nennt dieses Verständnis von Kommunikation „postalisches Prinzip" und hebt es vom „personalen" oder „erotischen Prinzip" der Verständigung ab, bei dem es um ein „Zusammenfallen" der Innenwelten zweier Individuen geht.
81 Filipović A. (2016), S. 45, weist zurecht darauf hin, dass es sich bei vielen Bereichen um „Querschnittsfelder" handelt, „auf denen eine Zusammenarbeit der Bereichsethiken notwendig ist", und es für den Bereichsethiker daher eine bleiben-

1. Was Medienethik ist

ethik, die häufig gemeinsam mit der Medienethik unter Doppelnamen wie ‚Medien- und Kommunikationsethik', ‚Informations- und Medienethik' etc. geführt werden, weiters die Technikethik, eventuell auch die Wissenschaftsethik und die Wirtschaftsethik. Selbstverständlich gibt es eine Reihe von Überschneidungen zu anderen Bereichsethiken wie der Wissenschaftsethik oder der Wirtschaftsethik.

In der Wissenschaftsethik werden ethische Probleme bei der Gewinnung und Anwendung wissenschaftlicher Erkenntnisse diskutiert. Wenngleich wissenschaftliche Erkenntnisse in der Regel medial vermittelt, d. h. schriftlich fixiert, veröffentlicht und (zumindest) dem Fachpublikum zugänglich gemacht werden, richtet die Wissenschaftsethik ihre Aufmerksamkeit nicht primär auf die Kommunikation dieser Erkenntnisse, sondern auf das Auffinden und den Umgang mit ihnen: Gibt es Wissen, nach dem wir nicht streben sollten[82]? Trifft die einzelnen Wissenschaftler*innen eine moralische Verantwortung[83], wenn die Ergebnisse ihrer Forschung dazu gebraucht werden, Massenvernichtungswaffen herzustellen[84], oder dazu, Menschen politisch zu manipulieren?

Von derartigen, klar der Wissenschaftsethik zuordenbaren Fragen abgesehen, bestehen dennoch Überschneidungen und es mag insofern hilfreich sein, wenn die eine Disziplin sich in Bezug auf diese Problemfelder von der anderen bereichern lässt und umgekehrt. Zu nennen wäre etwa der Themenbereich „Wissenschaft und Öffentlichkeit": Ist es ausreichend, wissenschaftliche Erkenntnisse den Fachkolleg*innen zugänglich zu machen[85] oder haben auch wissenschaftliche Laien das Recht, informiert zu werden? Können die Ergebnisse der wissenschaftlichen Forschung in eine für jeden und jede verständliche Sprache „übersetzt" werden oder ist die Gefahr zu groß, dass es dadurch zu Unsauberkeiten, Interpretation und Verfälschung der Inhalte kommen könnte? Haben Forscher das Recht, Wissen zurück zu halten, d. h. nicht zu kommunizieren? Einen weiteren Themenbereich könnte man mit „Medien und Wahrheit" überschreiben. Ist es Aufgabe der Journalist*innen nachzuforschen, ob die eigenen Behauptungen und

---

de Herausforderung sei, sich auf der Suche nach einer adäquaten Beschreibung des eigenen Forschungsgegenstandes weiter zu entwickeln.
82 Zur Spannung zwischen epistemischer Rationalität und Folgenverantwortung siehe Nida-Rümelin J. (2005), S. 854.
83 Jonas H. (1991), S. 193–214; Lenk H. (1992), S. 53–75.
84 Lenk H. (1986), S. 128.
85 Frey B. S. (2006), S. 53–63, beschäftigt sich mit der Frage, wie sich der Zwang zu zahlreichen und gut gereihten Publikationen auf Qualität und Innovation in der Forschung auswirkt.

Annahmen dem aktuellen Stand der Wissenschaft entsprechen oder ist es ausreichend zu meinen, Recht zu haben und den Leser nicht absichtlich zu täuschen? Müssen Sachinformationen immer nüchtern dargestellt werden oder ist es zulässig, ihnen Erlebnischarakter zu verleihen, sie zu inszenieren?

Während also die Berührungspunkte zwischen Medienethik und Wissenschaftsethik hauptsächlich die mediale Aufbereitung von Inhalten betreffen, besteht ein gemeinsamer Fragebedarf mit der Wirtschaftsethik, wenn die Ebene der Produktion im Blick ist. Denn Wirtschaftsethik reflektiert ethische Probleme, die sich bei der Herstellung, der Verteilung und dem Verbrauch materieller Güter ergeben. Diese Ebene von Produktion und Verkauf betrifft aber nicht allein das Management der Medienunternehmen, sondern auch deren redaktionelle Mitarbeiter*innen, die in Themenwahl und Aufbereitung von Marktüberlegungen abhängig sind. Nicht zuletzt können die Konsument*innen durch ihr Kaufverhalten, ihre Aufmerksamkeit oder den Entzug von Aufmerksamkeit Marktprozesse gestalten[86]. Wenngleich sich Medienethik nicht in Wirtschaftsethik erschöpft[87], ist es daher dennoch wichtig, wirtschaftsethische Überlegungen zu berücksichtigen, wenn über die Verantwortung und die Handlungsmöglichkeiten der medialen Akteur*innen – Konsument*innen, Redakteur*innen und Unternehmer*innen – diskutiert wird.

Überschneidungen mit der Technikethik bestehen insofern, als das moralphilosophische Interesse hier – neben der Erzeugung und Entsorgung von Werkzeugen und Maschinen – hauptsächlich deren verantwortlicher Nutzung[88] gilt. Ist es erlaubt, Fotos zu manipulieren, wenn ich die technischen Möglichkeiten dazu habe? Ist es richtig, beim Navigieren im Netz ständig Entscheidungen zu treffen ohne mich mit den Wahlmöglichkeiten bewusst auseinandergesetzt zu haben? Bin ich für mein Handeln in virtuellen Welten moralisch verantwortlich und hat es Auswirkungen auf mein

---

86 Zum Verhältnis zwischen Individualethik und Institutionenethik siehe Zimmerli W. C. / Aßländer M. S. (2005), S. 322–327. Fenner D. (2010), S. 351–418, unterscheidet zwischen Wirtschaftsordnungsethik, Unternehmensethik und einer Mitarbeiter-, Führungs- und Konsumentenethik.
87 Medienethik mit einem starken Akzent auf wirtschaftsethische Überlegungen betreiben u. a. Karmasin M. (1993; 1998; 1999) und Zerfaß A. (1999). Für eine Auseinandersetzung mit der Verantwortung von Medienunternehmen aus der Perspektive der Ökonomischen Ethik siehe Erdmann H.-C. (2012).
88 Ropohl G. (2002), S. 97–108, entwickelt Technikethik als eine Berufsethik der Ingenieure. Fenner D. (2010), S. 233–240, unterscheidet zwischen einem herstellungsorientierten und einem gebrauchsorientierten Verantwortungskonzept.

1. Was Medienethik ist

Offline-Verhalten? Wie aus diesen Beispielen ersichtlich, bestehen die Berührungspunkte zwischen Medienethik und Technikethik hauptsächlich im Bereich der Internetethik, wo die Vielzahl der neuen technischen Möglichkeiten[89] Verhaltensunsicherheiten seitens der User hervorruft[90]. Das digitale Bearbeiten von Inhalten – von Bildern und Tonaufzeichnungen – schafft aber auch im Bereich der Printmedien, von Rundfunk und Fernsehen moralphilosophischen Fragebedarf. Außerdem werden sich, sofern man die Roboterethik – mit Themen wie dem Open-Ended Machine Learning oder der Interaktion mit (teil)autonomen Systemen – als einen Teil der Technikethik begreift, in Zukunft weitere Problemkonstellationen auftun, die sowohl medienethisch als auch technikethisch relevant sind.

Medienethik auf Technikethik zu reduzieren, würde allerdings den Umstand vernachlässigen, dass die Akteur*inne nicht nur für den Einsatz der technischen Hilfsmittel verantwortlich sind, sondern – wenn nicht sogar in erster Linie – für die Inhalte der durch Technik vermittelten Kommunikation, für die Art und Weise, wie sie miteinander umgehen. Ansätze, die stark von der Technikethik herkommen[91], bringen daher häufig eine neue Perspektive und interessante Impulse ein, können aber nur für einen Teil der medienethischen Herausforderungen Lösungsvorschläge liefern.

Die größte Nähe besteht schließlich zur Kommunikationsethik und zur Informationsethik. Denn – wie in der Arbeitsdefinition angedeutet – interessiert sich Medienethik insofern für den Umgang von Menschen mit den Medien Buch, Zeitung, Rundfunk, Fernsehen und Internet, als diese zum Zweck der Kommunikation genützt werden. Und auch die Überschneidungen zur Informationsethik sind, definiert man diese als „ethische Beschäftigung mit der Digitalisierung"[92], umfassend. Wenngleich die Sinnhaftigkeit einer strikten Trennung zu hinterfragen ist, könnte man darauf hinweisen, dass die Informationsethik stärker technisch[93], die Medienethik dagegen eher gesellschaftlich orientiert ist und primär Kommunikationssituationen zwischen Menschen im Blick hat, während die Informationsethik insbesondere mit Fragestellungen im Zusammenhang mit Mensch-Maschine-Interaktionen, mit autonomen Systemen etc. befasst ist. Ähnlich wie bei der Unterscheidung zwischen Medien- und Kommunikationsethik

---

89 Grimm P. / Capurro R. (2008).
90 Paganini C. (2011), S. 238–239.
91 Irrgang B. (2011).
92 Hausmanninger T. / Capurro R. (2002), S. 9.
93 Filipović A (2016), S. 45.

1.3. Medienethik

ist daher mit Jessica Heesen darauf hinzuweisen, dass es sich hier um eine „Schwerpunktsetzung im untrennbaren Gegenstandsbereich Medien/Information" handelt und nicht um eine „trennscharfe bereichsethische Differenzierung"[94].

Wer Medienethik betreiben will, steht aber nicht nur vor der Aufgabe, eine Abgrenzung gegenüber anderen Bereichsethiken vorzunehmen, er wird auch Gründe angeben müssen, warum er es für sinnvoll erachtet, von Medienethik zu sprechen und nicht vielmehr von Journalismusethik, Bildethik, Internetethik etc. Bei der Medienethik handelt es sich nämlich um eine Bereichsethik mit sehr starken und eigenständigen Teildisziplinen[95]. Die älteste solche Teildisziplin ist die Journalismusethik. Denn wenngleich sich medienkritische Notizen bereits mit dem Aufkommen der Printmedien[96] nachweisen lassen, hatte die Medienethik als wissenschaftliches Unterfangen ihren Ursprung in der Journalismusethik des 20. Jahrhunderts. Und selbst wenn die ersten individualethischen Ansätze von Otto Groth (1875–1965) und Emil Dovifat (1890–1969) heute kaum mehr Nachahmer finden, wird Journalismusethik – besonders im englischen Sprachraum[97] – immer noch als selbständige Bereichsethik betrieben. Außerdem hat der rasante Fortschritt in den Neuen Medien dazu geführt, dass sich mehr und mehr Fachkolleg*innen der Internetethik widmen, ohne dabei Bezüge zu einer allgemeinen Medienethik herzustellen[98]. Daneben ist häufig auch von Ethik der Public Relations die Rede, von Werbeethik oder Bildethik. Journalismus, Öffentlichkeitsarbeit, Werbung, Bildarbeit und Neue Medien konfrontieren uns nämlich – so wird argumentiert – mit derart unterschiedlichen Problemstellungen, dass es (die) eine Medienethik nicht geben könne.

Zugleich lässt sich aber feststellen, dass die einzelnen Teilbereiche des Medialen nicht überall streng voneinander zu trennen sind, sondern z. T. ineinanderfließen – wie etwa im Fall von Online-Spielen mit Informations- und Dokumentationsblöcken, bei digitalen Werbewelten, die sich als Spiel tarnen, oder bei Fernseh- und Rundfunksendungen, die interaktive

---

94 Heesen J. (2016), S. 2.
95 Thies C. (2011), S. 207.
96 Bei näherem Betrachten lässt sich diese Kritik bereits im Zusammenhang mit den ersten Zeugnissen von Verschriftlichung im Alten Orient beobachten. Dazu Paganini C. (2012), 195–207.
97 Meyers C. (2010).
98 Zuletzt Irrgang B. (2011). Anders Bernhard Debatin, der seine Forschung im Bereich der Internetethik in das größere Ganze einer auf dem Prinzip der Verantwortung basierenden Medienethik einbindet.

1. Was Medienethik ist

Partizipations-Modelle aufweisen. Wenngleich also eine alle Teilbereiche umfassende Medienethik eine – vielleicht zu große – Herausforderung sein mag[99], erscheint es unbefriedigend, den Zerfall der Medienethik in weitere Bereichsethiken hinzunehmen[100]. Wenn die mediale Wirklichkeit nicht als Ganzes diskutiert, beurteilt und gestaltet werden kann und wenn anstatt einer Medienethik kleine und kleinste Bereichsethiken unverbindlich nebeneinanderstehen, läuft der medienethische Diskurs Gefahr, sich selbst zur Bedeutungslosigkeit zu degradieren.

Um jedoch das Anliegen jener Kolleg*innen[101] aufzugreifen, die befürchten, eine allgemeine Medienethik würde den spezifischen Anforderungen von Public Relations, Werbung, Internet etc. nicht gerecht werden, wurden als Basis für die hier zu entwickelnde rekonstruktive Ethik zunächst Teilbereich der medial vermittelten Interaktion herangezogen. Folgt man der von Christian Schicha und Carsten Brosda 2010 im *Handbuch Medienethik*[102] vorgeschlagenen Einteilung sind das (zunächst) die Anwendungsfelder Journalismus, Öffentlichkeitsarbeit, Werbung, Bildarbeit und Neue Medien. Diese weisen sowohl gemeinsame Themen als auch spezifische Problemstellungen auf.

So zielt der Journalismus auf das Entstehen und Funktionieren von Öffentlichkeit und gehorcht einer – nicht unbedenklichen – Maxime des Veröffentlichens[103]. Er berichtet und kommentiert, befriedigt das Informationsbedürfnis seines Publikums und bringt sich kritisch in das öffentliche Gespräch ein. Insofern Journalist*innen den Anspruch erheben, Fakten darzustellen, fordert man von ihnen Objektivität und ein Maximum an Information[104] – was auch die Bereitschaft zur Richtigstellung inkludiert –, zugleich aber Achtung vor dem (menschlichen) Berichtobjekt, Persönlichkeitsschutz[105] und – im Umgang mit den Quellen – Gründlichkeit der

---

99 Rühl M. / Saxer U. (1981), S. 475.
100 Dazu Funiok R. (2011), S. 14: "Bei aller Unterschiedlichkeit dieser Unterbereiche ist von einem integrativen Konzept von Medienethik auszugehen. Statt die einzelnen Konkretionen gegeneinander auszuspielen oder zu verabsolutieren, gilt es aufzuzeigen, wie sie sich ergänzen, teilweise überlappen [...]. Wichtige Grundnormen gelten für alle genannten Ebenen. Dies zu betonen, erhöht die Chance, ethische Orientierung auch in Feldern zu verankern, wo ihre Bedeutung noch weniger deutlich gesehen wird (wie in der Publikumsethik oder in der Organisationsethik)."
101 Ward S. J. A. (2011), S. 54.
102 Schicha C. / Brosda C. (2010).
103 Pöttker H. (2008), S. 299; Funiok. R. (2007), S. 129.
104 Weber P. (2016), S. 114–120.
105 Wie die Wahrung der Privatsphäre, Unschuldsvermutung, etc.

1.3. Medienethik

Recherche (versus Geschwindigkeit) bzw. Informantenschutz. Mit Blick auf den Rezipienten wird Sorgfalt[106] und Verantwortungsgefühl erwartet, ganz besonders, wenn es um meinungsbildende Berichterstattung geht.

Umgekehrt berufen sich Journalist*innen auf die Pressefreiheit, die es gegenüber politischer Einmischung zu erkämpfen gilt, nicht minder jedoch gegenüber Systemzwängen wie dem Ausgeliefertsein an die Logik des Marktes bzw. die Meinung der Rezipienten. Der Zwang zur größtmöglichen (verkauften) Auflage, den größtmöglichen Einschaltquoten, bedeutet Zensur und veranlasst Journalist*innen, über sachliche Informationsberichte hinaus zu gehen, Sensationen und Skandale zu simulieren und damit die Spannung zwischen den Rechten von Berichtsobjekt und Adressat*in zumindest vordergründig[107] noch zu verschärfen. Wenngleich zu Recht eingemahnt, sind das Verbot von Geschenk- und Vorteilsannahme und die Trennung zwischen PR- und redaktionellen Inhalten nur scheinbar überprüfbar, werden doch die Möglichkeiten zahlender Kund*innen, sich vermehrt und bevorzugt redaktionelle Aufmerksamkeit zu sichern, in der Praxis deutlich subtiler ausgespielt.

Die – als solche deklarierte – Öffentlichkeitsarbeit dagegen ist als interessengeleitete Auftragskommunikation[108] zu definieren, die Vorprodukte für eine anschließende mediale Weiterverarbeitung schafft[109] und auf diese Weise versucht, im Interesse ihrer Auftraggeber*innen Einfluss auf öffentliche Diskussion und Meinungsbildung zu gewinnen. Wenngleich ihr persuasiver Charakter schwächer ausgeprägt ist, zielt sie ähnlich der Werbung darauf ab, die Wettbewerbsposition ihrer Kund*innen zu verbessern, und steht daher in einem Spannungsverhältnis zu Ansprüchen wie Wahrheit und Nachhaltigkeit[110]. Besonders problematisch ist die – vom Produktionsdruck bedingte – unrecherchierte redaktionelle Übernahme von PR-Beiträgen. Da die Öffentlichkeitsarbeit zumindest zum Teil von der Realität des Faktischen unabhängig Realität schafft, besteht die Gefahr, dass die

---

106 Thomaß B. (2003), S. 159–168.
107 Vordergründig deshalb, weil eine aufbauschend tendenziöse Presse – bei näherer Betrachtung – nicht das Recht auf Information zu Ungunsten des Berichtobjektes aufwertet, sondern sich durch gezielte Desinformation am Objekt und am Publikum ebenso schuldig macht.
108 Zum komplexen Verhältnis zwischen Organisationen und deren Stakeholdern siehe Karmasin M. (2008), S. 268–280.
109 Westerbarkey J. (1995), S. 160f.
110 Zur Corporate Social Responsibility siehe Starck K. / Kruckeberg D. (2003), S. 37. Einschränkend verweist L´Etang J. (2003), S. 64, auf das Agens schlechte Reputation bzw. Angst vor Nachteilen.

1. Was Medienethik ist

Fiktion zu einem späteren Zeitpunkt mit realer Vergangenheit verwechselt wird.

Dennoch haben Öffentlichkeitsarbeit und Werbung ihre Berechtigung[111] und zwar mit Blick auf Wirtschaft und Politik ebenso wie mit Blick auf die Medien, als deren (wichtigste) Finanzierungsquellen sie die redaktionelle Arbeit – zumindest zu einem Teil – ermöglichen bzw. durch ihre Wechselwirkung mit dem Journalismus gewährleisten, dass alle drei Teilbereiche ihre systeminternen Aufgaben erfüllen können. Werbung ist Ausdruck ökonomischer Meinungsfreiheit, die an Grenzen stößt, wo sie andere Wirtschaftssubjekte einschränkt oder Menschen in ihrer Personalität angreift. Dies kann sowohl auf der Ebene der Werbetechnik, als auch auf der Ebene der Werbegestaltung geschehen. Was die Technik betrifft, sind all jene Methoden problematisch, bei denen sich ihr persuasiver Charakter zu einem zwanghaften Einwirken, d. h. zu Manipulation wandelt, wie etwa subliminale, getarnte oder verfälschte Werbung[112]. Im Hinblick auf die Werbegestaltung besteht ethischer Fragebedarf in Bezug auf die Bildarbeit, die Bewertung der beworbenen Produkte und den Umgang mit – als Objekt oder als Publikum – involvierten Menschen, insofern diese in ihrer jeweiligen Situation nicht als Menschen ernst genommen, sondern für ökonomische Zwecke instrumentalisiert und damit missbraucht werden[113].

Die Bildethik wird nicht selten auf einer vordergründigen Ebene behandelt, wenn etwa die Darstellung von übermäßiger Gewalt, Krieg, Tod etc. diskutiert wird, insbesondere in Medien, die auch in die Hände Minderjähriger geraten können. Von derartigen Skandalbildern abgesehen nämlich präsentieren sich Bilder als professionelle Augenzeugen und Garanten der Wahrheit[114]. Sie vermitteln die Illusion von Unmittelbarkeit[115] und lassen vergessen, dass die Bildrezipienten Beobachter zweiter Ordnung

---

111 Göbel E. (1999), S. 648f.
112 Hausmanninger T. (1992), S. 231f; Bohrmann T. (1997), S. 37, 50ff; Schweiger G. / Schrattenecker G. (1992), S. 23f.
113 Beispielsweise wenn Werbung – in Wort und Bild – gezielt schockieren, Tabus brechen will. Siehe Bohrmann T. (1997), 112ff; Könches B. (2001), S. 18ff; Schicha C. (2001), S. 21f; Schulze A. (1999), S. 238ff.
114 Im Zusammenhang mit der Vormachtstellung des Bildes im Bereich der Massenkommunikation prägt William John Thomas Mitchell den Begriff des „pictorial turn". Mitchell W.J.T. (1994), S. 11–34.
115 Barthes. R. (1985), S. 84ff; Bazin A. (1981), S. 260; Wehner J. (2000), S. 116.

bleiben, Bilder in hohem Maß menschlichen Einflussfaktoren[116] ausgesetzt und daher im Kommunikationsprozess weniger in einer passiven Zeugenrolle als in einer aktiven journalistischen Rolle zu begreifen sind. Dazu kommt noch, dass Bilder primär illustrieren und daher nicht geeignet sind, komplexe Sachverhalte, die einer argumentativen Auseinandersetzung bedürfen, geeignet darzustellen oder zu erklären[117]. In Erwartung der geringen Bildkompetenz der durchschnittlichen Konsument*innen wäre von einer verantwortlichen medialen Bildarbeit mindestens eine Kontextualisierung verlangt, die Kennzeichnung von Symbolbildern und sprachliche Aufklärung über die Aufnahmebedingungen[118], um in einem weiteren Schritt die Forderungen der journalistischen Ethik auch auf den Bildjournalismus anzuwenden[119].

Die sogenannten ‚Neuen Medien' und ihr „unbegrenzter" Zugang zu „unbegrenzten" Informationen versprechen den Konsument*innen Freiheit, weisen de facto aber ein starkes Arm-Reich-Gefälle bzw. ein kulturelles Ungleichgewicht zugunsten des wirtschaftlich potenten westlichen Denkens auf[120]. Die parallele Existenz schwer zu überprüfender Informationen schafft Überinformation[121], die – Freiheit beschränkenden – Filtermechanismen ausgesetzt und daher kaum geeignet ist, Wissen und Kenntnis zu ermöglichen. Neben diesen strukturellen Schwierigkeiten[122] ist festzustellen, dass in den digitalen Medien eine Vielzahl von – journalistisch nicht ausgebildeten – Einzelpersonen tätig ist, die Rezipienten und Autor*innen in einem sind, dem Irrglauben der Anonymität des World Wide Web unterliegen und bei denen es sich in steigendem Maß um Minderjährige handelt. Kommt es bereits bei der Werbung zu einer Verschiebung von der Informations- zur Erlebnisfunktion, nehmen Spiel und Unterhaltung in den Neuen Medien einen wichtigen Stellenwert ein, weshalb die Akteur*innen nicht nur zu einem medienethisch verantwortlichen Han-

---

116 Zum Problem der Manipulation von Fotographien siehe Tappe I. (2016), S. 310–311.
117 Siehe dazu u. a. die aufschlussreiche Untersuchung von Chéroux C. (2011) zur fotografischen Aufbereitung der Ereignisse vom 11. Septembers 2001.
118 Isermann H. / Knieper T. (2010), S. 313.
119 Gordon D. / Kittross J. M. (1999), S. 72.
120 Tapscott D. (1998), S. 255–280; Debatin B. (2002), S. 220–237; DiMaggio P. / Hargittai E. / Celeste C. / Shafer S. (2004), S. 355–400, und zuletzt Filipović A. (2015a), S. 206–221.
121 Debatin B. (2010), S. 324.
122 Zu einer Einordnung der Internetethik zwischen Medien- und Computerethik siehe Greis A. (2001).

1. Was Medienethik ist

deln gegenüber dem Kollektiv zu motivieren, sondern zugleich vor dem eigenen exhibitionistischen Preisgeben ihrer Intimsphäre zu bewahren sind.

Soweit ein knapper Überblick. Die Stärke der von Schicha und Brosda vorgenommenen Einteilung besteht darin, dass sie einerseits die ganze Bandbreite des medialen Handelns abdeckt und andererseits einem historisch gewachsenen Kanon entspricht, weshalb sich auch die allermeisten wissenschaftlichen Beiträge problemlos einem der genannten Anwendungsfelder zuordnen lassen. Eine Schwäche besteht allerdings in dem Umstand, dass die Systematisierung unter Rückgriff auf verschiedene Kriterien erfolgt. Während nämlich die Nennung der Anwendungsfelder Journalismus, Öffentlichkeitsarbeit und Werbung die Vermutung nahelegt, es werde nach der Art bzw. Intention der Kommunikation unterschieden, lassen die Teilbereiche Bildethik bzw. Internetethik eher an Kriterien wie Darstellungsart bzw. Wahl des technischen Hilfsmittels denken. Wollte man die Anwendungsfelder der Medienethik aber nach ihrer Darstellungsart ordnen, müsste man der Bildethik eine Text- und eine Tonethik zur Seite stellen. Und sofern die Wahl des technischen Hilfsmittels für die Bildung der einzelnen Gruppen entscheidend sein sollte, müsste man die Internetethik von einer Ethik der Printmedien, einer Rundfunk- und Fernsehethik abgrenzen. Beide Varianten sind aber nicht mit dem in Einklang zu bringen, wie Medienethik üblicherweise eingeteilt bzw. betrieben wird, und würden von der Forschungsgemeinschaft wohl eher mit Befremden aufgenommen bzw. wenig rezipiert werden.

Eine mögliche Alternative findet sich dagegen bei Rüdiger Funiok und seiner 2011 in der zweiten Auflage erschienenen Medienethik[123]. Funiok unterscheidet darin zwischen einer Ethik der Medienordnung und Medienpolitik, einer Medienethik als Unternehmens-Ethik, einer Berufsethik der Medienschaffenden, einer Publikums- und Nutzerethik und einer Ethik des Internets. Was die Berufsethik der Medienschaffenden, die Publikums- und die Nutzerethik betrifft, differenziert Funiok unter Berücksichtigung der Verantwortungsträger. Dies ließe sich eventuell noch für die Medienethik als Unternehmens-Ethik bzw. die Ethik der Medienordnung und Medienpolitik zugestehen, sofern man nämlich im ersten Fall die Unternehmer als Verantwortungsträger annimmt und im zweiten Fall die Gesellschaft. Zumindest letzteres ist jedoch nicht unproblematisch, sind doch Unternehmer*innen, Redakteur*innen und User einzelne Personen, die Gesellschaft dagegen ein Kollektiv. Außerdem wirkt die Ethik des Internets auch in dieser Einteilung isoliert.

---

123 Funiok R. (2011), S. 14–17.

1.3. Medienethik

Im vorliegenden Werk soll daher der umgekehrte Weg eingeschlagen und auf das Internet als eigens genanntes Anwendungsfeld verzichtet werden. Stattdessen werden die Fragen nach einem verantwortungsvollen Umgang mit dem Internet[124] – wie auch mit den Printmedien, Rundfunk und Fernsehen – in die Diskussion der Anwendungsfelder integriert. Wie aber könnte man diese Anwendungsfelder benennen, wie lässt sich die Medienethik unterteilen? Da es in der Ethik – neben der Beurteilung von Emotionen und Haltungen – primär um die Bewertung von Handlungsmöglichkeiten geht, scheint eine naheliegende Möglichkeit darin zu bestehen, als Systematisierungskriterium die Person der bzw. des Handelnden heranzuziehen. Solche Handelnde sind im Wesentlichen Medienschaffende und User. „Im Wesentlichen" deshalb, weil auch das Handeln von Unternehmer*innen, Politiker*innen, Künstler*innen – sofern man sie nicht bereits der Gruppe der Medienschaffenden zugerechnet hat – und Wissenschaftler*innen von medienethischer Relevanz sein kann. Um aber die Grenze zu benachbarten Bereichsethiken – insbesondere der Wirtschaftsethik – nicht verschwimmen zu lassen, wird die Aufmerksamkeit hier in erster Linie den Medienschaffenden und den Nutzer*innen gelten.

Demnach könnte man die Medienethik in eine Ethik der Medienschaffenden sowie eine Publikums- und Nutzerethik gliedern[125], wobei sich die Ethik der Medienschaffenden in Anlehnung an Schicha und Brosda weiter in die Bereiche Journalismus, Unterhaltung, Öffentlichkeitsarbeit und Werbung unterteilen lässt. Mit Blick auf die Publikums- und Nutzerethik müsste der Umstand berücksichtigt werden, dass User passiv konsumieren können oder aber die vorhandenen Strukturen verwenden, um Inhalte neu zu gestalten und selbst Inhalte zu generieren. Damit ist eine erste Annäherung an das vollzogen, was Medienethik ist. Es bleibt zu fragen, was sie soll und schließlich, was sie (leisten) kann.

---

124 Debatin B. (1999), S. 274–293.
125 Denkbar wäre auch eine Einteilung anhand der Unterscheidung in unterschiedliche Verantwortungsebenen, die Thies C. (2011), S. 207–208, vorschlägt. Er spricht hier von der individuellen Ebene, der korporativen Ebene, der staatlichen Ebene und der globalen Ebene.

2. Was Medienethik soll

Ziel dieses Kapitels ist es, einen methodischen Ansatz zu erarbeiten, der den Anforderungen einer Bereichsethik im Allgemeinen und jenen der Medienethik im Speziellen gerecht wird. Da normative Positionen nicht bei einem Punkt Null ansetzen, sondern aus einer konkreten Situation heraus entwickelt werden, wird zunächst die Ausgangslage einer knappen Analyse unterzogen und zwar zum einen mit Blick auf die gegenwärtige Situation der medial vermittelten Kommunikation, zum anderen mit Blick auf die philosophische Ethik. Anschließend wird dargelegt, was eine zeitgemäße Medienethik methodisch leisten können soll.

2.1. Ausgangslage

2.1.1. Der Wandel in den Medien

Der Wandel der Medien(landschaft) ist mittlerweile zu einem Topos geworden[126]. Betont wird das rasante Tempo der Veränderung, das radikal Neue. Manche Kolleg*innen sprechen gar von einem „neuen Zeitalter" oder von einer „Informationsrevolution"[127]. Was dabei in den Hintergrund rückt, ist die Aufmerksamkeit für Kontinuität, die m. E. trotz der nicht zu leugnenden Brüche feststellbar ist. Denn wenngleich die technischen Möglichkeiten, die der medial vermittelten Kommunikation vor 10, 50 oder 100 Jahren zur Verfügung standen, deutlich simpler waren, als

---

126 Garncarz J. (2016), S. 23, weist darauf hin, dass sich der Wandel in den Medien parallel zu einem Wandel in der Kommunikationskultur – hin zu einer Liberalisierung – ereignet hat. Ebersbach A. / Glaser M. / Heigl R. (2016), S. 199, nähern sich der Problematik noch grundlegender und fragen, „ob die Architektur des Mediums auch die sozialen Strukturen der Teilnehmer prägt" und verändert.

127 So betont etwa Irrgang B. (2011) das radikal Neue, spricht von Strukturwandel, von einem „fundamentalen technischen Wandel" (S. 7), von der „Revolution der Denkwelten bzw. der Denktechniken" (S. 30), dem „Ende der Gutenberg-Galaxis" (S. 52) und davon, dass wir uns in der „Mitte einer Informationsrevolution" befänden (S. 22). Ähnlich Ward S. J. A. (2011), S. 2. Laut Rifkin J. (2014) kommen die Veränderungen, welche sich insbesondere im Zusammenhang mit dem Internet der Dinge abzeichnen, einer dritten industriellen Revolution gleich.

2. Was Medienethik soll

dies heute der Fall ist, sind die zugrundeliegenden Probleme der zwischenmenschlichen Kommunikation doch sehr ähnlich[128].

Spricht man aber von Wandel, stellt sich jedenfalls die Frage, worin genau dieser besteht bzw. worin dieser primär besteht. Auch wenn es schwierig ist, eine Antwort zu geben, scheint ein wesentlicher Aspekt des Neuen darin zu bestehen, dass die medial vermittelte Kommunikation längst nicht mehr bloß monodirektional verläuft, sondern das Publikum in den sogenannten Neuen Medien selbst Sender wird, reagieren kann. Damit sollte – ironischer Weise – einer der Haupteinwände[129] gegen die herkömmlichen Massenmedien entkräftet sein. Dieser betraf nämlich die Distributionsfunktion von einer bzw. einem zu vielen, wobei die Vielen ihrerseits keine oder kaum Möglichkeiten hatten, zu antworten und ihre eigene Meinung kundzutun[130]. Die Aufhebung dieser Einseitigkeit war wohl auch ein Grund dafür, warum das Internet in seinen Anfangstagen von vielen Medienwissenschaftler*innen euphorisch begrüßt wurde[131].

Indem das Publikum reagiert, hinterlässt es Spuren, wird selbst zum Lieferanten von Datenmaterial und Gegenstand der Beobachtung. Daraus aber ergibt sich eine ganze Reihe von Problemen. Einmal nämlich ist unklar, wem die auf diese Weise in Umlauf gebrachten Daten „gehören"[132],

---

128 Paganini C. (2012), 195–207. Garncarz J. (2016), S. 50–51, vertritt die These, dass die Frage, ob der Medienwandel als Evolution oder als Revolution wahrgenommen werde, „im Auge des Betrachters" liege. Er nennt vier Bedingungen, die diesbezüglich als maßgeblich erachtet werden können, und zwar 1) den kulturgeographischen Bezugsrahmen, 2) die zeitliche Perspektive, 3) die Persönlichkeit des Forschers und 4) den Forschungskontext. Was Punkt 3 betrifft, argumentiert er, dass Wissenschaftler*innen mit einem aufgeschlosseneren Charakter grundsätzlich weniger dazu tendieren, Veränderungen als radikal einzustufen.
129 Rußmann U. / Breinsteiner A. / Ortner H. / Hug T. (2012), S. 7.
130 Brecht B. (1967), S. 129, erhoffte ursprünglich vom Rundfunk, dass er diese Funktion erfüllen würde: „Der Rundfunk wäre der denkbar großartigste Kommunikationsapparat des öffentlichen Lebens, [...] wenn er es verstünde, nicht nur auszusenden, sondern auch zu empfangen, also den Zuschauer nicht nur hören, sondern auch sprechen zu machen und ihn nicht zu isolieren, sondern ihn in Beziehung zu setzen."
131 Schäfer M.T. (2012), S. 73. Ebersbach A. / Glaser M. / Heigl R. (2016) weisen darauf hin, dass gerade dieser positive Aspekt grundlegend mit der Praxis des Social Web verknüpft ist, für welches bereits in den Anfangstagen des Internets durch die Möglichkeit der Beteiligung die entscheidenden Weichen gestellt wurden (S. 12f). Als Meilenstein in dieser Entwicklung werten sie Weblogs und Wikis (S. 21).
132 Rußmann U. / Breinsteiner A. / Ortner H. / Hug T. (2012), S. 8.

wer das Recht hat, sie – sei es mit einem wissenschaftlichen, sei es mit einem politischen oder einem ökonomischen Interesse – auszuwerten, und wer diese Daten schließlich (kommerziell) nutzen darf. Diskussionswürdig scheint in diesem Zusammenhang besonders der Umstand, dass Kommunikation im Internet immer mehr in die Abhängigkeit einiger weniger privatwirtschaftlicher Akteure wie Google oder Facebook gerät, die – indem sie sich die Daten der Nutzer*innen zum Kapital machen[133] – letztlich als die eigentlichen Gewinner der neuen, in zwei Richtungen verlaufenden Kommunikationsstruktur gelten können[134]. Das Material, das die User durch eigene kreative Leistungen oder Sharing liefern, wird von den Unternehmen meist ohne jede symbolische Anerkennung[135] und ohne Bezahlung[136] übernommen und verwertet, die Aktivitäten und Meinungen der User werden der Kontrolle und Normierung unterzogen.

Es handelt sich dabei um eine strukturelle Ausbeutung[137] und Datenschutzverletzung, der man schwer begegnen kann, zumal unklar ist, ob bzw. wie es gelingen könnte, alternative Dienste zu etablieren, die vergleichbare Plattformen bieten, diese jedoch ohne kommerzielle Ziele und unter Wahrnehmung der Autonomie ihrer User betreiben[138]. Darüber hinaus stellt sich die Frage, ob wir unsere Vorstellung von Privatsphäre nicht modifizieren müssen. In welchem Maß ist Privatheit in einer von vernetzten Medien bestimmten Welt, in der Menschen sich mittels Handy oder I-Pad jederzeit peilen lassen und ihre Smart-Ambient-Systeme Auskunft über ihre Lebensgewohnheiten geben, noch möglich und wie kann ein solcher Restbestand gewährleistet bzw. zurückgewonnen werden? Eine Klärung dieser Fragen ist umso schwieriger als wir nicht wissen, wie groß

---

133 Innerhofer-Oberperfler F. (2012), S. 143. Siehe auch Ebersbach A. / Glaser M. / Heigl R. (2016), S. 22, die Wikipedia als nicht-kommerzielles Gegenprojekt interpretieren.
134 Karmasin M (2002), S. 16, spricht im Zusammenhang mit der Kommerzialisierung der Medienlandschaft davon, dass die transnational agierenden Medienunternehmen die größten Antreiber der globalen Märkte seien.
135 Zugestanden wird diese symbolische Anerkennung zumindest teilweise bei Crowdsourcing-Projekten, die sich explizit als solche verstehen bzw. entsprechend beworben werden. Siehe dazu Ebersbach A. / Glaser M. / Heigl R. (2016), S. 253.
136 Schäfer M.T. (2012), S. 79.
137 Schleich M. / Nesselhauf J. (2016), S. 67, sehen diese Problematik auch bei Reality-TV-Formaten. Neben dem Aspekt der Ausbeutung kommt hier noch dazu, dass die Laiendarsteller – ohne Achtung ihrer Würde – zur Schau gestellt werden.
138 Schäfer M.T. (2012), S. 81.

bzw. weitreichend die öffentliche Wirkkraft unserer unbewusst und bewusst hinterlassenen Spuren wie Postings oder Tweets ist.

Jedenfalls scheint es auf der Hand zu liegen, dass die Online-Aktivitäten des Publikums zumindest insofern öffentliche Wirkkraft haben, als sie für die Politik von Interesse sein können. Der enge Zusammenhang zwischen Information und Macht ist dabei gewiss kein Novum. Die Vielzahl der verfügbaren Informationen eröffnet aber eine Vielzahl an Möglichkeiten, wie Politiker*innen sich die Kenntnis ihrer Adressat*innen zum Erwerb oder Erhalt ihrer Machtstellung dienlich machen können. Das beginnt in einer Demokratie vergleichsweise harmlos[139] bei einer Auswertung des Online-Verhaltens der potentiellen Wähler*innen, wobei vor allem die Kenntnis dessen, was Menschen interessiert und bewegt – sprich: die Kenntnis davon, wie das Gut Aufmerksamkeit zu gewinnen sei – von Nutzen ist. Nicht zuletzt deshalb sind die Massenmedien zu einem Instrument nicht nur populistischer Volksbewegungen, sondern auch von Terrororganisationen geworden. Die medial verbreiteten, im Internet kommentierten Bilder und Filmmitschnitte von Attentaten gehören mittlerweile zu den Waffen der Terrorist*innen[140], weil sie ihnen eine öffentliche Plattform bieten und helfen, die gewünschte Aufmerksamkeit zu erreichen.

Noch gravierender sind die Auswirkungen der Verknüpfung von Wissen und Macht in totalitären Regimes, denen der Blick auf die medial kommunizierten Reaktionen der Bevölkerung Aufschluss über deren politische Ansichten gibt, was dazu beiträgt, dass abweichende Haltungen frühzeitig erkannt werden[141] und Systemgegner*innen durch Repressalien umgestimmt oder eliminiert werden können. Umgekehrt kann aber das Unterbrechen von Informationsflüssen, das Verändern von Informationen oder das Offenlegen unter Verschluss gehaltener Daten eine wirksame Taktik des zivilen Ungehorsams darstellen, und es stellt sich selbstverständlich

---

139 Grimm P. / Krah H. (2016), S. 184, weisen zu Recht darauf hin, dass „die Tatsache der ständigen Datenerfassung zu Normierung und Selbstzensur führen" kann und insofern selbst in einer Demokratie letztlich nicht als harmlos einzustufen ist. Sie schreiben: „Sich nur stromlinienförmig zu verhalten und zu äußern bzw. die eigene Meinung zu verschweigen oder gar den Kontakt zu Menschen zu unterbinden, die sich politisch kritisch äußern, hätte fatale Folgen für eine auf Meinungsfreiheit und Autonomie begründete Demokratie. Es würde sich damit im digitalen Zeitalter eine selbstzensorische Schweigespirale in Gang setzen."
140 Schicha C. (2012), S. 171.
141 Rußmann U. / Breinsteiner A. / Ortner H. / Hug T. (2012), S. 9.

auch hier die Frage, ob bzw. inwiefern ein solches Verhalten moralisch gerechtfertigt werden kann[142].

Neu sind also die vielfältigen Möglichkeiten der Nutzer*innen zu (re)agieren anstatt bloß zu rezipieren und neu ist weiters die starke Durchdringung unseres Alltags durch medial vermittelte Kommunikation und zwar sowohl auf quantitativer als auch auf qualitativer Ebene. Zum einen nämlich widmen wir uns länger und in immer mehr und verschiedenen Situationen der medialen Kommunikation. Anstatt der Tageszeitung auf dem Frühstückstisch informieren Smartphone und I-Pad rund um die Uhr über die Facebook-Aktivitäten der eigenen Freunde, die Weltnachrichten, die Wettervorhersage. Die öffentlichen Verkehrsmittel sind mittlerweile großteils mit Infomonitoren ausgestattet, das Internet der Dinge wird in der nahen Zukunft immer mehr auch in die privaten Haushalte vordringen, die Schonräume, in denen die Einzelnen nicht mit dem digitalen Informationsnetz verbunden sind, schrumpfen.

Zugleich beginnt die aktive Nutzung von Medien immer früher. Bereits im Vorschulalter navigiert ein hoher Prozentsatz von Kindern im Internet, Nah- und Fernwelt greifen mehr und mehr ineinander. Friedrich Tenbruck etwa spricht in diesem Zusammenhang von einer frühen Mediensozialisation und „Verflechtung in sekundäre Strukturen"[143] – wenn Kinder Spielzeugsysteme, die in ihrem Zimmer stehen, auch im Fernsehen, auf Kleidungsstücken und auf Cornflakesschachteln wiederfinden – und erinnert daran, dass der Umgang mit dieser Verflechtung nach Kompetenzen, nach Integrationsleistung verlangt, wie sie bisher erst im Erwachsenenalter erforderlich waren[144].

Auch hat sich der Stellenwert der Medien im Leben des Individuums wie in der Gesellschaft verändert. Massenmedien übernehmen mittlerweile, so meint Petra Grimm[145], einen Großteil der Funktionen, die früher von Mythen erfüllt wurden, sie transportieren Normen und Werte, stiften Sinn, vermitteln das Gefühl von Gemeinschaft und Identität[146]. Besonders

---

142 Paganini C. (2015), S. 59–65.
143 Tenbruck F. (1965), S. 91.
144 Jäckel M. (2012), S. 101–106.
145 Grimm P. (2011), S. 24.
146 Schleich M. / Nesselhauf J. (2016), S. 202–204, sprechen im Zusammenhang mit täglich bzw. wöchentlich ausgestrahlten Fernsehserien von Ritualen, die Geborgenheit schenken und dort umso mehr zum fixen Bestandteil des eigenen Lebens werden, wo der Konsument mithilfe von Sonder-Folgen zu Thanksgiving, Weihnachten, Neujahr, Halloween oder dem Valentinstag durch das ganze Jahr begleitet wird.

deutlich wird dies in Zeiten der Krise, im Zusammenhang mit Krieg, Terror, Naturkatastrophen oder Epidemien, wo die Hauptfunktion der Medien nicht eigentlich darin besteht zu informieren, sondern zu trösten. Durch die Wiederholung der immer selben Bilder wird, das vermutet zumindest Clément Chéroux[147], das Trauma abreagiert. Der Schock über die Katastrophe wird verarbeitet, indem das Unfassbare rasch in eine nachvollziehbare, Sinn ergebende Geschichte integriert wird, indem durch das ständige Liefern von Informationen das Orientierungsbedürfnis der Bevölkerung befriedigt und damit suggeriert wird, dass letztlich doch alles unter Kontrolle sei[148]. Die mediale Berichterstattung und die dazu gehörenden Vermittlungsrituale geben aber nicht nur auf diese Weise Sicherheit in chaotischen Situationen. Sie sorgen auch für die emotionale Ergriffenheit des Publikums und wecken damit Gemeinschaftsgefühle, sie setzen Kollektivierungsprozesse in Gang und stärken die betroffene Gruppe, was in der Folge wiederum dazu führt, dass die Menschen nicht der Panik verfallen, das Kollektiv sich allmählich stabilisieren kann.

Die mediale Durchdringung des Alltags, das Überangebot an Diensten und die Übersättigung an Reizen machen es für die einzelnen Anbieter*innen aber zugleich schwieriger, beachtet zu werden. Aufmerksamkeit wird zum kostbaren Gut, der Kampf darum, wahrgenommen zu werden[149], wird mit unterschiedlichsten Mitteln betrieben, etwa durch besondere Profilierung, Skurrilität, Tabubrüche. Das begehrte Auffällige und Neue kann schließlich auch erzeugt werden, indem man entweder zusammenführt, was bisher getrennt war, oder trennt, was bisher zusammen war. Besonders die erste Variante wird häufig gewählt. So werden etwa unterschiedliche Formate bzw. verschiedene Arten der medialen Kommunikation zusammengefügt, Online-Spiele werden mit Dokumentations- und Infoblöcken versehen, Online-Werbewelten tarnen sich als Spiel und im sogenannten ‚Infotainment' wird die Vermittlung von Fakten zum Unterhal-

---

147 Chéroux C. (2011) liefert eine detaillierte Analyse der Berichterstattung rund um die Anschläge auf das World Trade Center im September. Er stellt dabei fest, dass trotz der Fülle an verfügbaren Bildern und Filmmitschnitten letztlich nur eine sehr begrenzte Auswahl an Bildmaterial verwertet wurde und wie eine Endlosschleife die Medien durchzogen hat (S. 36).
148 Weichert S. (2011), S. 188–192. Ähnlich Filipović A. (2015), S. 51, der davon spricht, dass das Unfassbare fassbar gemacht werden müsse: „Die Geschichten machen die Sinnlosigkeit der Katastrophe erzählbar und bereiten damit den Boden für die Frage, wie es weitergehen kann."
149 Irrgang B. (2011), S. 25.

tungsevent ausgebaut[150]. Weiters wird die politische Kommunikation[151] der sich besonders das öffentlich-rechtliche Fernsehen verpflichtet weiß, immer mehr mit Talkshow-Elementen versetzt, was auf einer sehr oberflächlichen Ebene den Eindruck von Authentizität vermittelt, zu emotionalen Sympathie- und Kompetenzzuschreibungen führt, nicht aber das – ursprünglich intendierte – sachliche Abwägen von Argumenten fördert[152].

Diese Vermischung einmal getrennter Formate hat – selbst wenn dies nicht zwingend notwendig gewesen wäre – de facto zu einer Boulevardisierung und Uniformierung[153] geführt. Zugleich aber werden die Erwartungshaltungen, die das Publikum an eine bestimmte Art von Kommunikation, etwa den informierenden Journalismus, hatte, nicht mehr oder nur zum Teil erfüllt. Der Zuschauer*innen findet sich in dem Dilemma wieder, sich informiert zu meinen, es aber letztlich nicht zu sein, durch die Gewöhnung an bestimmte Strukturen der Präsentation auf Glaubwürdigkeit und Seriosität zu schließen und dabei doch misstrauisch bleiben zu müssen[154]. In den Momenten aber, in denen sich für die Betrachter*innen die Frage nach der Verlässlichkeit der Einzelbeiträge[155] stellt, entwickeln

---

150 Schröder T. (2012), S. 27. Sehr M. (2016), S. 128–130, zeigt im Zusammenhang mit dem Konzept eines Embedded Journalism auf, wie sich objektive Berichterstattung zu Inszenierung wandelt und aufgrund der fehlenden Außenperspektive letztlich zu einem Propagandainstrument für den Krieg verkommt.
151 Schicha C. (2002), S. 61–67.
152 Schicha C. (2011), S. 157–161. Weiters zeigt Schicha (2011), S. 167–170, auf, inwiefern Nachrichten eine Politikillusion vermitteln, die auf Dramatik und Personen konzentriert ist, und dass die Personalisierung zu einer zentralen Kategorie der Talkshows geworden ist. Bei letzterer zielen die Wortmeldungen nur vordergründig auf andere Diskutanten ab, de facto aber auf die potentiellen Wähler*innen an den Bildschirmen, es sind daher inszenierte Pseudogespräche. Sollten diese Formate in der Zukunft zu einer Art Ersatzparlament werden, wäre ein Verfall der demokratischen Kultur zu befürchten. Schleich M. / Nesselhauf J. (2016), S. 66, wiederum zeigen auf, wie sich das Genre der Dokumentation durch eine bewusste Dramatisierung zum Reality TV gewandelt hat. Und Ebersbach A. / Glaser M. / Heigl R. (2016), S. 60, verweisen auf die Bedeutung von multimedialen Elementen wie Videos, Tonaufnahmen oder Bildern im Weblog.
153 Chéroux C. (2011), S. 45. Mittelmaß kann laut Ebersbach A. / Glaser M. / Heigl R. (2016), S. 57, auch das (unerwünschte) Ergebnis der im Social Web üblichen Open-Editing-Systeme sein. Jedoch kann auch das gegenteilige Phänomen beobachtet werden. Schleich M. / Nesselhauf J. (2016), S. 84, 88, etwa vertreten die Position, dass die Symbiose unterschiedlicher Genres gerade ein Merkmal von Quality Television und des bewussten „turn to relevance" sei.
154 Coy W. (2012), S. 48–51.
155 Thimm C. / Dang-Anh M. / Einspänner J. (2012), S. 209.

2. Was Medienethik soll

sie allmählich ein – wenngleich möglicherweise unbewusstes – Gespür dafür, dass ein Medium kein neutraler Vermittler ist, sondern selbst Wirklichkeit schafft[156].

Aber nicht nur innerhalb ein und desselben Mediums werden unterschiedliche Kommunikationstypen miteinander vermischt, auch die Grenzen der Medien selbst beginnen zu verschwimmen. So gibt es kaum mehr Printmedien, die nicht auch über eine Online-Version der Printausgabe verfügen, verpasste Fernsehsendungen können über das Internet zu einem späteren Zeitpunkt abgerufen werden[157] und Radiosender lassen ihre Moderator*innen von Fotograf*innen bzw. Filmteams begleiten, damit das auf diese Weise gewonnene Bildmaterial auf der Homepage des Senders veröffentlicht werden kann[158]. Manche Kolleg*innen konstatieren schließlich, dass der Lebensbereich der medialen Kommunikation mit immer mehr anderen Lebensbereichen, etwa jenem der Wissenschaft, Technologie und besonders der Wirtschaft zusammenwachsen, wobei der Schulterschluss Medien-Wirtschaft jedenfalls eine Ökonomisierung und Kommerzialisierung der Information[159] mit sich bringt – auch wenn es m. E. schwer zu entscheiden ist, ob und bis wann hier einmal eine klare Trennung bestanden haben könnte.

2.1.2. Der Mensch in den Medien

Wie aber stellt sich die Situation der einzelnen Menschen in der gegenwärtigen Medienlandschaft dar? Bereits mehrfach erwähnt wurde der Umstand, dass die Konsument*innen nicht mehr bloß Zuschauer*innen sind, sondern reagieren, selbst Inhalte veröffentlichen können. Die Grenze zwischen Autor*innen und Publikum verschwimmt. Die User präsentieren in den Neuen Medien aber nicht nur diverse Inhalte – wie etwa Kommentare

---

156 Wiegerling K. (1998), S. 40.
157 Schleich M. / Nesselhauf J. (2016), S. 75, zeigen auf, wie Online-Mediatheken das Sendeschema des linearen Fernsehens unterbrechen und damit die serielle Narration zumindest partiell durchbrechen.
158 Ein derartiges Überschreiten von Grenzen findet man u. a. bei Fernsehserien, wo in der Pause zwischen zwei Staffeln durch Apps, Webseiten oder interaktive Games das Interesse der Fans erhalten werden soll. Schleich M. / Nesselhauf J. (2016), S. 214. 217, sprechen in diesem Zusammenhang von einem „transmedia storytelling", bei dem allerdings die Hierarchie zwischen Mutterschiff und Zusatzinhalten stets unangetastet bleibt.
159 Irrgang B. (2011), S. 8; Karmasin M. (2002), S. 16–18.

2.1. Ausgangslage

zu aktuellen politischen Themen oder Tipps von Heimwerker*in zu Heimwerker*in etc. –, sie präsentiert auch sich selbst[160]. Die Grenze zwischen Privatem und Öffentlichem scheint sich allmählich aufzulösen.

Zugleich tauschen sich die User mit anderen aus, erleben Gemeinschaft und gestalten ihre eigene virtuelle Welt, in der sie einen Teil ihrer Lebenszeit verbringen. Dabei entsteht der Eindruck, als stünde eine Fülle von Gestaltungsmöglichkeiten offen und als streife man wie ein*e Entdecker*in durch einen Kosmos der unbegrenzten Möglichkeiten. De facto aber lässt sich kaum Neuland finden, die Nutzer*innen bewegen sich in vordefinierten Strukturen und greifen bereits vorgedachte Ideen auf. Auch lässt die standardisierte Selbstdarstellung im Netz wenig Raum für Kreativität und Ausdruck der eigenen Persönlichkeit. Noch dazu birgt gerade diese Selbstinszenierung neue Möglichkeiten der Verstellung und Lüge in sich. Denn in einer Kultur der Simulation ist etwas wie Authentizität nur schwer zu erreichen und ebenso schwer festzustellen[161].

Problematisch ist weiters die Frage der Materialität und Räumlichkeit, vermittelt die Bildwirklichkeit des Internets doch den Eindruck eines real existierenden Raums[162]. Da dieses Versprechen aber nicht eingelöst werden kann und die körperliche Dimension der personalen Identität nicht erfüllt wird[163], drängt sie einerseits auf eine Realisierung in der Offline-Welt[164]. Zugleich verschiebt sich durch die fehlende Materialität die Wahrnehmung des jeweiligen Gegenübers bzw. seiner Anwesenheit. Mit dem

---

160 Ebersbach A. / Glaser M. / Heigl R. (2016) vertreten die These, dass diese Selbstdarstellung oft der einzige Weg ist, die Isolation der fragmentierten Industriegesellschaft zu durchbrechen und als Individuum mit Begabungen und Leistungen wahrgenommen zu werden (S. 227–229). Außerdem ist der Gang an die Öffentlichkeit häufig ein Mittel zur Selbstfindung (S. 235).
161 Irrgang B. (2011), S. 21–31; Thimm C. / Dang-Anh M. / Einspänner J. (2012), S. 209.
162 Irrgang B. (2011), S. 25.
163 Garncarz J. (2016), S. 26, sieht gerade darin eine besondere Chance und wertet das Online-Handeln als Probehandeln, das gerade deshalb Vergnügen und Erholung bietet, weil keine unmittelbaren Folgen in der Offline-Welt zu befürchten sind. Ähnlich Ebersbach A. / Glaser M. / Heigl R. (2016), S. 204f, die aber im Zusammenhang mit der allgemeinen Ablehnung sogenannter ‚Sockpuppets' aufzeigen, dass die User trotz der Leichtigkeit des Spiels Wert auf Kontinuität und Verlässlichkeit legen.
164 Filipović A. (2011), S. 38. Auch Ebersbach A. / Glaser M. / Heigl R. (2016), S. 31, betonen, dass gerade die im Social Web aufgebauten und gepflegten Beziehungen stark an die realweltlichen Gruppen rückgebunden werden. Auf eine enge Vernetzung lässt auch die Beobachtung von Grimm P. (2016), S. 166, schließen, welche aufzeigt, dass das gemeinsame Ansehen besonders gewaltreicher Filmse-

Wegfallen der körperlichen Anwesenheit gehen eine ganze Reihe wichtiger Anhaltspunkte – wie etwa Gestik, Mimik, Körpersprache – verloren, um die Qualität der Beziehung bzw. die momentane Stimmung der Anderen einzuschätzen. Dies wird zum einen dadurch ausgeglichen, dass man den Beziehungsstatus festlegt, zum anderen dadurch, dass man Ersatzgesten (z. B. das Emoticon) kreiert, symbolisches Handeln (wie das Beitreten zu einer Freunde-Liste) aufwertet und als Zeichen für eine bestimmte Qualität der Beziehung – etwa von Intimität[165] – wahrnimmt. Es entstehen neue Rituale, die primär der Vergewisserung einer gemeinsamen Praxis und der Generierung von Sinn dienen. Die mit dieser Neudefinition der zwischenmenschlichen Begegnung einhergehenden Verhaltensunsicherheiten machen gegenüber negativen Phänomenen zunächst einmal verletzlicher.

Solche negativen Phänomene gibt es allerdings einige, etwa das Pishing, Cyber-Grooming, Happy Slapping, Cyberbullying oder die – auch in Kombination mit anderen respektlosen und verletzenden Handlungen vorkommende – Hate-Speech. Dabei ist es oft sehr unterschiedlich, worin genau das Unrecht, das jemandem zugefügt wird, besteht. Beim Cyber-Grooming und Happy Slapping etwa liegt die Verletzung der Anderen primär in Handlungen, die sich im nicht virtuellen Umfeld ereignen, beim Cyber-Grooming werden diese durch Verstellung und Schmeichelei online angebahnt, beim Happy Slapping wird die real ausgeübte Gewalt medial dargestellt und zelebriert[166]. Hier wie beim Cyberbullying kommt es zu einer Art Endlosviktimisierung[167], das Opfer findet sich schlagartig mit einer extremen Öffentlichkeit konfrontiert, wird überall und jederzeit an sein Opfersein erinnert, hat keinen Schonraum mehr, während bei konventionellen Mobbing-Handlungen der Personenkreis meist nur allmählich wächst und auf bestimmte Gruppen, üblicherweise das Arbeitsfeld, beschränkt bleibt[168]. Auch ist praktisch all diesen Online-Übergriffen gemeinsam, dass die Hemmschwelle im Netz geringer ist als in der Face-to-Face-Situation und die Empathie-Gefühle für Cyberopfer deutlich schwächer ausgeprägt

---

quenzen unter männlichen Jugendlichen zu einer Art Initiationsritus geworden ist. Und auch Schmidt J.-H. (2016), S. 290, konstatiert, „dass internetbasierte Interaktionen untrennbar mit unserer übrigen sozialen Welt verbunden sind".
165 Zeilinger T. (2009), S. 9, spricht hier von einer „räumlich entgrenzten Kopräsenz".
166 Grimm P. (2011), S. 14–21.
167 Katzer C. (2011), S. 102–106.
168 Kolodej C. (2011), S. 94–98.

sind. Beides hängt wohl mit der vermeintlichen Anonymität[169] des World Wide Web zusammen, aber auch damit, dass die Vielzahl der neuen Interaktions-Möglichkeiten im Internet zunächst einmal zu Verhaltensunsicherheiten geführt hat bzw. führt, und zwar – so meinen Kommunikationswissenschaftler wie Klaus Beck oder Miguel Sicart[170] – bis sich wieder Regeln des Gebrauchs etabliert haben.

Solche Verhaltensunsicherheiten lassen sich aber nicht nur mit Blick auf einzelne User feststellen, sondern auch mit Blick auf die Gruppe. Während unterschiedliche Gruppen, die sich etwa aus verschiedenen Generationen oder Kulturen konstituieren, offline – durch Nischenbildung – weitgehend unproblematisch nebeneinander existieren konnten, prallen diese im World Wide Web unvermittelt aufeinander. Zwar mag dies durchaus eine Chance sein und wurde auch bisweilen als solche angesehen – wenn nämlich das gemeinsame Existieren in einem offenen, allen zugänglichen Raum zu einem Mehr an Austausch führen würde und damit zu einem Mehr an Verständnis, an Toleranz und schließlich an Demokratisierung. Dieses Zusammentreffen aller in einer „gesamtgesellschaftlichen Kommunikation"[171] ist aber gewiss eine Herausforderung, ja es scheint sogar – wenn man die bisherige Entwicklung betrachtet – eher als eine Überforderung gelten zu müssen.

Die Antworten, die seitens der User auf das große Angebot an unterschiedlichen Sichtweisen de facto gegeben werden, zeigen nämlich anstelle einer Öffnung eher eine Neigung zur Polarisierung, zum Rückzug, zur Verweigerung der gemeinsamen Realität und schließlich zur Zersplitterung in Plattformen Gleichgesinnter[172]. Diese Tendenzen werden von den privatwirtschaftlichen Playern im Netz durch sogenannte ‚Filter Bubbles'[173] noch zusätzlich verstärkt: Mit Blick auf eine sinnvolle personalisierte Werbung[174] und um die Attraktivität des Angebotes zu steigern, werden jene Informationen, die nicht dem persönlichen Interesse und der Überzeugung der jeweiligen User zu entsprechen scheinen, weggefiltert, d. h. eliminiert oder an einer sehr untergeordneten, nachgereihten Position an-

---

169 Zur enthemmenden Wirkung der Anonymität siehe Pörksen B. / Detel H. (2012), S. 183.
170 Beck K. (2010), S. 132; Sicart M. (2009), S. 3.
171 Rußmann U. / Breinsteiner A. / Ortner H. / Hug T. (2012), S. 8.
172 Rußmann U. / Breinsteiner A. / Ortner H. / Hug T. (2012), S. 8–10.
173 Pariser E. (2011).
174 Zum Targeting siehe Ebersbach A. / Glaser M. / Heigl R. (2016), S. 112. Zum Zusammenhang zwischen Algorithmen und öffentlicher Kommunikation siehe Filipović A. (2013).

2. Was Medienethik soll

gezeigt. Damit entsteht für die Nutzer*innen – ganz gleich ob sie sich auf Facebook, Twitter oder Google bewegen – allmählich der auf fatale Weise falsche Eindruck, die ganze Welt bestehe nur aus Menschen, die ähnlich denken und ähnliche Anliegen bzw. Interessen verfolgen.

Wo es jedoch gelingt, diesen psychischen wie technischen Mechanismen zu entgehen, bietet die „global neighbourhood" eine breite Palette an Möglichkeiten, den eigenen Horizont zu erweitern[175], sich mit anderen Menschen zu solidarisieren und sich für sie zu engagieren[176]. Manche Autor*innen meinen sogar, die Bestimmung der neuen Medien bestehe darin, die Welt zu verbessern[177]. Und zwar zum einen wegen der bereits thematisierten neuen Nähe der User zueinander, zum anderen weil die durch bessere Technologie gewonnene freie Zeit zu Kreativität motiviere und zu Generosität[178]. Auch wenn die Diskrepanz zwischen Wirklichkeit und Ideal hier doch beachtlich zu sein scheint, ist die Möglichkeit einer Verbesserung der gemeinsamen Praxis zumindest als Perspektive wachzuhalten, eine Perspektive, die zwar bestimmt nicht ohne weiteres erreicht werden kann, aber auch nicht ganz unmöglich zu erreichen ist. Außerdem geben diese Überlegungen Anlass dazu, die Frage nach dem Stellenwert und den Chancen der Moral in den Medien zu formulieren.

2.1.3. Die Moral in den Medien

Sucht bzw. fragt man nach der Moral in den Medien, stellt man fest, dass die einzelnen Akteur*innen auf Bemühungen einer moralischen Normie-

---

175 Eine wichtige Rolle spielt in diesem Zusammenhang die Blog-Kultur, der es laut Ebersbach A. / Glaser M. / Heigl R. (2016), S. 74f, zumindest partiell gelingt, „die Gatekeeper-Mechanismen der traditionellen Medien zu umgehen" und eine „qualifizierte Gegenöffentlichkeit" zu schaffen.
176 Karmasin M. (2002), S. 11–13; Paganini C. (2013).
177 Schäfer M.T. (2012), S. 77, mit Verweis auf Shirky C. (2010).
178 Dies führt laut Ebersbach A. / Glaser M. / Heigl R. (2016), S. 32–33, zu einer Demokratisierung des Internets. Außerdem befassen sie sich im Zusammenhang mit Wikis ausführlich mit dem genannten Phänomen. In einem System, in dem allen Nutzer*innen weitgehend dieselben Bearbeitungsrechte zugestanden werden, wird als Grundlage der Kooperation ein Vertrauensvorschuss gewährt (S. 38–39), ein Zugang, der trotz der selbstverständlich gegebenen Probleme (S. 55) erstaunlich gut funktioniert und es immer wieder zu einem überraschend hohen Niveau in den Ergebnissen bringt.

rung ihres Verhaltens[179] mit Unbehagen reagieren[180]. Dies kann entweder an den Betroffenen selbst liegen oder aber an den normativen Ansätzen, mit denen sie üblicherweise konfrontiert sind. Könnte es also sein, dass die Menschen im Umgang mit den modernen Medien gleichgültig geworden sind, Werte für verzichtbar halten und sich einer – in diesem Zusammenhang gern angeführten – Anything-Goes-Haltung hingeben? Diese Frage ist nicht leicht zu beantworten. Allerdings scheint eine ganze Reihe von Beobachtungen dagegen zu sprechen. So hat etwa Clément Chéroux, der in seiner Publikation *Diplopie* eine Aufarbeitung der Bildberichterstattung vom 11. September 2001[181] vorgenommen hat, aufgezeigt, dass die Mehrzahl der Journalist*innen die Veröffentlichung von besonders schockierenden Fotos – Bilder etwa von abgetrennten Körperteilen, von sich im Todeskampf noch einmal aufbäumenden Opfern oder von hilflos aus den Türmen herabstürzenden Menschen – bewusst vermieden hat, auch wenn diese in großen Mengen zur Verfügung gestanden wären[182].

Ohne an dieser Stelle zu viele Beispiele bemühen zu wollen, könnte man auch auf diverse Case Studies wie etwa jene von Christoph Eisemann hinweisen, welcher die neuen Medienrituale, die sich im Zusammenhang mit sogenannten ‚Dedication-Videos' entwickelt haben, untersucht und analysiert hat. Er kommt dabei zum Schluss, dass diese Videos, in denen – meist männliche – Jugendliche Szenen aus ihrer jeweiligen Peergroup filmen, zu einer kunstvollen Collage zusammenstellen und der eigenen Freundin widmen, eine sehr starke Wertorientierung aufweisen[183]. Auch wenn kein explizites Bekenntnis erfolgt, zeugt die Art und Weise, wie diese Darstellungen erfolgen, welches Referenzsystem ihnen zugrunde liegt etc. davon, dass diese Jugendlichen anscheinend eine ganze Reihe von Werten für wichtige Bestandteile ihres Lebens erachten, so etwa Liebe, Treue, Freundschaft und Ehrlichkeit[184].

---

179 Siehe dazu Welker M. / Elter A. / Weichert S. (2016), Krüger U. (2016), ferner auch Knoche M. (1999), S. 123–158.
180 Blood R. (2002), S. 114, schreibt über das Unbehagen der Blogger gegenüber moralischer Normierung: „Weblogs, produced by nonprofessionals, have no such code, and individual webloggers seem almost proud of their amateur status. ‚We don't need no stinkin' fact checkers' seems to be the prevailing attitude, as if inaccuracy were a virtue."
181 Ebersbach A. / Glaser M. / Heigl R. (2016), S. 63, sehen im 11. September 2001 die Geburtsstunde des Warblogs.
182 Chéroux C. (2011), S. 43.
183 Eisemann C. (2011), S. 133.
184 Paganini C. (2017).

2. Was Medienethik soll

Sollte es aber der Fall sein, dass die medialen Akteur*innen nicht gänzlich amoralisch geworden sind, womit könnte man ihre Ablehnung bzw. Scheu gegenüber moralischer Normierung dann erklären? Liegt es vielleicht an der Art und Weise, wie sich Moralphilosophie präsentiert? Könnte es sein, dass seitens der Wissenschaft zu wenig darauf geachtet wird, Ansätze zu präsentieren, die der oder dem Einzelnen in der konkreten Entscheidungssituation eine Hilfestellung bieten, geschweige denn handlungsmotivierend sind?

De facto wissen die wenigsten Menschen, welche normativen Zugänge (Medien)Ethiker*innen anwenden, und fragen sich, vor die Wahl gestellt, auch kaum, welche Handlung auf welche Weise gerechtfertigt werden könnte. Vielmehr reagieren sie auf die an sie gestellten Anforderungen aus ihrer Gewohnheit heraus. Die ihr Handeln begleitenden Überlegungen dienen eher der Rechtfertigung von dem, für das eine Präferenz besteht, als dazu, von einem Punkt Null ausgehend durch Abwägen der Für und Wider eine ausgeglichene verantwortliche Entscheidung zu treffen. Ihr Unbehagen gegenüber der Medienethik könnte also daher rühren, dass sie schlicht und einfach nicht sehen, inwiefern die Medienethik eine Bereicherung für ihr tägliches Handeln, für ihr Leben darstellen könnte. Trotzdem funktioniert unser medial vermitteltes, zwischenmenschliches Interagieren im Großen und Ganzen recht gut und dort, wo Menschen es für wichtig erachten, Kritik zu üben, zeugt gerade diese Kritik nicht primär von einer Dysfunktion, sondern gerade von Anpassungsfähigkeit und Treffsicherheit. Braucht es also gar keine Moralphilosophie? Oder anders gefragt: Wozu braucht man überhaupt eine Medienethik?

Medienethik braucht es m.E. aus einer ganzen Reihe von Gründen: Zum einen um ein bestimmtes Niveau an Verantwortungsgefühl und gegenseitiger Rücksichtnahme aufrecht zu halten. Zum anderen weil im Alltag eben nicht nur moralisch gute Entscheidungen getroffen werden, sondern auch viel Bedenkliches geschieht, weil sowohl die Gesellschaft als Ganze als auch die oder der Einzelne ihre moralische Kompetenz weiter verbessern können und sollen bzw. es in diesem Zusammenhang die Aufgabe der Ethik ist, für Verantwortung zu sensibilisieren und eine „möglicherweise schlummernde Fähigkeit des Menschen zu verantwortlichem Handeln [zu] wecken"[185]. In diesem Kontext sind auch die bereits angeführten Verhaltensunsicherheiten, die häufig durch technische Erneuerungen ausgelöst werden, zu nennen. Gerade in einer Situation, wo der sinnvolle Umgang mit neuer Technik noch nicht zur Gewohnheit geworden

---

185 Wiegerling K. (1998), S. 4.

ist, erscheint es zielführend, wenn Moralphilosophie Richtungsentscheidungen vorbereitet, und tatsächlich wird gerade diese Hilfestellung auch angefragt[186].

Dabei bedarf es aber nicht in erster Linie einer Ethik, die Gesetze formuliert. Die Aufgabe, klare Rahmenregelungen aufzustellen und ihre Durchsetzung zu gewährleisten, wird nämlich in der Regel vom Medienrecht wahrgenommen, die Aufgabe der Ethik ist es aber, über die rechtlichen Bestimmungen hinauszugehen und diese zu ergänzen. Als staatliches Steuerungsinstrument hat das Recht den Vorteil, die Einhaltung des Gesetzes überwachen bzw. erzwingen zu können. Dabei darf jedoch nicht vergessen werden, dass das Recht lediglich einen mehr oder weniger engen Rahmen darstellt, innerhalb dessen alles, was nicht verboten ist, zwar prinzipiell als erlaubt aufgefasst werden kann, trotzdem aber noch lange nicht moralisch gut oder wünschenswert sein muss. Diese Spannung zwischen Recht und Moral besteht zwar grundsätzlich in allen Lebensbereichen, im Zusammenhang mit medial vermittelter Kommunikation erscheint sie aber verschärft zu sein, wird der rechtliche Rahmen – zumindest in Ländern mit einer demokratischen Verfassung – unter Berufung auf die staatlich zu sichernde Pressefreiheit doch bewusst weit gehalten.

Innerhalb dieses Rahmens jedenfalls ist es sinnvoll, wenn seitens der Medienethik eine Präzisierung erfolgt, jedoch nicht im Sinn einer kasuistischen Festlegung möglichst vieler, möglichst genau beschriebener Einzelfälle, sondern vielmehr eine Präzisierung, die über die Frage nach dem Erlaubten hinausgeht und die Frage nach dem Guten stellt. Der Blick auf das gute Leben[187] aber könnte zugleich der Schlüssel für jenes Motivationsproblem sein, mit dem das Recht – sowie all jene normativen Ansätze, die in erster Linie auf Gesetzen, Normen und Regeln aufbauen – zu kämpfen hat, dass nämlich dort, wo – aus welchen Gründen immer – keine Strafe zu befürchten ist, der Anreiz zur Kooperation gering erscheinen wird. Damit ist aber bereits der Übergang zu den philosophischen Voraussetzungen getan, welche in der Folge dargestellt werden sollen, weil sie die Voraussetzung für eine rekonstruktive, basale Medienethik bilden.

---

186 Diesen vermehrten Ethikbedarf, der zugleich in einer gewissen Spannung zur – bereits thematisierten – Skepsis gegenüber konkreten Normen und Regelungen steht, hat Bernhard Debatin bereits 1999 analysiert: Debatin B. (1999), S. 39–40.
187 Höffe O. (2009).

2. Was Medienethik soll

2.2. Desiderate der Medienethik

Die philosophische (Medien)Ethik ist einerseits eine wissenschaftliche Spezialdisziplin, die sich – sowohl was ihren Gegenstand als auch was ihre Methodik betrifft – mit einer großen Zahl von komplexen Problemen auseinanderzusetzen hat, welche zum Teil schon seit Jahrhunderten diskutiert werden, aber noch keine befriedigende Lösung erfahren haben. Insofern ist eine Beschäftigung mit der philosophischen Ethik schwierig. Andererseits ist Ethik aber auch etwas Alltägliches. Die meisten Menschen reagieren nämlich empört auf ihnen zugefügtes Unrecht, geben ihren Freunden Ratschläge, wie diese sich zu verhalten haben, fragen sich – wenigstens von Zeit zu Zeit – ob das, was sie tun, richtig ist, beurteilen die Handlungen ihrer Mitmenschen, von Romanfiguren oder Filmhelden und haben moralische Überzeugungen, von denen sie meinen, dass sie zutreffen, und die sie – zumindest verbal – auch bereit sind zu verteidigen[188]. Von daher ist uns die Ethik vertraut.

Vor dem Hintergrund dieser Kluft zwischen der vertrauten alltäglichen Ethik und der Ethik als einer hochdifferenzierten wissenschaftlichen Disziplin scheint es ratsam, zunächst vom Bekannten auszugehen, will man festlegen, was ein Werk über Medienethik leisten soll. Führt man sich die Situationen noch einmal vor Augen, zeigt sich, dass sich diese auf eine allgemeine Formel bringen lassen, die zugleich eine der Grundfragen philosophischer Ethik darstellt, nämlich: Wie soll ich handeln? Eine erste Zielsetzung muss also lauten, im Zusammenhang mit der medial vermittelten Kommunikation auf die Frage „Wie soll ich handeln?" eine Antwort zu geben. Will man aber von dem ausgehen, was man kennt, d. h. von dem, was man beobachten, rekonstruieren und analysieren kann, empfiehlt es sich genau hinzusehen, was die Betroffenen als Probleme erachten, welche Anliegen sie teilen und an welchen Überzeugungen sie festhalten. Eine Medienethik, die im konkreten Leben der Menschen eine Rolle spielen soll, muss zunächst also fähig sein, Probleme wahrzunehmen und adäquat zu diskutieren.

Dies gilt umso mehr, wenn man bedenkt, dass der Großteil der medialen Akteur*innen auf moralische Normierung bzw. Belehrung eher skeptisch reagiert, zugleich aber – wenn auch zum Teil unbewusst – bemüht ist, bestimmte Werte zu realisieren. Die Medienethik, die auf diesen Seiten entwickelt wird, soll deshalb die Akteur*innen mit ihren spezifischen Anliegen und Gewohnheiten ernst nehmen und sie nicht primär belehren

---

188 Zur Rechtfertigung moralischer Überzeugungen siehe Niederbacher B. (2012).

oder be- bzw. verurteilen wollen. Sie darf nicht in erster Linie als Gesetz oder Autorität auftreten, sondern muss vielmehr bemüht sein, in der konkreten Entscheidungssituation eine Hilfestellung zu bieten und für die Mehrzahl der Menschen einen guten und gangbaren Weg zu entwickeln. Mit anderen Worten formuliert, soll eine Medienethik, die ihren Ausgangspunkt im alltäglichen Leben der Menschen nimmt, um einen Konsens bemüht sein, um eine Übereinstimmung in zumindest einigen wenigen grundlegenden Punkten. Auch wenn dieser Konsens vermutlich nie ganz erreicht werden kann, ist das Streben danach dennoch wichtig und zwar zum einen, weil es die einzig konsequente Art und Weise darstellt, die Stimmen aller Beteiligten zu hören und wertzuschätzen, und zum anderen, weil nur durch die Ausrichtung auf ein gemeinsames Ziel hin eine tatsächliche Verbesserung des Status quo erreicht werden kann.

Schließlich scheint die Wirksamkeit einer normativen Theorie nur dann gegeben, wenn sie nicht bloß Fachkolleg*innen aus Philosophie und Medienwissenschaft erreicht, sondern all jene Menschen, die mit und durch Medien agieren, d. h. die Professionalist*innen der unterschiedlichen Bereiche, Medienunternehmer*innen und Konsument*innen. Um von diesen Menschen aber mit Interesse wahrgenommen zu werden, muss Medienethik gut verständlich sein, einfach anzuwenden, und sollte möglichst wenig (komplizierte) Voraussetzungen machen bzw. brauchen. Diese letzte Forderung ist nicht einfach einzulösen. Der Grund dafür besteht m. E. darin, dass Ethik üblicherweise nicht bei ihrer ersten Grundfrage – also bei der Handlung, die es zu tun gilt – stehen bleibt, sondern weitergeht und nach den Kriterien sucht, die diese Handlung richtig oder gut machen, anders formuliert: Wann ist eine Handlung moralisch gut?

Diese Begründungsfrage nun verlangt nach Argumentation und wird in der philosophischen Ethik auf systematisierende Weise betrieben, indem nämlich metaethische Voraussetzungen geklärt, Begriffe definiert, Handlungen analysiert und normative Theorien entwickelt werden. Da dieses Vorgehen, sofern man mit guten Gründen Merkmale für eine moralisch richtige Handlung angeben will, unverzichtbar ist, hat eine Arbeit über Medienethik philosophisch solid zu sein. Sie muss klar machen, mit welchen Voraussetzungen und Begriffen sie operiert, sich für einen methodischen Ansatz entscheiden und diesen konsequent durchführen. Idealerweise sollte dabei nicht nur deutlich werden, worin die Unterschiede zu anderen normativen Theorien bestehen, sondern auch, inwiefern sie zumindest an die wichtigsten von ihnen anschlussfähig ist, das heißt – im Hinblick auf die medial vermittelte Kommunikation – wenigstens an die Diskurs- und die Verantwortungsethik.

2. Was Medienethik soll

Dabei kann die philosophische Medienethik in weiten Teilen mit dem sich ihr bietenden Material rekonstruktiv und interpretierend umgehen, muss sich zugleich aber die Möglichkeit einer Wertung und Gewichtung vorbehalten, die Möglichkeit, zu der sich ständig in Veränderung befindlichen Alltagsethik in eine kritische Distanz zu treten und als Korrektiv wirksam zu werden. Medienethik darf gegenüber dem, was faktisch der Fall ist, nicht rein affirmativ sein, sondern muss, so sehr sie auch vom tatsächlich Gegebenen ausgeht, doch ein gestaltendes Potenzial besitzen.

Indem man sich bei der Suche nach einer Begründung aber immer mehr von der Betrachtung der einzelnen Handlung entfernt, kommt zugleich ein neuer Aspekt ins Spiel, nämlich die Frage danach, warum man überhaupt moralisch handeln soll. Damit ist zu dem Begründungsproblem ein Motivationsproblem dazu gekommen, welches nun die vermutlich radikalste Art und Weise darstellt, moralisches Handeln zu hinterfragen. Die Frage nach dem Warum wurde im Lauf der Philosophiegeschichte einerseits mit dem Verweis auf die Pflicht, auf ein Sollen, ein Muss beantwortet. Je mehr aber die Akzeptanz von moralischen Autoritäten – wie etwa der Kirche oder der Gesellschaft in ihrer normierenden Funktion – abnimmt, desto weniger überzeugt die einzelnen Akteur*innen der erhobene moralische Zeigefinger.

Andererseits haben die Vertreter*innen verschiedener normativer Strömungen argumentiert, dass das Leben in einer Gesellschaft, die nach hohen moralischen Standards organisiert ist, für alle Mitglieder die größten Vorteile birgt. In einem solchen Ansatz wird keine Autorität von außen benötigt, allerdings taucht ein neues Problem auf, nämlich das des Trittbrettfahrers. Warum sollten nämlich die Einzelnen ein Regelwerk beachten, das insgesamt zweckmäßig und gut ist, wenn sie doch ihren eigenen Vorteil optimieren könnten, indem sie sich darauf verlassen, dass die große Mehrheit dieses Gesetz respektiert, sie selbst aber nach Belieben dagegen verstoßen (können). Letztlich kommt an diesem Punkt wieder die Pflicht ins Spiel, denn man muss von den Akteur*innen erwarten können, dass sie es als ihre Pflicht empfinden, ein als sinnvoll eingesehenes Gesetz auch einzuhalten.

Die Suche nach einer befriedigenden Antwort geht also weiter. Dabei wird das Motivationsproblem der Ethik zwar meist besonders dann sichtbar, wenn egoistische Interessen und moralische Ansprüche miteinander in Konflikt geraten. Das bedeutet aber weder, dass ethisch gebotenes Handeln immer in einem Widerspruch zu den Eigeninteressen der handelnden Personen stehen muss, noch, dass eine moralisch gute Handlung dadurch entwertet würde, dass sie mit der Erfüllung von egoistischen Anliegen vereinbar ist. Das Motivationsproblem der Ethik – und zwar genauer: der Medienethik – soll daher im Rahmen des vorliegenden Werkes nicht nur beantwortet werden, sondern zugleich in Beziehung zum Leben der betroffenen Personen gesetzt werden. Was bedeutet die Entscheidung, moralisch handeln zu wollen, für mich, für meine Entwicklung, für mein Leben?

Sucht man aber nach der Relevanz der Moral für das Leben der medialen Akteur*innen, ist es naheliegend, Medienethik als eine alle ihre Teilbereiche umfassende Bereichsethik zu konzipieren und also tatsächlich Medienethik zu betreiben anstatt Journalismusethik, Bildethik etc. Dies erscheint aber nicht nur deshalb ratsam, weil man auf diese Weise eher zu einem Ergebnis hinsichtlich dem „Sitz im Leben der Moral" kommen mag, sondern auch weil – wie bereits mehrfach gezeigt wurde – die Teilbereiche des Medialen mittlerweile derart ineinandergreifen, dass eine saubere systematische Trennung weder besonders hilfreich noch ohne weiteres bewältigbar zu sein scheint.

Wenn man aber im Alltag mit einem Problem konfrontiert ist, gibt es in der Regel mehr als eine einzige Möglichkeit, auf dieses Problem zu reagieren, es zu lösen. Jede dieser Möglichkeiten hat ihre Vor- und Nachteile und je nachdem, wie diese Vor- und Nachteile beschaffen sind, erscheinen die unterschiedlichen Möglichkeiten unterschiedlich attraktiv. Der unterschiedliche Grad der Attraktivität hängt aber auch damit zusammen, welche Grundüberzeugungen die Akteur*innen prägen. Denn im Licht unterschiedlicher Grundüberzeugungen mag sich eine Handlungsoption den einen als angemessen, den anderen als unbefriedigend und wieder anderen als indiskutabel präsentieren.

Ziehen wir als Beispiel einen durchschnittlichen neunjährigen Jungen heran, der abends nach dem Gute-Nacht-Kuss seiner Mutter sein I-Pad unter dem Kopfkissen hervorholt, *DragonVale* lädt und Dracheneier ausbrütet. Eines Tages bemerkt die Mutter durch Zufall die nächtlichen Aktivitäten des ambitionierten Drachenzüchters. Sie wird höchstwahrscheinlich nicht besonders erfreut sein, denn die heimlichen Online-Aktivitäten ihres Sohnes stellen einen Akt der Unehrlichkeit dar, belasten die Mutter-Sohn-Beziehung.

Die Mutter hat nun eine ganze Reihe von Handlungsoptionen: Sie kann mit drakonischen Strafmaßnahmen reagieren, I-Pad oder Internet-Verbot erteilen oder beides. Sie kann verschärfte Überwachungsmechanismen einführen, regelmäßige abendliche Kontrollgänge veranstalten etc. Sie kann aber auch alles beim Alten belassen, jedoch mit ihrem Kind ein klärendes Gespräch führen, in dem sie ihm begreifbar macht, warum für einen neunjährigen Jungen ausreichender Schlaf wichtig ist und warum es sie verletzt, wenn er – dem Wohlergehen der Drachen zuliebe – die Mutter täuscht. Welche Option die Mutter wählt, hängt u. a. davon ab, welche Grundüberzeugungen ihr in Sachen Kindererziehung bzw. Menschenbild zu eigen sind. Ist sie überzeugt, dass Kinder primär zu gehorchen haben und die Beweggründe ihrer Eltern ohnehin (noch) nicht nachvollziehen können, wird die Variante mit dem klärenden Gespräch nicht viel Sinn ergeben. Glaubt sie aber daran, dass Kinder grundsätzlich gleichberechtigte Partner sind, denen Eltern in Liebe und mit guten Argumenten einen möglichen Weg, das Leben zu bewältigen, aufzeigen sollen, wären sowohl Straf- als auch Kontrollmaßnahmen kontraproduktiv.

Ähnlich verhält es sich auch bei philosophischen Problemen. Werden Philosoph*innen mit derartigen Problemen konfrontiert – hier etwa mit der Herausforderung, einen tragfähigen normativen Ansatz in der Medienethik zu entwickeln –, stehen ihnen grundsätzlich mehrere Möglichkeiten, diese Probleme zu lösen, zur Verfügung. Die Art und Weise aber, wie man philosophische Probleme zu lösen gedenkt, wird gemeinhin ‚Methode' genannt. Und welche Methode Wissenschaftler*innen wählen, hängt nicht unwesentlich davon ab, welche Grundüberzeugungen sie haben. Diese Grundüberzeugungen können selbstverständlich immer angezweifelt werden und es ist gewiss sinnvoll, die eigenen Grundüberzeugungen zu gegebenem Zeitpunkt einer kritischen Prüfung zu unterziehen.

Allerdings ist es nicht zielführend, wann immer ein philosophisches Problem diskutiert werden soll, alle relevanten Grundüberzeugungen umfassend darzustellen und zu rechtfertigen – so dies überhaupt möglich sein sollte. Trotzdem erweist es sich für das gegenseitige Verständnis der Gesprächsteilnehmer*innen als sinnvoll, wenn die Grundüberzeugungen des jeweiligen Gegenübers bekannt sind. Daher werde ich im Folgenden zunächst die wichtigsten meiner Grundüberzeugungen, was Ethik ist und was sie nicht ist, offenlegen – jedoch nicht argumentieren –, um dann darauf aufbauend zu skizzieren, wie ich das „Problem" Medienethik zu lösen gedenke, d. h. welche Methode ich wähle.

Ethik hat nicht mit idealen Menschen zu tun, sondern mit konkreten.

Überall wo Menschen zusammenleben und interagieren, läuft dieses Zusammenleben nach bestimmten Regeln ab. Es gibt Gewohnheiten und Bräuche, Vorstellungen darüber, wann Handlungen lobenswert und wann sie tadelnswert sind. Diese Richtlinien und Meinungen prägen die einzelnen Akteur*innen und ihre Überzeugungen davon, was gut und richtig ist, ihre Erwartungshaltungen, mit denen sie anderen begegnen, und ihre Vorstellung davon, wann das eigene Leben als gelungen anzusehen ist. Vor einem solchen Hintergrund beginnen Philosoph*innen normative Ethik zu betreiben. Medienethik setzt also nicht an einem Punkt Null an, sondern ist immer schon mit konkreten Menschen und mit konkreten Wertvorstellungen, die diese Personen für verbindlich halten, konfrontiert.

Daher ist es wenig hilfreich, Medienethik als eine abgehobene Konstruktion von idealen Fällen, idealen Akteur*innen und sterilen Dilemmata zu konzipieren. Ein derartiges Verständnis des Faches würde zum einen nicht der Komplexität seines Forschungsobjektes gerecht, zum anderen nicht den Akteur*innen, die sich – wenngleich in unterschiedlichem Maß – durch Expertise und auch emotionale Beteiligung auszeichnen. Eine Medienethik, die von den Professionalist*innen, Unternehmer*innen und dem Publikum ernst genommen werden soll, darf nicht in erster Linie belehren, sondern muss die beteiligten Personen – mit ihrer Kompetenz – ernst nehmen. Und sie muss fähig sein, konkrete Probleme wahrzunehmen und adäquat zu diskutieren. Was für eine Art von Wissen aber kann auf diese Weise gewonnen werden? Um was für eine Art von Wissen geht es in der Ethik?

Ethik liefert kein exaktes Wissen, sondern Orientierungswissen.

Eine Grundkonzeption von Ethik besteht darin, Moral als ein Gefüge von Regeln zu begreifen, die – einmal erarbeitet – zwar diskutiert und modifiziert werden können, jedenfalls aber gelten und ein präzises Wissen darüber bieten, was richtig und was falsch ist. Typisch für ein derartiges Verständnis ist die Auseinandersetzung mit Dilemma-Situationen, die dadurch entstehen, dass sich eine (fiktive) Person – zumeist in einem Gedankenexperiment – in einer Entscheidungssituation befindet, in der mehrere Handlungen gleichzeitig geboten sind, diese einander aber gegenseitig ausschließen. Formalisiert lässt sich die Dilemma-Situation folgendermaßen darstellen:

I. Es ist geboten, a zu tun.
II. Es ist geboten, b zu tun.
III. Es ist nicht möglich, zugleich a und b tun.

Aus dieser Darstellung wird zum einen deutlich, dass in der Dilemma-Konstellation die Befolgung des einen Gebotes zwangsläufig zum Verstoß gegen das andere Gebot führen muss.

Betrachtet man aber die Art und Weise, wie Menschen üblicherweise das Verhalten anderer bewerten, stellt man fest, dass absolute Urteile, d. h.

2. Was Medienethik soll

Urteile, die zur Gänze verurteilen oder uneingeschränkt loben, selten sind. Viel häufiger finden sich differenzierte Stellungnahmen, welche die unterschiedlichen Aspekte einer Handlung gewichten, und selbst dort, wo ein Verhalten eindeutig positiv oder negativ beurteilt wird, nehmen wir für gewöhnlich Einschränkungen vor, indem wir beispielsweise sagen: Auch wenn es falsch war, das Herr X seiner Kollegin Frau Y ein beleidigendes Flaming Mail gesendet hat, ist sein Verhalten insofern nachvollziehbar, als Frau Y seine Geduld übermäßig strapaziert hat, indem sie ihn auf Facebook mehrmals täglich eingeladen hat, mit ihr *Candy Crush Saga* zu spielen.

Diese Tendenz zum Abwägen und Relativieren lässt sich aber nicht nur auf der Ebene der expliziten Urteile feststellen, sondern auch auf der Ebene der Sprache. Denn tatsächlich sind dünne Begriffe wie ‚richtig' oder ‚falsch', ‚geboten' oder ‚verboten' – so man über moralisch gutes oder schlechtes Verhalten spricht – verhältnismäßig selten. Vielmehr dominieren dicke Begriffe, d. h. moralisches Lob und moralischer Tadel werden zumeist mithilfe von Begriffen ausgedrückt, die zugleich beschreibend und wertend sind – wie etwa ‚großzügig', ‚gerecht', ‚tapfer', ‚unehrlich', ‚charakterlos', etc. Akzeptiert man die insbesondere seitens der Tugendethiker*innen vorgebrachte These, dass sich im kompetenten Gebrauch dieser dicken Begriffe unser moralisches Wissen niederschlägt[189], lassen sich aus der Verwendung bestimmter Wörter Rückschlüsse darauf ziehen, um welche Art von Wissen es sich in der Ethik handelt.

Durch ihren beschreibenden Teil sind dicke Begriffe nämlich um vieles reicher und vielschichtiger als dünne Begriffe mit ihrem Ge- bzw. Verbotscharakter. Wenn es sich aber als notwendig oder zumindest hilfreich erweisen sollte – sofern man sich über Fragen der Moral austauschen will –, derartige dicke Begriffe zu verwenden, könnte das möglicherweise daran liegen, dass es in der Ethik um mehr geht als um Ge- und Verbote. Nicht zuletzt scheint unsere Sprache darauf hinzuweisen, dass nicht primär diejenigen moralisch gut zu nennen sind, die für ihre Entscheidungen Regeln brauchen, sondern diejenigen, die es sich angewöhnt haben, geduldig, großzügig, gerecht etc. zu sein, und denen es leicht fällt, ein Verhalten zu zeigen, wie wir es mit unseren positiven dicken Begriffen beschreiben und zugleich normativ anpeilen.

Manche gehen sogar so weit, dass sie in diesem Zusammenhang von einer prinzipiellen Nicht-Übersetzbarkeit moralischen Wissens in Regeln

---

189 Borchers D. (2001), S. 81.

2.2. Desiderate der Medienethik

sprechen[190]. Eine umfassende Auseinandersetzung mit dieser Position kann hier nicht erfolgen, scheint aber auch nicht zwingend erforderlich. Vielmehr soll eine weitere Grundüberzeugung, die diesem Werk zugrunde liegt, transparent gemacht werden.

Sie besteht darin, dass von (Medien)Ethik kein exaktes Wissen zu erwarten ist, sondern vielmehr eine Art Kompetenz, ein verantwortungsvolles und dabei glückliches Leben zu führen. Die zuvor genannten Beobachtungen scheinen dafür zu sprechen, dass es in der Ethik nicht so sehr darum geht, Wissen in Gesetzen festzuschreiben, als vielmehr darum, eine Vorstellung davon zu gewinnen, worin ein gutes Leben besteht und was seitens der Moralphilosophie dazu beigetragen werden kann, ein solches zu ermöglichen bzw. zu erleichtern. Was Ethik also idealerweise liefern sollte, ist Orientierungswissen.

Ethik soll eine Richtung anzeigen, ein ungefähres Ziel, an dem sich das Individuum orientieren kann. Wo dieses Ziel zu eng gefasst, zu eindeutig festgelegt wird, läuft Moralphilosophie Gefahr, wieder einen regelhaften Charakter anzunehmen. Wo es allerdings zu vage bleibt oder rein negativ bestimmt wird – etwa als Vermeidung dessen, was dem menschlichen Glück mit Sicherheit entgegensteht[191] –, droht Moralphilosophie in die Trivialität abzugleiten.

Kommen wir aber zu einer weiteren Grundüberzeugung, die im Folgenden vorausgesetzt wird.

Ethik ist keine Frage des Geschmacks.

Unterschiedliche Ansichten dazu, was Ethik ist, gibt es zur Genüge. So sind moralische Äußerungen in der Vergangenheit als Ausdruck von Emotionen gedeutet worden, als – mehr oder weniger – versteckte Aufforderungen, als Behauptungen, die einen (universalen) Wahrheitswert beanspruchen, oder als Aussagen, deren Berechtigung sich auf die jeweilige

---

190 McDowell J. (1979) und McDowell J. (1998) unter Bezug auf Wittgenstein L. (1953), dem zufolge ein Zeichen bzw. eine Präsentation den Inhalt einer Regel weder konstituieren noch eindeutig festlegen kann.
191 Üblicherweise werden – wie Thies C. (2011), S. 209, aufzeigt – aus der Idee der Glückseligkeit in erster Linie schwache Pflichten gegen sich selbst begründet, während starke Pflichten gegen sich selbst mehr in Verbindung mit der menschlichen Würde gesehen werden. Konzentriert man sich aber darauf, das zu vermeiden, was dem Glück entgegensteht, können m. E. auch starke Pflichten gegen sich selbst sowie starke bzw. schwache soziale Pflichten argumentiert werden.

Kulturgemeinschaft bzw. das einzelne Individuum beschränkt. Während die beiden ersten Positionen unter dem Überbegriff der Kognitivismus-Nonkognitivismus-Debatte diskutiert werden, spielen letztere Standpunkte besonders in der Auseinandersetzung zwischen moralischem Realismus und Relativismus eine Rolle.

Kulturrelativist*innen sind der Meinung, dass Moral von der Gesellschaft, in der jemand lebt, abhängig ist. In einer schwachen Form scheint der Kulturrelativismus wenig Angriffsfläche zu bieten. Denn tatsächlich sind Menschen mit unterschiedlichem kulturellen Hintergrund mit unterschiedlichen Rahmenbedingungen konfrontiert, angesichts derer sie ihre moralischen Überzeugungen spezifizieren müssen, wobei als solche Rahmenbedingungen sowohl konkrete Begebenheiten des täglichen Lebens als auch Systeme von Überzeugungen, Weltanschauungen etc. gelten können. Eine starke Variante dagegen geht davon aus, dass Wertvorstellungen und -urteile gänzlich kulturabhängig sind bzw. – als Subjektivismus – vom einzelnen Individuum abhängig sind und insofern auch nicht über einen objektiven oder universalen Kern verfügen. Derartige Spielarten des Relativismus sind jedoch aus mehreren Gründen nicht überzeugend.

Betrachtet man zunächst die Hauptprämisse des Relativismus, die (vermeintliche) Heterogenität moralischer Überzeugungen und Praktiken, stellt man fest, dass diese ohne weiteres weder für wahr gehalten werden muss, noch sich daraus – so man es doch täte – zwingend eine relativistische Position ergeben muss. Denn zum einen lässt sich ebenso, wie man in den moralischen Überzeugungen Unterschiede beobachten kann, auch Ähnliches und Beständiges wahrnehmen. Zum anderen – und das scheint noch gewichtiger – ist zu hinterfragen, ob nicht dort, wo in den alltäglichen Gewohnheiten Differenzen bestehen, diese Bräuchen auf zugrunde liegenden Wert- und Idealvorstellungen basieren, die von Kultur zu Kultur und von Mensch zu Mensch nicht so sehr abweichen, sondern sich vielmehr ähneln. Das in diesem Zusammenhang wohl beliebteste Beispiel betrifft den angemessenen Umgang mit den Toten[192].

Gesetzt den Fall, dass es in einer Kultur als moralisch angemessen gilt, den Leichnam der Verstorbenen zu verbrennen, und in einer anderen, den Leichnam dauerhaft zu konservieren, so mögen diese beiden Bräuche einander zwar prima facie entgegenstehen. Der Dissens ist aber ein vergleichsweise oberflächlicher. Denn den verschiedenen Praktiken liegt ein gemeinsamer Wert zugrunde, in dem beide Kulturen übereinkommen: der

---

192 Wie von Quante in seiner Einführung in die Allgemeine Ethik diskutiert. Quante M. (2011), S. 154.

respektvolle Umgang mit den Toten. Es soll an dieser Stelle nicht behauptet werden, dass es keine von Gesellschaft zu Gesellschaft und von Individuum zu Individuum abweichenden moralischen Überzeugungen gäbe. Sehr wohl aber soll festgehalten werden, dass es zwischen einzelnen Menschen und einzelnen Kulturen auf der Ebene der beobachtbaren Gewohnheiten ebenso wie auf der Ebene der basalen Wertvorstellungen sehr viele Gemeinsamkeiten gibt, und dass nicht überall, wo Relativist*innen Heterogenität diagnostizieren, tatsächlich eine solche vorliegen muss.

Und selbst wenn dem so wäre, kann Heterogenität als Prämisse auch zu anderen Schlussfolgerungen als zu einer relativistischen führen. Unterschiedliche moralische Positionen könnten etwa Ausdruck unterschiedlicher Entwicklungsstufen[193] sein oder aber es könnte sein, dass manche Positionen angemessener sind als andere und dass sich diese Angemessenheit durch vernünftiges Argumentieren und Abwägen feststellen lässt. Damit aber kommt eine weitere Schwierigkeit des Relativismus in den Blick, nämlich die zum Teil recht eigenartigen Konsequenzen, die sich ergeben, wenn man den moralischen Relativismus ernst nimmt.

Sollte es nämlich wirklich so sein, dass jede moralische Überzeugung die gleiche Berechtigung hat, dass man daher auch nur verpflichtet ist, nach den eigenen Überzeugungen zu handeln, und dass niemand jemals das Recht hat, sich unter Berufung auf irgendwelche ethischen Standards in die moralische Praxis der Anderen einzumischen, dann wäre jegliches Argumentieren in der Ethik sinnlos. Solch ein Schluss wäre aber seltsam, weil er einer sehr starken Grundintuition widerspricht, nämlich der Überzeugung, dass das Klären von Prämissen, das vernünftige Schlussfolgern und das Abwägen von Argumenten dazu beitragen, dass wir besser verstehen bzw. klarer sehen, was der Fall ist, was zutrifft.

Ebenso wie in anderen Lebensbereichen auch geht das Gros der nicht philosophisch ausgebildeten Menschen in Fragen der Ethik davon aus, dass eben gerade nicht jede Überzeugung gleichwertig ist und sich „wahre" Überzeugungen neben anderem dadurch auszeichnen, dass man gute Gründe nennen kann, sie für wahr zu halten. Auch fällt auf, dass in der alltäglichen moralischen Praxis das Beurteilen bzw. Vorschreiben und das Argumentieren Hand in Hand gehen. Wir ärgern uns über das unhöfliche Verhalten der Schwiegermutter, weil.... Wir sagen unseren Kindern, dass sie dieses und jenes tun sollen, weil.... Wir finden einen Filmhelden sympathisch, weil.... Wir verachten den Bösewicht im jüngsten Dan-Brown-Bestseller, weil... Wir wissen genau, dass wir uns als Präsident der Verei-

---

193 Becker G. (2011).

2. Was Medienethik soll

nigten Staaten anders verhalten würden, weil... usw. Zu behaupten, dass sämtliche Begründungs-Sätze, dass jegliches Bemühen, Gründe anzugeben, in der Ethik verfehlt bzw. überflüssig sei, erscheint vor diesem Hintergrund zumindest eigenartig.

Eine weitere fragwürdige Konsequenz des Kulturrelativismus ist die folgende: Wenn in einer bestimmten Gesellschaft X ein Verhalten a nur deshalb als richtig gelten kann, weil sehr viele Mitglieder von X es für richtig halten, dann wäre möglicherweise dasselbe Verhalten a zu einem Zeitpunkt t1, da es nur wenige Mitglieder von X für richtig halten, falsch und zu einem Zeitpunkt t2, da es die meisten Mitglieder von X für richtig halten, richtig. Auch das ist höchst eigenartig.

Der Haupteinwand gegen den Relativismus aber setzt dort an, wo die metaethische These – Aussagen wie „Es ist gut, dass..." seien elliptisch und bedeuteten eigentlich „Es ist nach unserer bzw. meiner Auffassung gut, dass..." – mit der normativen These des Relativismus – „Es ist geboten, sich nicht in die moralische Praxis anderer einzumischen" – zusammentreffen. Zwar hat das letztere, sogenannte Toleranzargument wesentlich dazu beigetragen, den Relativismus beliebt zu machen. Dessen ungeachtet jedoch sind die beiden Thesen miteinander unvereinbar, der Relativismus mündet in einen Selbstwiderspruch[194]. Nimmt man nämlich die metaethische These ernst, müsste man auch den Satz „Es ist geboten, sich nicht in die moralische Praxis anderer einzumischen" ergänzen bzw. umschreiben zu: „Es ist meiner bzw. unserer Meinung nach geboten, sich nicht in die moralische Praxis anderer einzumischen". Oder: „Es ist für mich bzw. für uns geboten, sich nicht in die moralische Praxis anderer einzumischen". Damit aber ließe sich keine allgemeine Aussage – im Sinn von „Es ist geboten, sich nicht in die moralische Praxis anderer einzumischen" – mehr rechtfertigen.

Aufgrund der genannten Schwierigkeiten wird hier ein schwacher moralischer Realismus vertreten und zwar nicht in dem Sinn, dass moralische Entitäten als ein getrennter Teil der Wirklichkeit angenommen werden, sondern in dem Sinn, dass moralische Aussagen einen Wahrheitswert besitzen und es deshalb sinnvoll ist, über moralische Fragen zu diskutieren. Was aber könnte es nun sein, das wir von der Ethik zu Recht erwarten dürfen?

Ethik soll nicht primär vorschreiben, sondern motivieren.

---

[194] Zum Problem des Relativismus in der Ethik siehe Moser P. K. / Carson T. L. (2000); Rippe K. P. (2002), S. 481–486.

2.2. Desiderate der Medienethik

Wenn Menschen moralisch handeln wollen[195], dann ist in der Ethik schon viel gewonnen, so zum Beispiel in Bezug auf das klassische Umsetzungs- bzw. Motivationsproblem, mit dem sich das Gros der normativen Theorien auseinanderzusetzen hat. Sofern dort nämlich primär Regeln und Normen entwickelt und in weiterer Folge als gesollt vorgeschrieben werden, bleibt die Frage offen, ob bzw. warum Menschen tatsächlich diesen Normen gemäß handeln werden. Normative Theorien, die in erster Linie bestrebt sind, aufzuzeigen, wo die Grenze zwischen richtig und falsch verläuft, brauchen – so dies einmal gelungen sein sollte – einen weiteren Schritt, in dem sie Möglichkeiten entwickeln, ihr Konzept des Guten in den Alltag der Menschen hineinzutragen und dort wirksam werden zu lassen[196]. Wo dies nicht erfolgt, bleibt normative Theorie weitgehend wirkungslos.

Verschärft wird dieses Problem dadurch, dass die wenigsten Menschen in konkreten Entscheidungssituationen ihre Handlungsoptionen theoretisch zu reflektieren beginnen, sondern vielmehr aus ihrer Gewohnheit heraus agieren. Das sehr präzise Fassen von Ge- oder Verboten löst diese Schwierigkeit nur zum Teil. Denn zu wissen, was gut bzw. gesollt ist, führt noch nicht zu einem eben solchen Handeln, so nicht die entsprechende Motivation vorhanden ist. Wo die Angst vor einem strafenden Gott oder einer sich rächenden Natur nicht mehr vorhanden ist, muss der Mensch aus eigenem Antrieb heraus das moralisch Gute anstreben. Dass dem so ist bzw. dass sich dafür empirische Indizien finden lassen, wurde im vorangegangenen Abschnitt behauptet. An dieser Stelle soll nun aber hinterfragt werden, was genau Menschen im Zusammenhang mit der Ethik wollen können.

Zum einen nämlich können sie wollen, dass überhaupt Regeln gelten. Das ist bei den allermeisten Menschen der Fall und lässt sich beispielsweise anhand der diversen Selbstverpflichtungskodizes zeigen, die im weiteren Textverlauf die Basis für die Entwicklung einer rekonstruktiven Ethik bil-

---

195 Ebersbach A. / Glaser M. / Heigl R. (2016) weisen im Zusammenhang mit kreativen Gruppenprozessen im Social Web darauf hin, dass eine starke Motivation, die Menschen u. a. dazu veranlasst, einen Großteil der Freizeit zu opfern (S. 185), üblicherweise das Resultat verinnerlichter gemeinsamer Wertvorstellungen ist (S. 212).
196 Internalist*innen würden an dieser Stelle einwenden, dass die Einsicht der Gültigkeit einer moralischen Verpflichtung als solche bereits (ausreichend) handlungsmotivierend sei. Zur Externalismus-Internalismus-Debatte in der Moral siehe Trampota H. (2012), S. 41–60, und Pauer-Studer H. (2003), S. 179–191, im Zusammenhang mit Kant und Aristoteles auch Ricken F. (2003)

den werden. Zum anderen aber können Menschen – und das ist das eigentlich Entscheidende – selbst nach einem bestimmten Regulativ leben wollen, sich diesem zumindest weitgehend unterwerfen wollen. Diese Art von moralischem Wollen ist um vieles schwieriger und unsicherer. Nichtsdestotrotz muss es das Ziel der Ethik sein, ihre Adressat*innen zu einem solchen Wollen zu bewegen.

Damit dies gelingen kann, müssen mindestens zwei Voraussetzungen erfüllt sein. Zum einen ist es notwendig, dass die einzelnen Akteur*innen einsehen, dass es gut ist, sich an ein bestimmtes moralisches Regulativ zu halten, genauer gesagt, dass es für sie selbst gut ist. Wenn das moralisch Richtige nämlich ein neutraler Imperativ bleibt, der mit dem eigenen Leben kaum etwas zu tun hat, ist die Gefahr groß, dass Menschen angesichts der Anstrengungen einer moralisch guten Lebensführung für sich selbst ein amoralisches Verhalten bzw. eine sogenannte Trittbrettfahrer-Mentalität für vernünftiger erachtet. Aufgabe der Ethik ist es also, ersichtlich zu machen, warum mein moralisches Verhalten nicht nur für andere, sondern auch für mich selbst gut ist, weil ich damit zu einer besseren Gesellschaft beitrage, in der mir selbst wiederum ein angenehmeres Leben möglich sein wird, weil mir Empathie und Engagement für andere zu einem erfüllteren Leben verhelfen usw.

Und auch die letzte philosophische Voraussetzung, die hier offengelegt wird, hat damit zu tun, was Ethik sein soll.

Ethik soll nicht affirmativ sein, sondern kritisch.

Ethik ist eine Reflexion auf die Moral, auf die Bräuche und Gewohnheiten, die in einer bestimmten Gesellschaft, zu einer bestimmten Zeit etabliert sind. Diese Reflexion kann unter der Rücksicht erfolgen, dass diese Bräuche und Gewohnheiten vorkommen bzw. vorkamen. Sie ist dann Bestandteil der Soziologie, Psychologie, Politikwissenschaft, Geschichtswissenschaft, Statistik etc. Sie kann aber auch unter der Rücksicht erfolgen, dass ein bestimmtes Verhalten gesollt ist, geboten oder verboten, das heißt sie kann nach der Normativität fragen und insofern handelt es sich dann um philosophische Ethik.

Eine normative Ethik gleich welcher Tradition aber erarbeitet Regeln, gibt Richtlinien vor und bietet – wie man es im weitesten Sinn formulieren könnte – Orientierung, sie schlägt eine Richtung vor, zeigt dem Individuum wie der Gesellschaft als Ganzer ein Ziel, auf das hin es bzw. sie sich ausrichten soll, wenn es denn darum geht, das moralisch Gute zu tun. Allerdings wird dieses Angebot zur Orientierung nicht immer angenommen,

Regeln werden nicht immer eingehalten, Menschen entscheiden sich bewusst für moralisch schlechte Handlungen oder unterlassen es, gute Handlungen zu realisieren. Das bedeutet aber nicht, dass in einem solchen Fall die Richtlinien der normativen Ethik einfach fallengelassen werden[197] und das moralisch unerwünschte Handeln, das man vorfindet, zur Norm erhoben wird. Vielmehr bleiben die Richtlinien bestehen und zwar als ein kritisches Korrektiv, als eine Folie, vor der das Faktische gemessen und beurteilt wird. Insofern verstehe ich philosophische Ethik als kritisch und nicht als affirmativ. Ihre Aufgabe ist es, Verhalten kritisch zu reflektieren und nicht Schritt für Schritt beschwichtigend mit dem mitzugehen, was in einer Gesellschaft gerade Praxis ist.

2.3. Die rekonstruktive Methode

Nimmt man die oben dargestellten Voraussetzungen ernst, wird klarer, warum bereits in der Einleitung eine bestimmte Art von Ethik als Zielpunkt dieser Arbeit im Blick war. Es ist dies – wie wir gesehen haben – eine Ethik, die Menschen mit ihren Problemen ernst nimmt und beim moralischen Wissen dieser Menschen ansetzt. Es ist eine Ethik, die inhaltlich konkrete Antworten vorschlägt. Dafür muss sie kein exaktes Wissen

---

197 Dieses Phänomen wird u. a. im Zusammenhang mit der ‚direction of fit' diskutiert; eine These, die besagt, dass zwischen Überzeugungen und moralischen Einstellungen insofern ein Unterschied in der ‚direction of fit' besteht, als erstere so beschaffen sind, dass sie den Tatsachen entsprechen, während zweitere derart ausgerichtet sind, dass die Tatsachen ihnen entsprechen sollen. Siehe dazu Anscombe (1958), S. 1–19, die bereits 1963 in ihrem Werk Intention ähnlich argumentiert hat, ohne allerdings explizit von einer ‚direction of fit' zu sprechen: „Let us consider a man going round a town with a shopping list in his hand. Now it is clear that the relation of this list to the things he actually buys is one and the same whether his wife gave him the list or it is his own list; and that there is a different relation where a list is made by a detective following him about. If he made the list itself, it was an expression of intention; if his wife gave it him, it has the role of an order. What then is the identical relation to what happens, in the order and the intention, which is not shared by the record? It is precisely this: if the list and the things that the man actually buys do not agree, and if this and this alone constitutes a mistake, then the mistake is not in the list but in the man's performance (if his wife were to say: ‚Look, it says butter and you have bought margarine', he would hardly reply: 'What a mistake! We must put that right' and alter the word on the list to 'margarine'); whereas if the detective's record and what the man actually buys do not agree, then the mistake is in the record." (S. 56)

2. Was Medienethik soll

liefern, sehr wohl aber die Umrisse der Moral skizzieren und in Entscheidungssituationen Orientierung bieten. Weiters ist es eine Ethik, die gegenüber der alltäglichen Praxis kritisch bleibt, und es ist schließlich eine Ethik, die zum guten Handeln motivieren will.

Das Wollen (und das Tun) des moralisch Guten wird durch einen entsprechenden Habitus erleichtert[198]. Medienethik sollte also nicht erst in der Situation eines moralischen Problems einsetzen, sondern vielmehr lebbare Wege für eine gute Praxis aufzeigen, die jedem einzelnen Menschen die Möglichkeit bieten, sich einen guten Habitus anzueignen und sich in einem verantwortungsvollen Umgang mit medial vermittelter Kommunikation einzuüben, damit es ihm dann im Konfliktfall besser und leichter gelingt, das, was er als richtig erkannt hat, auch tatsächlich zu tun. Wenn dieses Konzipieren und Realisieren einer guten Praxis aber nicht erst in der Krise beginnt, tut sich der Ethik die reizvolle Option auf, selbst eine gute Praxis beständig dahingehend zu hinterfragen, wie sie (noch) besser werden kann.

2.3.1. Rekonstruktion moralischer Überzeugungen

Der erste Schritt auf dem Weg zu einer guten Praxis in der medial vermittelten Kommunikation muss darin bestehen, zu bestimmen, was eine solche gute Praxis ist bzw. – nimmt man den größeren Bezugsrahmen in den Blick – was ein gutes Leben ist. Verschiedene Philosoph*innen, insbesondere die Vertreter*innen des sogenannten aristotelischen Naturalismus, haben mithilfe einer Art Metabiologie versucht herauszuarbeiten, welche Bestimmung von ‚gut' sich aus der menschlichen Natur ableiten lässt.

Die menschliche Natur als Grundlage der Moral heranzuziehen, ist aber nicht unproblematisch. Zunächst einmal ergibt sich nämlich ein Auswahlproblem. Denn es ist durchaus zweifelhaft, ob sich eindeutig angeben lässt, worin die charakteristischen Merkmale des Menschen bestehen. Will man sich nicht mit einer – wenig aufschlussreichen – genetischen Bestimmung begnügen, zeigt sich, dass gerade das soziale Verhalten und die Vernunft, wie wir sie gerne als für den Menschen typisch erachten, partiell zumin-

---

198 So macht Aristoteles unter Zuhilfenahme des einprägsamen Bildes von der Krankheit deutlich, dass es einem, der es gewohnt ist, Gutes zu tun, in der konkreten Situation leichter gelingt, das Gute zu wählen als einem, der es gewohnt ist, rücksichtslos und egozentrisch vorzugehen. Siehe dazu Hähnel M. (2014), S. 212.

dest auch bei höher entwickelten Säugetieren vorkommen. Umgekehrt gibt es im Hinblick auf diese Eigenschaften defizitäre menschliche Wesen, denen man ihr Mensch-Sein dennoch nicht absprechen würde.

Und selbst, wenn es gelingen sollte, derartige menschliche Charakteristika festzustellen, wäre damit nicht viel gewonnen. Denn aus dem Vorhandensein typisch menschlicher Eigenschaften ergibt sich noch nicht, dass Menschen sich so und nicht anders verhalten sollen, mit den Worten Dagmar Borchers gesprochen: „Aus der Beschreibung der menschlichen Natur folgt in moralischer Hinsicht gar nichts."[199]

Um die genannten Schwierigkeiten zu umgehen, wurde für das vorliegende Werk ein rekonstruktiver Zugang gewählt. Modelle einer rekonstruktiven Ethik bestehen seit der Antike[200], explizit als solche bezeichnet und entwickelt werden sie aber vermehrt im 20. Jahrhundert, was nicht zuletzt darauf zurückzuführen sein dürfte, dass auch in anderen Gebieten der Philosophie – wie etwa der Logik, der Erkenntnistheorie oder der Wissenschaftstheorie – die Methode der rationalen Rekonstruktion von zunächst nichtphilosophischen Lebensbereichen gegenwärtig an Bedeutung zu gewinnen scheint. Allgemein gesprochen werden dabei Objekte, die bis dato noch keiner philosophischen Reflexion zugeführt worden sind, im Hinblick darauf untersucht, wie man etwas ihnen innewohnendes Wesentliches entdecken bzw. begreifen kann. Wenngleich sich die systematische Literatur zur rationalen Rekonstruktion noch in Grenzen hält, scheinen sich quer durch die Anwendungsgebiete zumindest einige wenige Gemeinsamkeiten feststellen zu lassen, wie etwa die methodische Nähe zur Modellbildung in den empirischen Wissenschaften oder die Etablierung der Plausibilität als Adäquatheitskriterium[201].

---

199 Borchers D. (2001), S. 225. Siehe dazu in einem anderen Zusammenhang auch Hare R. (1972), S. 37f: „[…] it is one thing to say that by calling a creature a man we imply that he belongs to a species having certain capacities, and quite another thing to say that by so calling him we imply that he belongs to a species whose specific good is of a certain kind. […] Similarly, if 'horse' is used as a functional word, meaning 'charger', a horse that throws his rider becomes eo ipso a bad one; but the horse may say to himself 'I am not trying to be a horse in that sense; I am only a solid-hoofed perissodactyl quadruped (equus caballus), having a flowing mane and tail', and proceed to throw his rider without offence to anything but the rider´s standards. […] The horse-breaker´s art would be easy, if one could turn horses into chargers by definition."
200 Birnbacher D. (2013), S. 67–72, interpretiert u. a. Aristoteles als einen frühen Vertreter der rekonstruktiven Ethik.
201 Für einen systematischen Überblick siehe Moulines C. U. (2010), S. 2200–2201.

2. Was Medienethik soll

Um die bekanntesten zeitgenössischen Konzepte einer rekonstruktiven Ethik jedenfalls handelt es sich bei der Prinzipienethik von Tom Beauchamp und James Childress sowie bei der in zehn Gebote gefassten Minimalethik von Bernard Gert. Beauchamp und Childress widmen sich in ihrem ursprünglich für die Medizinethik entwickelten Zugang zunächst dem groben Umriss der Moral, jenem Kernbestand moralischen Empfindens also, von dem sie meinen, dass er als minimaler Konsens zwischen allen Beteiligten vorausgesetzt werden kann[202]. Präzisiert wird dieser Kernbestand dann anhand von vier Prinzipien mittlerer Reichweite (Nichtschädigung, Selbstbestimmung, Fürsorge und Gerechtigkeit), welche zwar prima facie Pflichten implizieren, im Einzelfall jedoch ein Abwägen erfordern, sodass es schlussendlich gelingen kann bzw. soll, eine gut begründete Antwort zu formulieren. Auf inhaltlicher Ebene gelingt es dem *Principlism* damit, zwischen den Forderungen der historisch gewachsenen Standesethik, die sich als Konkretisierung der genannten Prinzipien deuten lassen, und den Anforderungen der komplexen biomedizinischen Gegenwart zu vermitteln.

Ebenfalls an einem minimalen Kernbestand interessiert ist Bernard Gert[203]. Er formuliert diesen jedoch nicht mit Hilfe von Prinzipien, sondern anhand von zehn am Dekalog des Deuteronomiums orientierten Gesetzen, denen ihrerseits eine prima facie Gültigkeit zukommt. Modelle, die derartigen rekonstruktiven Zugängen nahe stehen, finden sich weiters bei jenen Theoretikern, die sich nicht allein auf die reine Vernunft, auf moralische Gefühle, das Naturrecht oder auf utilitaristische Vorannahmen berufen, sondern im tatsächlichen moralischen Verhalten und in den Praktiken ethischer Diskussionen allgemeine Muster der gemeinsamen Handlungsabstimmung suchen. Dieses Anliegen lässt sich vor allem bei diskursethischen Zugangsweisen beobachten.

Als besonderes Beispiel eines solchen rekonstruktiven Vorgehens, bei dem auch die Kontingenz moralischer Regeln und ethischer Dispute berücksichtigt wird, ist Axel Honneth[204] zu nennen. Anhand zweier zentraler Begriffe – nämlich der Anerkennung und der sozialen Freiheit –, die er von Hegel übernimmt, jedoch in der Tradition der kritischen Theorie reformuliert, rekonstruiert er Spannungen, die sich auf der Ebene der persönlichen Beziehungen, der demokratischen Willensbildung oder des marktwirtschaftlichen Handelns manifestieren und die dazu führen, dass

---

202 Beauchamp T. L. / Childress J. F. (2009).
203 Gert B. (1998).
204 Honneth A. (2011).

2.3. Die rekonstruktive Methode

Menschen Anerkennung verweigert wird und sie Leid in Form von Ungerechtigkeit, Entwürdigung, Ausgrenzung usw. erfahren müssen.

Mögliche Anknüpfungspunkte für eine rekonstruktive Ethik gibt es also eine ganze Reihe. Der auf den folgenden Seiten entwickelte Zugang ist primär von Beauchamp und Childress inspiriert und zwar insbesondere von ihrer Überzeugung, dass es in der konkreten Entscheidungssituation gelingen kann, durch das gewissenhafte Abwägen zentraler moralischer Anliegen zu verantwortlichen Antworten zu gelangen. Er ist insofern rekonstruktiv, als zunächst von dem ausgegangen wird, was bereits vorliegt, nicht aber von dem, was schlichtweg der Fall ist, sondern von dem, was die Beteiligten für wünschenswert, erstrebenswert, für gesollt erachten. Das bedeutet, rekonstruktive Medienethik setzt bei dem an, was Menschen, die medial vermittelt kommunizieren, für verbindlich halten, sie setzt also beim moralischen Wissen[205] der Beteiligten an, das in einem ersten Schritt entdeckt und offengelegt wird, damit es in der Folge kritisch reflektiert und für eine normative Ethik nutzbar gemacht werden kann. Moralische Überzeugungen aber sind vielfältig – es sind Anweisungen, Regeln, handlungsleitende Prinzipien oder Werte, von deren Gültigkeit bzw. Bedeutsamkeit die oder der Einzelne ausgeht – und sie werden auf unterschiedliche Art und Weise sichtbar.

Daher bieten sich zum einen mehrere Möglichkeiten an, was rekonstruiert werden soll, zum anderen aber auch mehrere Möglichkeiten, wie rekonstruiert werden soll. So könnte man die Menschen nach den Werten befragen, die sie für wichtig erachten, d. h. Fragebogeninterviews, offene Interviews oder Befragungen von Expert*innen[206] durchführen bzw. Gruppendiskussionen anleiten. Man könnte Experimente gestalten, in denen Entscheidungssituationen simuliert werden, Sekundäranalysen[207] vornehmen, also in einem anderen Zusammenhang erhobene Daten unter einer

---

205 Der Begriff ‚moralisches Wissen' ist nicht unproblematisch, weil er voraussetzt, dass es sich hier um wahre, (unwiderlegt) gerechtfertigte Meinung handelt, zugleich aber unklar bleibt, wie moralische Überzeugungen dahingehend überprüft werden können. Heinrichs J.-H. (2013) argumentiert in diesem Zusammenhang überzeugend dafür, dass zumindest einige unserer moralischen Überzeugungen als Wissen gelten können, wenn sie nämlich – analog zur epistemischen Rechtfertigung im außermoralischen Kontext – durch zuverlässige Prozesse generiert worden sind.

206 Eine Aufarbeitung von Experteninterviews legte Thomaß B. (1998) mit ihrer Dissertationsschrift zum Vergleich der journalismusethischen Diskurse in Frankreich, Großbritannien und Deutschland vor.

207 Für eine differenzierte Auseinandersetzung mit der Erhebung und Auswertung von Interview-Daten siehe Thomaß B. (1998), S. 62–72.

neuen Fragestellung auswerten, oder das Verhalten der Akteur*innen studieren und hier einerseits beobachten, zu welchen moralischen Überzeugungen sich Menschen in ihrem Handeln ausdrücklich bekennen, andererseits, woran sie sich – mehr oder weniger unbewusst – orientieren.

Bei letzterem Ansatz könnte man noch einmal differenzieren zwischen moralischen Regeln, die in gesellschaftlich erwünschtem Verhalten – wie etwa dem Schlichten von Streit, der Hilfe für andere User, dem Aufruf zu Solidarität usw.[208] – bzw. im Einfordern eines solchen Verhaltens[209] sichtbar werden, und Wertvorstellungen, die sich hinter unerwünschtem Verhalten verstecken. Als solch unerwünschtes Verhalten könnte man – um ein Beispiel zu nennen – das Modding bezeichnen, bei dem meist jugendliche User Software, und zwar insbesondere Computerspiele, neu gestalten und für einen nichtkommerziellen Gebrauch zugänglich machen. Hinter dieser zeit- und arbeitsintensiven Tätigkeit steckt möglicherweise der Wunsch nach Eigenständigkeit und danach, die eigenen Fähigkeiten unter Beweis stellen zu können[210], das Unbehagen gegenüber der Normierung durch privatwirtschaftliche Player, Werte wie Autonomie, Kreativität etc.

Neben diesen Zugängen, von denen spannende Ergebnisse zu erwarten wären, bietet sich aber auch die Möglichkeit, auf das zurückzugreifen, was die medialen Akteur*innen explizit bekennen und zwar im Rahmen von Selbstverpflichtungserklärungen, wie sie mittlerweile nicht nur von Berufsgruppen (Journalist*innen, Werbefachleute etc.), sondern auch vom Publikum (z. B. Internet-Usern) verfasst werden. Diese Selbstverpflichtungskodizes sollen nun dahingehend untersucht werden, welche moralischen Überzeugungen den einzelnen Geboten zugrunde liegen, welche

---

208 Ebersbach A. / Glaser M. / Heigl R. (2016), S. 208, sprechen in diesem Zusammenhang davon, dass man aus dem Altruismus, den viele Menschen bei der Beteiligung an Gruppenprozessen im Social Web zeigen, auf deren Werthaltung schließen könne.
209 In diesem Zusammenhang beschreiben Pörksen B. / Detel H. (2012), S. 19–22, den Skandal als den Ort, wo sich eine Gesellschaft ihrer Werte bewusst wird, und nennen die Skandalsucht folgerichtig die „moderne Form der Wertedebatte" (S. 22) bzw. sprechen von einer „Empörungs- und Wutgemeinschaft" (S. 113), in der ein breiter „Konsens über die Tragweite der beobachteten Normverletzung" herrscht. Ähnlich Hondrich K. O. (2002), S. 16, wenn er schreibt: „Die kollektiven Gefühle, aufs Höchste aufgebracht, verlangen Genugtuung. Verletzte Werte müssen geheilt, unscharfe Regeln verschärft, hochgestiegene Karrieristen gestürzt, Individuen geopfert werden – auf dem Altar der von vielen geteilten moralischen Gefühle."
210 Ebersbach A. / Glaser M. / Heigl R. (2016), S. 231.

Werte ihre Autor*innen für wahr und verbindlich halten[211]. Für Folgeuntersuchungen, die die Ergebnisse des vorliegenden Werks zu einem späteren Zeitpunkt ergänzen mögen, bleiben die oben genannten Zugänge selbstverständlich als attraktive Möglichkeiten bestehen.

Doch zurück zu den Selbstverpflichtungskodizes, bei denen es sich im Wesentlichen um bereichsspezifische Sammlungen von Ge- und Verboten handelt, die sich Vertreter*innen einer Berufsgruppe bzw. Konsument*innen selbst setzen und auf die sie sich verpflichten. Die Autoren sind zumeist Personengruppen, die – sei es von Interessensverbänden, sei es von Organen der Medien-Selbstkontrolle – zur Verfassung derartiger Dokumente autorisiert worden sind oder denen es schlichtweg ein Anliegen ist, der eigenen Praxis einen (expliziten) normativen Rahmen zu geben[212].

Was den Umfang und die Detailliertheit der Kodizes betrifft, bestehen große Unterschiede. Manche Texte beschränken sich auf das Bekanntgeben eines Regelwerkes, andere liefern in der Präambel eine mehr oder weniger ausführliche Begründung der proklamierten Vorschriften. Auch gibt es Bereiche, in denen nur einzelne jüngere Selbstverpflichtungskodizes existieren, und andere, in denen eine große Vielzahl an über die Jahre gewachsener Dokumente vorliegt. Das hängt zum einen damit zusammen, dass die verschiedenen Tätigkeitsfelder unterschiedlich stark durch gesetzliche Regulierungen normiert sind, zum anderen daran, dass manche Berufsgruppen (wie z. B. Werbe- und PR-Fachleute) stärker der Kritik ausgesetzt sind und daher größere Anstrengungen unternehmen müssen, um die eigene Reputation zu schützen.

Damit kommt aber schon ein möglicher Kritikpunkt gegen Selbstverpflichtungskodizes als Basis für eine Rekonstruktion von moralischen Überzeugungen in den Blick, könnte man doch einwenden, den Verfasser*innen gehe es nicht oder zumindest nicht primär darum, sich für das

---

211 Für Thomaß B. (1998), S. 64, stellen Pressekodizes „in der Regel das Ausmaß an Konsensfähigkeit dar, zu dem die an der Abfassung des Kodex Beteiligten fähig waren". Ihre Kritik, dass diese aufgrund ihrer Knappheit „für eine Analyse differenzierterer Vorstellungen zur Ethik im Journalismus nur bedingt geeignet seien", stellt dabei keine grundsätzliche Infragestellung der hier vorgeschlagenen Vorgehensweise dar, da eben gerade keine Konkordanz- oder Differenzanalyse geplant ist, sondern es lediglich darum geht, die kleinste gemeinsame Schnittmenge zu rekonstruieren.

212 Baum A. / Langenbucher W. / Pöttker H. / Schicha C. (2005) setzen sich in ihrem Handbuch zur Medienselbstkontrolle mit den vielfältigen Wechselwirkungen zwischen Konzept und Arbeitsweise der deutschen Organe publizistischer Selbstkontrolle und den von ihnen erlassenen Kodizes auseinander.

2. Was Medienethik soll

moralisch Gute einzusetzen, sondern (vor allem) darum, sich gegenüber Vorwürfen abzusichern und sich ein gutes Image zu verleihen. Weitere naheliegende Motive könnten die Abwehr staatlicher Kontrollmaßnahmen, die Wahrung der Presse- und Medienfreiheit oder die Verteidigung medialer Instanzen gegenüber Dritten sein[213]. Außerdem muss man fragen, ob die mit schönen Worten formulierten Ge- und Verbote in der Praxis auch eingehalten werden, ob die Inhalte der Selbstverpflichtungsdokumente umgesetzt werden bzw. den einzelnen Mitgliedern einer Berufsgruppe oder auch einer User-Gemeinschaft überhaupt bekannt sind.

Beide Einwände sind durchaus berechtigt, stellen den hier gewählten Zugang aber nicht grundsätzlich in Frage. Was nämlich Umsetzung und Wirksamkeit der Kodizes betrifft, handelt es sich um eine weiterführende Fragestellung, die in der vorliegenden Arbeit bewusst ausgeklammert wurde. Selbstverpflichtungskodizes sind in ein größeres Ganzes eingebettet. Sie sind Teil der Medien-Selbstkontrolle, also der „Gesamtheit der von Medien oder Teilen der Medien anerkannten und freiwillig auferlegten Normen, Verfahrensweisen und Institutionen, die der besonderen Verantwortung freier Medien gegenüber dem Gemeinwohl und der Öffentlichkeit gerecht zu werden versuchen."[214]

Setzt man sich mit der Idee bzw. dem Funktionieren der Selbstregulierung auseinander, muss man selbstverständlich deren Schwierigkeiten berücksichtigen, bei denen es sich einerseits um grundsätzliche Herausforderungen handelt, andererseits um Probleme, die durch die zunehmende Digitalisierung, Globalisierung und mediale Durchdringung unserer Lebenswelt entstanden sind. So besteht eine grundsätzliche Schwierigkeit der Selbstregulierung darin, dass die üblicherweise verhängten symbolischen Sanktionen sich im Hinblick auf eine Änderung des Verhaltens als zu wenig wirkungsvoll erweisen[215]. Außerdem erscheint angesichts der zunehmenden Medienkonvergenz die Formulierung von Kodizes für voneinander getrennte mediale Teilbereiche immer fragwürdiger und es stellt sich die Frage, wie nicht-mediale Akteur*innen in ihrer Verantwortung[216] stärker einbezogen werden können. Auch wird diskutiert, wie für das Internet,

---

213 Stapf I. (2010), S. 169–170, präsentiert einen Überblick zu den unterschiedlichen Interessen und Zielen, die üblicherweise hinter einem Selbstverpflichtungskodex stehen. Sie schließt damit an ähnliche Systematisierungsversuche von Miklós Haraszti und Verena Wiedemann an.
214 Stapf I. (2016), S. 97–98.
215 Stapf I. (2010), S. 177; Pöttker H. (2005), S. 125–131.
216 In diesem Zusammenhang spricht Fengler S. (2012), S. 175–189, von einer „crowd-sourced media accountability".

das weder als ein Akteur noch als eine Korporation anzusehen ist, neue Verantwortungszuschreibungen entwickelt werden können und wie – ganz allgemein gesprochen – eine kontextsensible Medienregulierung aussehen müsste[217].

Was hier jedoch interessiert, ist nicht die mediale Selbstregulierung als solche[218], sondern es sind lediglich die moralischen Überzeugungen der Betroffenen, wie sie sich aus den unterschiedlichen Selbstverpflichtungskodizes herausarbeiten lassen. Nicht anvisiert ist dabei eine Untersuchung dessen, ob bzw. inwiefern diese Überzeugungen das Handeln der einzelnen Akteur*innen beeinflussen. Das Nicht-Einhalten oder nur partielle Einhalten von moralischen Regeln macht diese Regeln nicht bedeutungslos. Und auch der Umstand, dass das Bekenntnis zu bestimmten Prinzipien und Wertvorstellungen von außermoralischen Interessen – wie dem Abwehren eines Imageschadens – geleitet sein mag, ändern nichts daran, dass die Vorschriften, die in den diversen Selbstverpflichtungskodizes erlassen worden sind, von den Verfasser*innen offensichtlich für wichtig und verbindlich erachtet werden, dass es Regeln sind, welche sich die Akteur*innen selbst gesetzt haben. Bleibt noch die Frage, was rekonstruiert werden soll, d. h. welche Art von moralischen Überzeugungen aus den Selbstverpflichtungskodizes herausgearbeitet werden soll. Als mögliche Daten scheinen sich moralische Regeln anzubieten, aber auch Prinzipien und Werte. Es wurde gesagt, dass jeder Mensch moralische Überzeugungen hat. Zugleich ist aber offensichtlich, dass sich diese nicht nur auf unterschiedliche Art und Weise äußern, sondern auch unterschiedlich entwickelt und unterschiedlich explizit gefasst sind. Klar formuliertes und reflektiertes Regelwissen zu besitzen und dieses selbständig anwenden zu können, lässt sich aber bestimmt nicht beim Gros der Akteur*innen voraussetzen. Eine derartige Kompetenz zeugt von hohem moralischen Niveau und ist daher für einen rekonstruktiven Ansatz, der sich um eine größtmögliche Basis bemüht, kein idealer Ausgangspunkt.

Vor allem aber handelt es sich bei Regeln bereits um die Spezifizierung einer „common morality", wie sie Tom Beauchamp und James Childress annehmen. Ohne die Vorstellung der allgemeinen Moral unkritisch übernehmen zu wollen, lässt sich jedoch feststellen, dass Regeln das Ergebnis des Festschreibens eines zuvor tendenziell noch offeneren moralischen Wissens sind und dass in diesem Prozess des Festschreibens Entscheidun-

---

217 Stapf I. (2016), S. 96–104.
218 Für eine systematische Auseinandersetzung mit der Medienregulierung siehe Prinzing M. / Blum R. (2015), S. 258–272, sowie Stapf I. (2015), S. 273–299.

2. Was Medienethik soll

gen getroffen werden, Präzisierung erfolgt usw. Damit aber nehmen die Möglichkeiten für Dissens zu und es scheint sich daher für einen Zugang, der um einen größtmöglichen Konsens bemüht ist, zu empfehlen, den Schritt der Regelbildung (zumindest vorerst) nicht mitzugehen.

Ähnliches gilt für die Prinzipien. Ungeachtet der ursprünglich in der Philosophie üblichen Bedeutung von demjenigen, von oder aus dem etwas anderes[219] ausgeht, also eines Ersten, eines Ursprungs, eines Ausgangspunktes, kommt dem Prinzip in der Umgangssprache die Konnotation eines regelgeleiteten Handelns zu. Unter ‚Prinzipien' werden gemeinhin Grundsätze verstanden, feste Richtlinien, an die man sich hält. Prinzipien, so könnte man präzisieren, schreiben Werte in Regeln fest. In den Naturwissenschaften wird ‚Prinzip' gleichbedeutend mit ‚Gesetz' gebraucht bzw. im Sinn einer allgemeinen Regel. Aus den oben genannten Überlegungen stellt diese Nähe zum Regelhaften für das vorliegende Projekt aber ein Problem dar und lässt die Prinzipien als für die Rekonstruktion nicht unmittelbar geeignete Kandidaten erscheinen.

Neben dem klar gefassten moralischen Wissen, das sich in der Kenntnis und Anwendung von Regeln oder Prinzipien äußert, findet man jedoch auch weniger reflektiertes, oft implizites moralisches Wissen, das in Werthaltungen zum Ausdruck kommt. Solche Werthaltungen haben zumindest all jene Menschen, die moralische Subjekte[220] sind, mehr noch, sie brauchen sie, wenn sie ihr Leben bewältigen wollen, was ohne ein Minimum an Orientierung nicht möglich wäre. Werte können daher, so scheint es, als eine Art Minimalbestand des moralischen Wissens angesehen werden, bedürfen ihrerseits aber – mindestens – einer begrifflichen Klärung. ‚Wert' wird zunächst einmal allgemein als Gutheit[221] oder die gute Qualität von etwas gefasst und zwar auf zweifache Art und Weise. Entweder nämlich diese „bonitas" ist quantitativ bestimmbar. Dann verwendet man Wert im Sinn von Tauschwert, der ein Äquivalent besitzt, d. h.

---

[219] Thomas von Aquin nennt in Phys. 1,10,3 drei Bedingungen, die erfüllt sein müssen, damit man von einem Prinzip sprechen kann: Prinzipien dürfen weder von anders woher stammen (1) noch auseinander stammen (2), und es muss außerdem alles aus ihnen stammen (3). Siehe auch Schöndorf H. (2010), S. 375–377.

[220] Im Unterschied zu moralischen Objekten – wie (nichtmenschliche) Tiere, Neugeborene, geistig Behinderte, Komapatienten etc. –, die zwar einen moralischen Status und auch das Recht besitzen, dass ihre Interessen berücksichtigt werden, sind moralische Subjekte fähig zu handeln und sind für ihr Handeln insofern auch verantwortlich.

[221] Die übrigens auch negativ sein kann.

dass der Träger des Wertes, ein Objekt oder eine Leistung, ge- bzw. verkauft, gehandelt werden kann. Für eine solche Art von Wert interessiert sich die rekonstruktive Ethik jedoch nicht.

Oder ‚Wert' steht für einen „immateriellen Sinngehalt, der eine Norm, eine Orientierung [bzw.] ein Ziel darstellt."[222] Darüber, was genau mit solchen immateriellen Sinngehalten gemeint ist, gehen die Ansichten auseinander. Im Neukantianismus wird den Werten eine eigene Sphäre zugesprochen, die vom Sein getrennt als ein Gelten konzipiert ist, Hartmann siedelt die Werte – in Anlehnung an Scheler – in der Nähe der platonischen Ideen an. Abgesehen von der Kritik[223] an diesen Positionen wird weiters die Frage, ob unter den Werten eine Hierarchie besteht bzw. wie sich eine solche feststellen lässt, kontrovers diskutiert.

Die Suche nach dem ontologischen Status der Werte jedenfalls ist eng mit der Subjektivismus-Realismus-Debatte der Ethik verknüpft. Befürworter*innen eines Wertesubjektivismus plädieren dafür, die Wirklichkeit als wertfrei anzunehmen, die erst durch menschliche Projektion mit Werten gefüllt wird. Ein Werterealismus dagegen, wie er unserer alltäglichen moralischen Praxis zugrunde liegt, geht davon aus, dass es moralische Tatsachen gibt, die unabhängig von unseren Einstellungen vorhanden sind, Urteile wahr oder falsch machen und auch motivierend wirken[224]. Ungeachtet dessen, dass ein auf Werten basierender rekonstruktiver Ansatz in der Ethik auch vor dem Hintergrund eines Wertesubjektivismus denkbar ist, wird hier zumindest ein schwacher Werterealismus vorausgesetzt, der davon ausgeht, dass Werte nicht allein durch menschliche Setzung zustande kommen.

2.3.2. Auffinden eines Kernbestandes von Werten

In einem ersten Schritt sollen also Werte rekonstruiert werden. Denn in ihnen manifestiert sich eine Art moralisches Basiswissen, das jede und je-

---

222 Schöndorf H. (2010), S. 571. In seinem Werk zum Medienwandel schlägt Garncarz J. (2016), S. 26, in Anlehnung an Helmut Klages vor, Werte als „innere Führungsgrößen des menschlichen Tuns und Lassens, die überall dort wirksam werden, wo nicht biologische ‚Triebe', Zwänge oder ‚rationale' Nutzenerwägungen den Ausschlag geben", zu definieren.
223 Die u. a. von Heidegger und Adorno kommt, wobei letzterer das Wertproblem als ein falsch gestelltes Verdinglichungsproblem der bürgerlichen Gesellschaft deutet. Honneth A. ([2]2005).
224 Halbig C. (2007); Parfit (2011).

2. Was Medienethik soll

der Einzelne, die bzw. der medial vermittelt kommuniziert, mitbringt. In einem zweiten Schritt sollen diese Werte insofern kritisch reflektiert werden, als nach ihrer Bedeutung für die Medienethik und nach ihrem Geltungsbereich gefragt wird. Sie werden weiters nach Themenbereichen geordnet und solange reduziert, bis eine kleine Gruppe von Werten übrig bleibt, die derart unkontrovers ist, dass sie von allen Beteiligten akzeptiert werden kann. Dieser Kernbestand ist aber nicht nur konsensfähig im Hinblick auf die einzelnen Akteur*innen, sondern auch anschlussfähig im Hinblick auf andere normative Zugänge in der Medienethik.

Was den Vorgang der Reduktion betrifft, muss auf zweierlei geachtet werden: Einerseits nämlich dürfen Werte, die quer durch alle Selbstverpflichtungsdokumente vorkommen und in den einzelnen Papieren sogar mehrfach eine Rolle spielen, nicht fallengelassen werden. Andererseits wird dort, wo mehrere Werte demselben Themenbereich zuzuordnen sind, tendenziell derjenige Wert beibehalten, der derart weit bzw. weich ist, dass in ihm die spezielleren bzw. anspruchsvolleren Forderungen, die sich aus einem anderen Wert ergeben würden, enthalten sind. Es werden also Entscheidungen zugunsten jener Werte getroffen, die das größere Potential haben, als unkontroverser Kernbestand akzeptiert zu werden. Zugleich wird darauf geachtet, dass auch jene Werte, die nur vereinzelt vorkommen, nicht gänzlich verloren gehen, sondern in anderen, weiter gefassten Werten aufgefangen werden können.

Bevor diese Schritte aber konkret vollzogen werden können, ist an dieser Stelle die Frage nach der Normativität zu stellen bzw. danach, wie in einem Prozess der Rekonstruktion, des Abwägens, des Verallgemeinerns und des Systematisierens von vorhandenen Wertvorstellungen die Normativität ins Spiel kommen kann. Nun könnte man, wie das manchmal im moralischen Realismus geschieht, eine internalistische Position einnehmen und annehmen, dass Werten an sich eine normative Kraft zukommt. Man könnte auch argumentieren, dass Werte inhaltlich konkret sind, sogenannte ‚dicke Begriffe‘[225], die neben ihrem präskriptiven Anteil einen ausgeprägten deskriptiven aufweisen, und dass sie dadurch – zumindest in einem bestimmten Grad – motivierend wirken. So ist es nämlich erstrebenswerter, gerecht oder großzügig zu sein bzw. gerecht oder großzügig genannt zu werden, als nur, etwas richtig gemacht zu haben. Anerkennung und Wertschätzung, die im deskriptiven Anteil positiver Werte mitschwingen, stellen einen größeren Anreiz dar, sich auf die beschriebene

---

225 Borchers D. (2001).

Art und Weise zu verhalten als das bloße OK, das einem aus einer korrekt befolgten Regel zuteil wird.

Darüber, wie genau eine (mögliche) normative Kraft von Werten zu denken ist, und darüber, inwiefern dicke Begriffe motivierend wirken, gibt es eine ebenso umfassende wie komplexe Fachdebatte, die aufzugreifen mich zu weit vom Anliegen dieser Arbeit, inhaltlich konkrete Antworten auf Fragen der Medienethik zu geben, wegbringen würde.

Deshalb werde ich einen anderen Weg gehen und die Normativität über den Wunsch der Akteur*innen, ihrem Handeln einen Rahmen, eine Orientierung, zu verleihen, begründen[226]. Die Werte, die im weiteren Verlauf rekonstruiert werden, entfalten ihre normative Kraft, weil es Menschen gibt, die sich an diesen Werten orientieren wollen, die ihrem Handeln eine bestimmte Richtung geben wollen. Der Ansatz, die Normativität allein über das Wollen der Akteur*innen zu begründen, ist natürlich gewagt und wird sich im Verlauf des folgenden Kapitels erst bewähren müssen. Eine derartige Normativität bleibt weich und sie bleibt in gewisser Weise basal – in dem Sinn, dass sie mit anspruchsvolleren Konzepten von Normativität kompatibel ist, d. h. für derartige Konzepte eine Art Basis bilden kann[227].

Wenn das Wollen des moralisch Guten aber als eine zu wenig ausreichende Basis erscheint, muss man jedenfalls fragen, was von moralischen Subjekten denn zu Recht erwartet werden könne. Soll man mehr fordern, als dass sie wünschen, sich gut zu verhalten, und zugleich die Bereitschaft mitbringen, sich mit der Frage, wie dies möglich sei, auseinanderzusetzen? Sollte man aber zum Schluss kommen, dass es nicht sehr viel mehr als das sein könne, was man sinnvoll einmahnen darf, dann fragt sich weiter, warum man von einer Moralphilosophie mehr erwarten will, als genau dafür eine zuverlässige Hilfestellung zu bieten.

---

226 Dies tun neben anderen Autoren auch Beauchamp und Childress, wenn sie von „morally serious people" sprechen. Beauchamp T. L. / Childress J. F. (2009).

227 Zu einem ähnlichen Ergebnis kommen Beauchamp T. L. / Childress J. F. (2013), S. 384. Sie plädieren dafür, die Differenzen in den unterschiedlichen normativen Zugängen nicht überzubetonen und sich bewusst zu machen, dass deren Vertreter*innen letztlich alle in einem moralischen Kernbestand, den Beauchamp und Childress mit der „common morality" gleichsetzen, übereinstimmen: „We can say without exaggeration that the proponents of these theories all accept the principles of common morality before they devise their theory."

2.3.3. Erarbeiten einer gut begründeten Antwort

Was geschieht aber weiter mit diesem kleinen Kernbestand von Werten, auf die sich die Akteur*innen einigen können und die ihre Normativität aus dem Willen der Beteiligten, diese Werte auch tatsächlich zu realisieren, erhalten? Ähnlich wie Tom Beauchamp und James Childress das tun, nehme ich eine prima facie Gültigkeit an, das heißt, dass diese Werte im konkreten Handeln und Entscheiden grundsätzlich berücksichtigt werden müssen. Einzelne oder auch eine Gruppe von Akteur*innen sollen sich also in einer Entscheidungssituation zunächst einmal überlegen, was es hier und jetzt konkret bedeutet, einen bestimmten Wert zu realisieren.

Dieses Abwägen und Überlegen hat aber nicht nur mit einem einzelnen Wert zu geschehen, sondern mit allen Werten, die zum sogenannten Kernbestand zählen. Darin besteht der dritte Schritt einer rekonstruktiven basalen Werte-Ethik. Beim Vorgang des Konkretisierens, des Erarbeitens von Forderungen, die sich aus dem Für-Geboten-Halten der Kernwerte ergeben, werden sich je nach Fragestellung mehr oder weniger gravierende Spannungen ergeben. Diese Spannungen resultieren daraus, dass die Realisierung des einen Wertes zu anderen Handlungsanweisungen führen kann als die eines anderen Wertes.

Die Herausforderung liegt nun darin, zwischen diesen Möglichkeiten so lange zu vermitteln, so lange abzuwägen und hin und her zu gehen, bis es gelingt, eine gut begründete, kohärente Antwort zu formulieren, d. h. eine – mit den Worten von Beauchamp und Childress gesprochen – „well reasoned response". Diese stellt nicht die (einzige) richtige Antwort dar und sie gilt auch nicht uneingeschränkt immer und überall. Vielmehr ist es sogar sehr wahrscheinlich, dass eine andere Person bzw. Personengruppe für das gleiche Problem eine (etwas) andere gut begründete Antwort geben wird, denn die Werte verhalten sich zueinander nicht hierarchisch, sondern sind grundsätzlich gleichberechtigt. Daraus ergibt sich für den Entscheidungsträger ein gewisser Spielraum, in der konkreten Situation den einen Wert höher zu gewichten und den anderen niedriger.

Darin besteht aber auch die große Stärke dieses Ansatzes, denn er bietet die Voraussetzungen dafür, Menschen mit unterschiedlichen persönlichen und kulturellen Voraussetzungen in den gemeinsamen Diskurs zu holen und unterschiedliche normative Positionen – unter Beibehaltung ihrer spezifischen Anliegen – zu verbinden. Auch muss sich, wer lediglich eine gut begründete Antwort zu geben verspricht, nicht in Letztbegründungsdebatten engagieren, sondern kann seine Aufmerksamkeit den konkreten Problemen widmen, die es in einer Bereichsethik zu lösen gilt.

2.3. Die rekonstruktive Methode

Allerdings gilt zu beachten, dass die Methode der Rekonstruktion geltender Wertvorstellungen – wie die Kritik[228] an der Prinzipienethik gezeigt hat – in einem höheren Maß die Gefahr einer schrittweisen Aufweichung der Ethik im Sinn einer Kapitulation vor der normativen Kraft des Faktischen mit sich bringt, als dies etwa bei deontologischen oder konsequentialistischen Ansätzen der Fall ist, die beide – sei es über die Art der Handlung oder über deren Konsequenzen – eine klare Richtung vorgeben und sich insofern besser als kritisches Korrektiv zu eignen scheinen.

Gewinnt man die Vorstellung davon, was eine gute mediale Praxis darstellt, indem man sich auf Werte bezieht, die von den Akteur*innen für verbindlich gehalten werden, begünstigt man möglicherweise eine Tendenz, Moralphilosophie zu einer systembegleitenden Beschwichtigungsethik verkommen zu lassen, die angesichts von Verschiebungen innerhalb des gesellschaftlichen Empfindens über kurz oder lang beinahe alles rechtfertigen würde. Problematisch erscheint in diesem Zusammenhang insbesondere die Metapher des Abwägens, da sie den Eindruck entstehen lässt, in einer solchen normativen Theorie sei letztlich alles legitim, d. h. jeder Wert könne zugunsten eines anderen ausgehebelt werden.

Dies ist meines Erachtens jedoch nicht der Fall. Und zwar deshalb, weil in einer rekonstruktiven Ethik nicht das, was schlichtweg der Fall ist, normativ gesetzt wird, sondern die Ideale und Wertvorstellungen der beteiligten Personen, welche per definitionem über das tatsächlich Übliche hinausgehen, Visionen entwerfen. Ungeachtet dessen, dass der hier vorgeschlagene Zugang also basal in dem Sinn ist, dass er nach dem kleinsten gemeinsamen Nenner fragt, setzt er bei der moralischen Exzellenz an.

Die Werte, die hinter den Ge- und Verboten der Selbstverpflichtungskodizes stehen, sind Ideale, hohe moralische Standards also, die als solche nicht zur Gänze realisiert werden können, jedoch als – wenngleich nie ganz erreichbares – Ziel bestehen bleiben und als solches die wichtige Aufgabe haben, Richtung zu geben und zu motivieren, zu einem umfassenden Verständnis des moralisch Guten beizutragen und zugleich einer Verengung auf ein moralisches Minimum entgegenzuwirken. Beauchamp und Childress charakterisieren dieses – auf Aristoteles zurückgehende – Modell der ethischen Exzellenz folgendermaßen: „The model might seem impractical, but, in fact, moral ideals are practical instruments. As our ideals, they

---

228 Gert B. / Culver C.M. / Clouser K.D. (1997); Ach J.S. / Runtenberg C. (2003); Heinrichs B. (2006).

motivate us and set out a path that we can climb in stages, with a renewable sense of progress and achievement."²²⁹

Werte geben also Orientierung, sie haben ein kritisches Potential und leisten damit eben gerade keiner Beschwichtigungsethik Vorschub. An dieser Stelle könnte man einwenden, dass moralisches Übel dadurch entsteht, dass sich Menschen auf „falsche" Werte berufen bzw. Werten einen nicht angemessenen Stellenwert zusprechen. Diesem Problem kann man jedoch dadurch begegnen, dass die Kohärenz nicht als alleiniges Kriterium bestehen bleibt, denn selbstverständlich können auch falsche Überzeugungen miteinander ein kohärentes System bilden. Vielmehr fordern Beauchamp und Childress, im Prozess des Abwägens immer bei „considered judgments" anzusetzen, bei denen es sich um die „most-well established moral beliefs"²³⁰ handelt.

Das solide Begründen und Reflektieren dürfte nämlich der Königsweg sein, moralisch defizitärem Verhalten vorzubeugen. Denn was Menschen – neben außermoralischen Interessen – am meisten davon abhält, Gutes zu tun, ist nicht das falsche Gewichten von Werten, sondern der Umstand, dass sie sich keine oder kaum Gedanken darüber machen, welche Werte sie in ihrem Tun realisieren. Was in erster Linie problematisch ist, sind unreflektierte Handlungen bzw. Handlungen, die einer gedankenlosen Praxis entspringen. Sobald jedoch Werte rekonstruiert werden, d. h. ein Nachdenken darüber einsetzt, was wir für wichtig und verbindlich, für Orientierung gebend erachten, ist ein Prozess in Gang gesetzt, der dem unreflektierten Tun ein kritisches Korrektiv gegenüberstellt.

Gestützt wird diese These durch die Erkenntnisse der kognitiven Psychologie, denen zufolge Fehleinschätzungen bezüglich der Wahrheit oder Falschheit von Überzeugung typischer Weise dort zustande kommen, wo Verfahren angewendet werden, die zu schnellen Ergebnissen führen sollen, also keinen Spielraum für Reflexion bieten²³¹. Im Alltag begegnen wir immer wieder Situationen, in denen es – mehr als um Wahrheit – darum geht, rasch zu ungefähr zutreffenden bzw. einheitlichen Ergebnissen zu gelangen²³².

---

229 Beauchamp T. L. / Childress J. F. (2013), S. 51.
230 Beauchamp T. L. / Childress J. F. (2013), S. 407.
231 Für eine detaillierte Auswertung für unser Verständnis von moralischem Wissen siehe Heinrichs J.-H. (2013).
232 Heinrichs J.-H. (2013), S. 194, schreibt: „Wahrheit ist das erste epistemische Ziel, sie ist aber nicht das einzige Ziel, dem Überzeugungsbildungsprozesse verpflichtet sind. In zahlreichen Aufgaben ist es wichtiger, innerhalb bestimmter Fristen zu ungefähr zutreffenden als zu exakten Ergebnissen zu gelangen. In ei-

2.3. Die rekonstruktive Methode

Der Umstand, dass diese im Hinblick auf die moralische Wahrheit ungeeigneten Verfahren einen bestimmten Anteil unseres moralischen Denkens ausmachen, heißt aber nicht, dass man durch das Anwenden geeigneter Verfahren nicht zu zuverlässigem moralischem Wissen gelangen könnte. Solche geeigneten Verfahren sind Prozesse, die ihren Ausgang entweder bei apriorischen Erkenntnissen – wie beispielsweise der thomistischen Formel „bonum est faciendum et [...] malum vitandum"[233] – nehmen oder bei denen es sich um reflektierende Verfahren handelt, wobei hier – wie auch im außermoralischen Bereich – die Zuverlässigkeit des Ergebnisses dann steigt, wenn verschiedene voneinander unabhängige Prozesse zu einem gleichen oder zumindest ähnlichen Resultat geführt haben.

Ob der Einsatz reflektierender Verfahren ausreichend sein wird, um eine tragfähige und kritische rekonstruktive Medienethik zu entwickeln, kann an dieser Stelle noch nicht entschieden werden. Freilich wäre es denkbar – ähnlich wie dies in der Diskursethik geschieht[234] –, einigen wenigen Werten von vorne herein einen höheren Stellenwert zuzugestehen, d. h. dem an und für sich inhaltlich offenen rekonstruktiven Verfahren eine inhaltlich konkrete Basis zu verleihen. Diese Variante wäre zwar ein gangbarer Weg, der Gefahr einer schleichenden Aufweichung einer rekonstruktiven Ethik zu begegnen, sie bringt jedoch auch ein schwerwiegendes Problem mit sich. Um nämlich einigen Werten eine bevorzugte Position einzuräumen, muss eine Bewertung vorgenommen, eine Hierarchie erstellt werden, müssen wir eine Beobachterposition einnehmen. Eine solche steht uns jedoch nicht zur Verfügung.

Unabhängig davon, ob man sich dem hier vertretenen vorsichtigen moralischen Realismus anschließen mag oder nicht, bleibt die Frage nach der Gewichtung einzelner Werte bzw. sogar nach einer Einteilung in ‚richtig' und ‚falsch' eine prekäre. Denn zu behaupten, dass Werte auf eine Art und Weise vorhanden sind, die sich nicht auf subjektives Für-Vorhanden-Halten reduzieren lässt, bedeutet noch nicht, dass es gelingen muss bzw. kann,

---

nigen Fragen ist es sogar wichtiger, zu einheitlichen Ergebnissen zu kommen, als zu wahren – zuweilen gibt es nur Einheitlichkeit und keine Wahrheit, etwa in der Frage, auf welcher Straßenseite wir alle fahren sollten."
233 Für das vollständige Zitat und eine ausführliche Auseinandersetzung damit siehe Heinrichs J.-H. (2013), S. 78.
234 Siehe Cortina A. (1992) zur Notwendigkeit einer diskursethischen Tugendlehre, die über eine reine Verfahrensethik hinausgeht. Lyotard J.-F. (2015) kritisiert, dass Idee und Praxis der Gerechtigkeit über dem Konsens zu stehen haben, und Benhabib S. (1995) argumentiert, dass der Konsens als ein Prozess wahrzunehmen sei, der seinerseits im Dienst der Wahrheit zu stehen habe.

2. Was Medienethik soll

diese Werte zu identifizieren und zueinander in eine hierarchische Beziehung zu setzen.

Die Suche nach jenen Werten, die als tragfähige Basis für eine medial vermittelte Kommunikation herangezogen werden können, ist daher immer nur als Annäherung zu betreiben. Bei diesem Bemühen um eine Annäherung mag es aber ein Vorteil sein, wenn man – wie es die Methode der Rekonstruktion vorsieht – die moralischen Überzeugungen möglichst vieler Menschen in möglichst unterschiedlichen Positionen bzw. Funktionen heranzieht. Da diese Überzeugungen und Positionen nicht deckungsgleich sind, d. h. die einen die anderen in Frage stellen und herausfordern, ist zu erwarten, dass die hier gewählte Herangehensweise kritisches Potential beinhaltet. Außerdem scheint es zulässig, einem auf diese Weise herausgearbeiteten Kernbestand eine besondere Berechtigung zuzugestehen, die dann in dem Anliegen münden mag, im Prozess des Abwägens, in welchem jeder Wert einmal mehr, einmal weniger stark betont wird, keinen dieser Werte ganz fallenzulassen.

3. Was Medienethik kann

Um die Frage, was Medienethik (leisten) kann, zu beantworten, wird in diesem Kapitel auf eine umfassende Analyse von Selbstverpflichtungskodizes – aus den Bereichen Journalismus, Unterhaltung, Kommunikation, Öffentlichkeitsarbeit, Werbung und User-Selbstregulierung – zurückgegriffen, die im Rahmen meiner im Jahr 2017 fertiggestellten Habilitationsschrift entstanden ist. Die Detailanalysen, die Anfang 2019 in der Reihe *zem::dg* des *Zentrums für Ethik der Medien und der digitalen Gesellschaft* (München) veröffentlicht wurden[235], werden an dieser Stelle nicht wiedergegeben. Vielmehr werden ihre Ergebnisse systematisch zusammengefasst und in die Überlegungen zu möglichen (Basis-)Werten der Medienethik einbezogen.

3.1. Selbstverpflichtungskodizes als Ausgangspunkt

Über die Eigenart von Selbstverpflichtungskodizes und über die Frage, inwiefern sie die Basis für eine rekonstruktive Medienethik bilden können, wurde im vorangegangenen Kapitel schon einiges gesagt. Bevor auf diesen Seiten nun ein Vorschlag für einen Kernbestand an – für die Medienethik relevanten – Werten unterbreitet werden soll, scheint es allerdings sinnvoll, noch einige Anmerkungen zur Auswahl und Einteilung der Dokumente zu machen. Was nämlich die Einteilung der Selbstverpflichtungskodizes betrifft, ist dies bei den jüngeren Dokumenten weitgehend unproblematisch, weil sie von klar zuordenbaren Interessensvertretungen, Fachverbänden oder Unternehmen erarbeitet und unterzeichnet worden sind. Gerade bei den älteren Papieren kommt es aber durchaus vor, dass eine Selbstverpflichtungserklärung für mehrere Bereiche gültig ist bzw. ihre Bedeutung über den ursprünglichen Geltungsbereich hinausgeht[236] und auch für andere Anwendungsbereiche Relevanz hat, so etwa ein Journalis-

---

235 Paganini C. (2018).
236 Der im Jahr 1954 von der *Fédération Internationale des Journalistes* beschlossene *Code de Bordeaux* beispielsweise war primär für Journalist*innen konzipiert, wird aber auch im Bereich der Public Relations als maßgebliches Dokument angesehen.

3. Was Medienethik kann

mus-Kodex für die Öffentlichkeitsarbeit, ein PR-Kodex für die Werbung etc. In diesen Fällen sind die Kodizes jenem Bereich zugeordnet worden, in dem sie ursprünglich entstanden sind bzw. in den sie sich am stimmigsten eingliedern lassen.

Berücksichtigt wurden einerseits internationale Dokumente, die europaweit oder sogar weltweit von Bedeutung sind, andererseits die nationalen Papiere der deutschsprachigen Länder Deutschland, Österreich und Schweiz. Diese Kodizes lagen zum Zeitpunkt der Analyse nicht in einer Sammlung vor, sondern mussten durch intensive Recherche aus unterschiedlichen Quellen zusammengetragen werden[237]. Selbstverständlich ist die Grenzziehung zwischen den Texten, die herangezogen werden, und denen, die nicht berücksichtigt werden, immer mit bewussten Entscheidungen und Interpretationen verbunden, die ihrerseits hinterfragt werden können. Der Anspruch der diesem Werk zugrunde liegenden Arbeit war es, ein umfassendes Bild zu vermitteln und eine möglichst vollständige Zusammenstellung zu liefern, die dank der Publikation der Kodex-Sammlung in *zem::dg* nun auch Fachkolleg*innen als Basis für ihre Forschungsprojekte zur Verfügung steht.

Neben den Kodizes, die für die genannten Bereiche zusammengestellt wurden, existieren weiters eine ganze Reihe von Positionspapieren, Verlautbarungen, Richtlinien etc. Diese haben üblicherweise weniger den Charakter einer Selbstverpflichtung, sondern stellen eine Spezifizierung für bestimmte Fälle dar. Um das Konvolut der zu analysierenden Papiere weitgehend einheitlich zu halten und eine gute Vergleichbarkeit sicherzustellen, wurden die zuletzt genannten Texte ausgeklammert, zumal manche Richtlinien mittlerweile in Gesetzen verankert wurden und insofern nicht mehr der Selbstverpflichtung zuzurechnen sind – wie etwa die *EU-Fernsehrichtlinien* von 1989, welche die Mitgliedsstaaten in den Monaten nach der Verabschiedung in ihre nationalen Gesetze übernommen haben. Da der Begriff der Richtlinie allein aber zu wenig aussagekräftig ist, um ein Ausschlusskriterium darzustellen, wurde im je konkreten Fall abgewogen, ob ein Text als Selbstverpflichtungskodex anzusehen ist oder nicht. Die in diesem Zusammenhang getroffenen Entscheidungen werden Fach-

---

[237] Eine vergleichbare, jedoch auf Deutschland fokussierte Sammlung haben Baum A. / Langenbucher W. / Pöttker H. / Schicha C. (2005) in ihrem Handbuch zur Medienselbstkontrolle erstellt, wobei hier die Anordnung der Selbstverpflichtungsdokumente – und der dazugehörenden Fachbeiträge – den in der Bundesrepublik tätigen Selbstkontrollinstanzen folgend vorgenommen wurde. Für eine Sammlung von Kodizes und Richtlinien in den Public Relations siehe Avenarius H. (1998).

3.1. Selbstverpflichtungskodizes als Ausgangspunkt

kolleg*innen möglicherweise gelegentlich anders beurteilen, aufgrund der großen Anzahl der berücksichtigten Dokumente dürften diese Detailentscheidungen für das Endergebnis der Analyse jedoch irrelevant sein.

Die rasche Veränderung der Medienlandschaft bringt es zudem mit sich, dass manche Papiere über die Jahre an Bedeutung eingebüßt haben und daher hier nicht mehr berücksichtigt wurden. Andere Dokumente sind trotz ihres Alters nach wie vor aktuell, dienen als Basis für die Spruchpraxis der zuständigen Selbstkontrolleinrichtungen, werden fortgeschrieben usw. Trotz des Bemühens, die jeweils letzte Fassung der Analyse zu unterziehen, kann daher nicht ausgeschlossen werden, dass einzelne Aktualisierungen bzw. gerade entstandene Kodizes möglicherweise (noch) nicht erfasst werden konnten.

Was den Umfang betrifft, variieren die einzelnen Papiere stark und auch die Anzahl von Selbstverpflichtungsdokumenten, die im jeweiligen Bereich zur Verfügung stehen, ist teils sehr unterschiedlich. Dies dürfte einerseits daran liegen, dass die Notwendigkeit von mehr oder weniger ausführlichen Selbstverpflichtungskodizes stark damit zusammenhängt, wie ausführlich die Regulierung durch nationale Gesetze im betreffenden Bereich ist, d. h. ob eine staatliche Regulierung, eine regulierte Selbstregulierung oder eine freiwillige Selbstkontrolle[238] praktiziert wird. Andererseits dürfte die Frage eine Rolle spielen, in welchem Maß die jeweilige Berufsgruppe der öffentlichen Kritik[239] ausgesetzt ist und ob die Reputation der eigenen Branche daher als mehr oder weniger gefährdet angesehen wird.

Ganz anders stellt sich die Situation im Kontext der Nutzerethik dar. Zum einen nämlich gibt es in diesem Bereich kaum eine Institutionalisierung und dort, wo es sie gibt, jedenfalls keine internationale. Vereinigungen von Konsument*innen im Allgemeinen und von Internet-Usern im Speziellen entstehen meist aufgrund bestimmter Anliegen, verfolgen diese und stellen sich in dem Zusammenhang üblicherweise die Frage, welche Rechte Nutzer*innen haben, nicht aber, welches Verhalten andere Nutzer*innen, Anbieter*innen oder ein größeres Kollektiv zu Recht von ihnen erwarten können.

---

238 Für eine über diese grobe Einteilung hinausgehende Auseinandersetzung mit den verschiedenen Möglichkeiten, wie Selbstkontrolle verstanden und ausgeübt werden kann, siehe Stapf I. (2010), S. 167.

239 Wunden W. (2005), S. 284–293, analysiert die Dynamik zwischen Selbstkontrolle und Reputationsverlust anhand des Beispiels jener *Freiwilligen Verhaltensgrundsätze zu Talkshows im Tagesprogramm*, die der *Verband Privater Rundfunk und Telemedien* (VPRT) im Jahr 1998 erlassen hat.

Dies mag daran liegen, dass Mediennutzer*innen anders als die verschiedenen Berufsgruppen der Medienschaffenden der Öffentlichkeit nicht zeigen müssen, dass sie sich um eine Best Practice bemühen. Sie haben keinen beruflichen Nachteil zu erwarten, wenn sie sich nicht an Selbstverpflichtungsvereinbarungen halten bzw. keine solchen proklamieren, und auch was einen Imageschaden betrifft, ist unklar, welche konkrete Gruppe es sein könnte, die ein solcher betreffen sollte, und ob daraus irgendwelche greifbaren negativen Folgen für diese Gruppe entstehen könnten.

Mediennutzer*innen unterliegen also keinem Druck von außen, wenn es darum geht, eine effektive Selbstkontrolle zu etablieren. Umso erstaunlicher ist es, dass dies dennoch geschieht und zwar im Internet in Form der sogenannten ‚Netiquette'. Der aus den Wörtern *net* (engl. Netz) und ‚*étiquette* (franz. Anstandsvorschriften, Hofsitte) zusammengesetzte Begriff bezeichnet eine Sammlung von Verhaltensregeln für einen guten zwischenmenschlichen Umgang im Netz. Damit aber ist es zumindest im Bereich der Internet-Nutzung möglich, Selbstverpflichtungsdokumente herauszugreifen und zu analysieren, die mit den zuvor besprochenen Kodizes der Berufsgruppen vergleichbar sind. Hier wie dort sind es die involvierten Personen selbst, die sich auf ein bestimmtes, moralisch gutes Verhalten verpflichten wollen und sich daher selbst ein Regulativ geben.

Was aber die Unterschiede betrifft, ist da zum einen die bereits angesprochene fehlende Institutionalisierung, die es u.a. mit sich bringt, dass es kaum möglich ist, eine Einteilung in nationale und internationale Dokumente vorzunehmen. Um dennoch ein möglichst hohes Maß an Vergleichbarkeit zu erreichen, wurden jene Dokumente herangezogen, die entweder eine internationale Rezeptionsgeschichte aufweisen oder deren Gültigkeit sich (zumindest) auf den gesamten deutschen Sprachraum erstreckt.

Ein Unterschied besteht zum anderen aber auch darin, dass es sich bei der Netiquette um sogenannte ‚User-Generated-Contents' handelt, also um von Nutzer*innen erarbeitete Inhalte, in denen der Idealismus der Anfangstage auch heute noch spürbar ist. Die damaligen Netzpioniere wollten nämlich Wissen schaffen, das nicht im Besitz von einzelnen Personen ist, sondern der ganzen Gemeinschaft gehört, von dieser Gemeinschaft profitiert und für diese Gemeinschaft wieder nützlich wird.[240] Solche im Prozess kreierten Inhalte liegen daher auch nicht in einer bestimmten Fassung vor, sind nicht zu einem klar benennbaren Zeitpunkt beschlossen worden, sondern werden laufend verändert – erweitert, wo neue Themen-

---

240 Ebersbacher A. / Glaser M. / Heigl R. (2016), S. 12–23, betonen die Kontinuität dieser Anliegen bis in die Gegenwart des Social Web.

3.1. Selbstverpflichtungskodizes als Ausgangspunkt

felder hinzukommen, und reduziert, wo Online-Dienste zu existieren aufhören oder kaum mehr genützt werden.

Aus diesen Überlegungen sollte noch einmal deutlich geworden sein, warum es sich bei der Sammlung an Selbstverpflichtungskodizes, die der – dieser Arbeit zugrundeliegenden – Analyse vorausging, nicht um einen abgeschlossenen Kanon handeln kann und handelt. Sehr wohl aber ist es eine Zusammenstellung, die im Wesentlichen erfasst, welche für die Medienethik relevanten Selbstverpflichtungskodizes im internationalen bzw. im Speziellen im deutschen Sprachraum zur Verfügung stehen. Die Dokumente, die dabei berücksichtigt wurden, sind die folgenden:

> **1. Ethik der Medienschaffenden**
> *1.1. Journalismus*
> Internationale Dokumente: *Kodex von Bordeaux – Code de Bordeaux* (1954)[241];
> Nationale Dokumente: *Publizistische Grundsätze / Pressekodex* (2015), *Medienkodex* (2016), *Ehrenkodex für die österreichische Presse* (2013), *Richtlinien zur Finanz- und Wirtschaftsberichterstattung* (2013), *Verhaltenskodex des ORF* (2011), *Erklärung der Pflichten und Rechte der Journalistinnen und Journalisten* (2008), *Richtlinien zur Erklärung der Pflichten und Rechte* (2015), *Programmcharta der SRG SSR* (2006)
>
> *1.2. Unterhaltung und Kommunikation*[242]
> Internationale Dokumente: *Code of Conduct on Countering Illegal Hate Speech Online* (2016);
> Nationale Dokumente[243]: *Verhaltenskodex Freiwillige Selbstkontrolle Multimedia-Diensteanbieter* (2010), *Verhaltenssubkodex für Suchmaschinenanbieter der FSM* (2004), *Verhaltenssubkodex für Teletextanbieter der FSM* (2014), *Freiwillige Selbstverpflichtung der Mobilfunkbetreiber* (2008)

---

241 Die in Klammern angegebenen Jahreszahlen beziehen sich dort, wo keine Amendments vorliegen, auf das Entstehungsjahr, ansonsten auf die letzte Überarbeitung; die Reihenfolge der Dokumente ist chronologisch, es sei denn inhaltliche Überlegungen, wie zum Beispiel das Abhängigkeitsverhältnis zwischen einem Kodex und seinem Subkodex, legen eine andere Anordnung nahe.

242 Im Bereich der Unterhaltung bestehen zwar internationale Selbstverpflichtungseinrichtungen wie beispielsweise die *International Age Rating Coalition (IARC)*, bei der Game-Entwickler ihre Projekte über ein Fragebogen-System einreichen und einstufen lassen können. Selbstverpflichtungskodizes mit internationaler Gültigkeit liegen derzeit aber keine vor – sieht man einmal davon ab, dass Werbefilme selbstverständlich den Bestimmungen der Werbebranche unterliegen.

243 Zusätzlich zum Jugendschutzgesetz und zu der sich darauf beziehenden Prüfordnung der *Freiwilligen Selbstkontrolle Fernsehen (FSF)* geben innerhalb von Deutschland die *FSK-Altersbestimmungen* Richtlinien für die Filmwirtschaft fest. In Österreich existiert keine eigenständige Jugendschutz-Kennzeichnung, es werden allerdings die deutschen *FSK-Bestimmungen* angewendet. Der ISPA-Kodex der Interessensvertretung *Internet Service Providers Austria* ist seit 2009 nicht mehr gültig. Ein vergleichbares Regelwerk liegt für die Schweiz mit dem *movieguide* (Filmwirtschaft) und dem *SIEGA / PEGI Code of Conduct* (Game-Industrie) vor.

3. Was Medienethik kann

1.3. Öffentlichkeitsarbeit
Internationale Dokumente: *Code of Venice* (1961), *Kodex von Athen – Code d'Ethiques* (1965), *Kodex von Lissabon – Code de Lisbonne* (1978), *SEAP Code of Conduct* (1997), *ICCO Stockholm-Charta* (2003), *GA Code of Ethics* (2003), *Code of Brussels* (2007), *IPRA-Verhaltenskodex* (2010); Nationale Dokumente: *Die sieben Selbstverpflichtungen eines DPRG-Mitglieds* (1991), *degepol-Verhaltenskodex* (2003), *PLEON Code of Conduct* (2004), *DPRG-Grundsätze* (2006), *GPRA-Grundsätze* (2011), *Deutscher Kommunikationskodex* (2012), *Ehrenkodex des PRVA* (2008), *Ethik in der Digitalen Kommunikation* (2016)

1.4. Werbung
Internationale Dokumente: *EACA Code of Ethics* (2004), *Konsolidierter Kodex der ICC – ICC Code* (2006);
Nationale Dokumente: *Verhaltensregeln* (1974–2017), *Ethik-Kodex der Werbewirtschaft* (2014), *Grundsätze – Lauterkeit in der kommerziellen Kommunikation* (2008)

2. Nutzerethik
Internationale Dokumente: *RFC 1855* (1995), *Netiquette* (1998), *Weblog Ethics* (2002), *Hacker-Ethik* (1984)[244], *Wikiquette* (2018)

3.2. Werte für die Medienethik

Bevor nun konkrete Werte in den Blick rücken, soll hier knapp dargestellt werden, wie die Auswertung der Detailuntersuchung der Selbstverpflichtungskodizes erfolgt ist und mit welchen Schwierigkeiten sie konfrontiert war. Eine erste Frage war, wie mit Mehrfachnennungen bzw. dem mehrfachen Vorkommen von Werten innerhalb ein und desselben Dokumentes umzugehen ist, sowie mit dem Umstand, dass manche Selbstverpflichtungskodizes sich ausführlich bestimmten Werten widmen, andere diese dagegen lediglich kurz nennen oder nur zwischen den Zeilen anklingen lassen. Eine „Zählung" der rekonstruierten Werte erwies sich aber auch insofern als wenig zielführend, als bereits die Kennzeichnung der Werte eine Interpretation darstellt. So wurde zwar dort, wo Werte explizit benannt sind, versucht, die Begriffe dem allgemeinen Sprachgebrauch entsprechend zu verwenden. Allerdings nehmen die Kodizes auf viele Werte nur implizit Bezug und es kommt in der Folge zu Überschneidungen zwischen ihnen, wenn nämlich ein Ge- bzw. Verbot mit guten Argumenten sowohl dem einen als auch dem anderen Wert zugeordnet werden kann.

---

244 Aufgrund der Schwierigkeit, die vom Chaos Computer Club überarbeitete Version der *Hacker-Ethik* exakt zu datieren, und da auf der Homepage nicht ersichtlich ist, wann die letzte Aktualisierung des Kodex stattgefunden hat, wurde hier – gewissermaßen als terminus post quem – das Entstehungsjahr von Levys ursprünglicher Fassung angeführt.

3.2. Werte für die Medienethik

Aus diesen Gründen wurde keine quantitative, sondern eine qualitative Auswertung vorgenommen, bei der das Zählen von Vorkommen lediglich einer ungefähren Orientierung dient. Die Entscheidung, die Wahl der Begriffe immer wieder zum Thema zu machen und kritisch zu reflektieren, ist ein Versuch, dem (unvermeidbaren) subjektiven Moment zu begegnen, das selbst dann bestehen bleibt, wenn alle Werte berücksichtigt werden, die Erwähnung finden oder auch nur angedeutet werden. Umso wichtiger scheint ein entsprechendes Bewusstsein und zwar nicht nur an einem anfänglichen Punkt der Auswertung, sondern auch im weiteren Verlauf, wo das Bilden von thematischen Gruppen bzw. das Herausarbeiten von Oberbegriffen natürlich ebenso als eine interpretierende Tätigkeit anzusehen ist. Diese soll daher im Folgenden möglichst transparent erfolgen und auch Alternativen aufzeigen, sodass es den Leser*innen freisteht, eigene Rückschlüsse zu ziehen.

Eine primär quantitative Auswertung wäre auch deshalb als problematisch anzusehen, weil manche Werte in einem bestimmten Bereich besonders häufig vorkommen, in anderen Bereichen aber kaum eine Rolle spielen, wie beispielsweise die Loyalität in den Public Relations. In diesem konkreten Fall wird der Befund zusätzlich noch dadurch verfälscht, dass für die Öffentlichkeitsarbeit unverhältnismäßig mehr Kodizes vorliegen als dies in anderen Bereichen der Fall ist. Die absolute Häufigkeit ist hier also von sehr eingeschränkter Relevanz, weshalb im weiteren Textverlauf auch stets darauf hingewiesen wird, in welchem Bereich die jeweiligen Wertvorstellungen primär anzutreffen sind. Last but not least ist zu berücksichtigen, dass die Häufigkeit der Nennungen auch dann steigt, wenn historische Selbstverpflichtungskodizes wieder aufgegriffen und deren Inhalte wiederholt werden.

Nichtsdestotrotz macht es für die Bedeutsamkeit eines Wertes aber einen Unterschied, ob dieser Wert in 29 Dokumenten vorkommt oder lediglich in einem einzigen. Auch bei einer behutsamen Auslegung des Befunds kristallisieren sich aus der Vielzahl der Werte bestimmte Gruppen heraus, aus denen in der Folge ein moralischer Kernbestand herausgearbeitet wird. Diese Gruppen, die im weiteren Textverlauf präsentiert und diskutiert werden, sind jeweils mit einem Wert überschrieben, der ausgewählt wurde, weil er innerhalb der Gruppe entweder eine zentrale Stellung einnimmt oder weil er das Grundanliegen der in dieser Gruppe zusammengefassten Werte am besten wiedergibt. Dieser Arbeitsschritt war von dem Bemühen geleitet, die Zahl der Werte, die ja dann in der konkreten Entscheidungssituation gegeneinander abgewogen werden müssen, klein zu halten und damit zu gewährleisten, dass sich die Entscheidungsfindung nicht zu komplex gestaltet. Zugleich mussten Werte, die inhaltlich neue Akzente setzen und quer durch die unterschiedlichen Selbstverpflichtungsdokumente Relevanz besaßen[245], entsprechend ernst genommen werden und durften jedenfalls nicht – mit Blick auf Knappheit und Einfachheit des Ergebnisses – fallen gelassen werden.

Den Fokus auf diejenigen Werte zu legen, welche die bzw. der Einzelne in der konkreten Handlungssituation realisieren kann, soll schließlich nicht einem Rückfall in die simple Individualethik der 1960er Jahre[246] gleichkommen. Eine solche Individualethik muss das Individuum zu einem moralischen Helden stilisieren und tendiert dazu, strukturelle Abhängigkeiten und die Mehrdimensionalität von Verantwortung zu übersehen.

Wie in allen Lebensbereichen ist es auch in der Medienethik entscheidend, dass Strukturen und Machtverhältnisse kritisch durchleuchtet werden, damit auf diese Weise Veränderungen in die Wege geleitet werden können, durch die es dem Individuum langfristig erleichtert und nicht erschwert wird, sich für das ´moralisch Gute´ zu entscheiden. Eine solche Analyse ist aber nicht Gegenstand der vorliegenden Arbeit. Vielmehr ist die alltägliche banale Entscheidungssituation im Blick, in welcher der oder die einzelne Medienschaffende alleine oder in einem Team, in einer Kommission, die Optionen abwägen muss, mit denen er/sie innerhalb von mehr oder weniger problematischen, in der konkreten Situation aber nicht bzw. kaum veränderbaren Strukturen konfrontiert ist. Der hier unternommene Entwurf einer rekonstruktiven Medienethik will eine Hilfestellung geben, wie die Akteur*innen mit diesen sich ihnen stellenden Optionen verantwortungsvoll umgehen können.

---

245 Die wenigen Werte, die nur in einem Kodex vorkommen und sich inhaltlich in keine der Gruppen integrieren lassen, werden am Ende der Auswertung eigens angeführt.
246 So waren die Werke von Otto Groth (1875–1965) und Emil Dovifat (1890–1969) in ihrer Zeit zwar richtungsweisend, haben in ihrer Ausrichtung auf die publizistische Persönlichkeit jedoch weitgehend den Umstand außer Acht gelassen, dass die Interaktionen zwischen einzelnen Protagonisten und der Gesellschaft eine nicht zu unterschätzende Auswirkung auf die Arbeit von Journalist*innen haben.

3.2.1. Transparenz

Die erste Gruppe von Werten, die diskutiert werden soll, steht in Zusammenhang mit einem traditionellen Berufsideal, dem journalistischen Ethos, das lange eng mit dem Begriff der Wahrheit verbunden war. Anders als in den frühen Pionierarbeiten zur Medienethik[247] kann es mittlerweile jedoch als Mainstream-Position angesehen werden, dass dieser Begriff nicht unproblematisch ist. Das liegt in erster Linie daran, dass neben der klassischen Korrespondenztheorie heute eine Vielzahl an unterschiedlichen Wahrheitstheorien – wie etwa die logisch-semantische Wahrheitstheorie, die Widerspiegelungstheorie, die Kohärenztheorie, die pragmatische Wahrheitstheorie oder die Konsenstheorie[248] – existieren, die sich weder darin einig sind, wie ‚Wahrheit' zu definieren ist, noch darin, wie sie festzustellen ist bzw. in welchem Verhältnis Wahrheitskriterien und epistemische Kriterien zueinander stehen, um nur einige wenige Schwierigkeiten anzusprechen.

Die intensive philosophische Diskussion auf diesem Gebiet dürfte dazu geführt haben, dass man mittlerweile auch außerhalb der Spezialdiskurse vorsichtig geworden ist, in welchem Zusammenhang man von Wahrheit spricht. Von daher braucht es nicht zu überraschen, dass sich lediglich sieben Selbstverpflichtungskodizes[249] aus den Bereichen Journalismus, Public Relations und Werbung explizit auf die Wahrheit beziehen.

Sehr wohl aber sind die Grundanliegen dieser traditionellen Forderung nach wie vor aktuell und finden sich in mehreren anderen Werten wieder, wobei sich zwei unterschiedliche Ausrichtungen feststellen lassen: Zum einen scheint es um die Frage eines angemessenen Verhältnisses zwischen Dargestelltem und Darstellung zu gehen. Das Alltagsverständnis[250] von Wahrheit ist nach wie vor eng mit der Korrespondenztheorie verbunden. Das, worauf die Wahrheits-Norm der Kodizes abzielt, ist eine Übereinstimmung zwischen Realität und Berichterstattung, Präsentation etc. Da man nun aber gegenüber dem Begriff ‚Wahrheit' zurückhaltend geworden ist, wird diese (gewünschte) Korrespondenz vermehrt dadurch zum Ausdruck

---

247 Bentele G. (2016), S. 63, zeigt auf, dass Kaspar Stieler bereits in einer der ersten zeitungswissenschaftlichen Reflexionen aus dem Jahr 1695 die Bedeutung der Wahrheit in der Tätigkeit des Journalisten unterstrichen hat.
248 Für eine kompakte Zusammenschau siehe Kreiser L. / Stekeler-Weithofer P. (2010), S. 2927–2937.
249 Kodex von Bordeaux, Richtlinien zur Erklärung, Kodex von Athen, SEAP Code of Conduct, GA Code of Ethics, der Kodex der ICC, Grundsätze.
250 Bentele G. (2016), S. 59–61.

3. Was Medienethik kann

gebracht, dass Werte wie Richtigkeit[251] oder Transparenz eingemahnt werden. Während die Richtigkeit sehr nahe bei einer im Sinn der Korrespondenztheorie verstandenen[252] Wahrheit anzusiedeln ist, kommt durch die Forderung nach Transparenz eine neue und abweichende Sichtweise ins Spiel. Doch dazu später.

Widmen wir uns zunächst noch den anderen Werten, die in engem Zusammenhang mit der traditionellen Wahrheitsforderung stehen. Es wurde gezeigt, dass es bei der Rede von ‚Wahrheit' zum einen um eine Übereinstimmung zwischen der Realität und dem, wie über die Realität berichtet wird, geht. Zum anderen geht es aber auch darum, welche Intentionen die Handelnden haben. Ob sie nämlich – und das ist es, worauf das Gros der Selbstverpflichtungsdokumente abzielt – danach streben, eine dem Adressaten geschuldete, möglichst große Korrespondenz zu erreichen, oder ob sie vielmehr außermoralische Interessen verfolgen und bewusst täuschen bzw. die Täuschung in Kauf nehmen.

Der Wert, der diese gute Intention am besten verkörpert, ist die Wahrhaftigkeit[253], aber auch Nicht-Täuschen[254], Authentizität[255], Korrektheit[256],

---

251 Medienkodex, SEAP Code of Conduct, Ethik der digitalen Kommunikation, Grundsätze.
252 Neben diesem allgemeinen Verständnis von ‚Richtigkeit' weist Bentele G. (2016), S. 61, zu Recht darauf hin, dass der Begriff innerhalb der Habermas'schen Kommunikations- und Wahrheitstheorie eine normative Angemessenheit von Aussagen meint.
253 Mit insgesamt zehn Vorkommen rangiert die Wahrhaftigkeit noch im oberen Drittel der am häufigsten eingemahnten Werte. Es handelt sich um die folgenden Dokumente: Pressekodex, Ehrenkodex Presse, Programmcharta, Code of Venice, Sieben Selbstverpflichtungen, degepol-Verhaltenskodex, Deutscher Kommunikationskodex, Ehrenkodex des PRVA, EACA Code of Ethics, Weblog Ethics.
254 Kodex von Bordeaux, Pressekodex, Medienkodex, Ehrenkodex Presse, Richtlinien Wirtschaftsberichterstattung, Verhaltenskodex des ORF, Erklärung der Pflichten und Rechte, Richtlinien zur Erklärung, Code of Venice, Kodex von Lissabon, Kodex von Brüssel, Ehrenkodex des PRVA, Kodex der ICC, Verhaltensregeln, Ethik-Kodex Werbewirtschaft, Grundsätze, RFC 1855, Weblog Ethics.
255 Ehrenkodex des PRVA.
256 Ehrenkodex Presse.

3.2. Werte für die Medienethik

Aufrichtigkeit[257], Ehrlichkeit[258], Glaubwürdigkeit[259], Verlässlichkeit[260] und Vertrauenswürdigkeit[261] spiegeln das genannte Anliegen wider. Der Charme der Wahrhaftigkeit[262] (sowie ihres negativ formulierten Pendants, dem Nicht-Täuschen) liegt jedenfalls darin, dass man es hier mit einer Forderung zu tun hat, die vom Einzelnen unabhängig von äußeren Umständen, die er selbst nicht zu beeinflussen vermag, realisiert werden kann. Denn es geht bei der Wahrhaftigkeit darum, „möglichst wahrheitsgemäß zu kommunizieren"[263]. Ob dies dann de facto auch gelingt, liegt außerhalb der Verantwortung des Subjekts, vorausgesetzt der Handelnde hat das ihm Mögliche unternommen, um tatsächlich wahrheitsgemäß kommunizieren zu können, d.h. er hat alles getan, um sich gut zu informieren, hat darauf geachtet, dass seine eigenen Aussagen oder Darstellungen klar und verständlich sind usw.

Aber nicht nur der Umstand, dass sich die Wahrhaftigkeit und ihr Ex-negativo-Pendant, das Nicht-Täuschen, als eine sinnvolle zeitgemäße Interpretation des klassischen Wahrheits-Dogmas der medial vermittelten Kommunikation herauszukristallisieren scheinen, spricht für ihre besondere Stellung innerhalb einer rekonstruktiven Medienethik. Auch die absolute Häufigkeit der Nennungen weist in dieselbe Richtung, denn gemeinsam

---

257 Fellsches J. / Stekeler-Weithofer P. (2010), S. 2925, geben die Aufrichtigkeit neben der Echtheit, Ehrlichkeit, Gewissenhaftigkeit, Redlichkeit, Sauberkeit, Klarheit, Offenheit und auch Integrität als Umschreibung von Wahrhaftigkeit an.
258 SEAP Code of Conduct, GA Code of Ethics, GPRA-Grundsätze, EACA Code of Ethics, Weblog Ethics.
259 Glaubwürdigkeit ist zugleich als Eigenschaft der Akteur*innen wie als Resultat dieser (praktizierten) Eigenschaft zu verstehen: Medienkodex, Verhaltenskodex des ORF, Deutscher Kommunikationskodex.
260 GPRA-Grundsätze, Weblog Ethics.
261 Kodex von Athen, GA Code of Ethics, Kodex von Brüssel, IPRA-Verhaltenskodex, Sieben Selbstverpflichtungen, DPRG-Grundsätze, Deutscher Kommunikationskodex, Weblog Ethics. Eine bevorzugte Position nimmt die Vertrauenswürdigkeit in zwei Kodizes ein, wo sie einerseits als Zwischenüberschrift und damit als inhaltlicher Schwerpunkt fungiert (ICCO Stockholm-Charta), andererseits als einer von fünf Kernwerten genannt wird (EACA Code of Ethics).
262 Mit Blick auf die Philosophiegeschichte erscheint der Begriff der ‚Wahrhaftigkeit' vielschichtiger als in dem hier anvisierten Alltagsgebrauch. Für eine Übersicht betreffend die Zugänge von Kant, Habermas und verschiedenen marxistischen Denkern siehe Fellsches J. / Stekeler-Weithofer P. (2010), S. 2925-2927. In Anlehnung an Jürgen Habermas hat Beck K. (2010), S. 136, für das Internet eine Systematik der „Geltungsansprüche menschlicher Kommunikation" entwickelt, die neben der Verständlichkeit und der Menschenwürde auch Wahrheit und Wahrhaftigkeit als Geltungsansprüche einführt.
263 Bentele G. (2016), S. 61.

bringen es die Wahrhaftigkeit und das Nicht-Täuschen innerhalb der analysierten Kodizes auf 27 Nennungen und rangieren damit im Spitzenfeld. Trotz all dem wurde als Oberbegriff für die hier skizzierte Werte-Gruppe aber nicht die Wahrhaftigkeit oder das Nicht-Täuschen, sondern die Transparenz gewählt. Diese Entscheidung hat folgende Gründe:

Während Werte wie Wahrhaftigkeit und Nicht-Täuschen einerseits bzw. Richtigkeit andererseits jeweils nur einen Aspekt des klassischen journalistischen Wahrheits-Gebotes[264] abdecken, lässt die Transparenz beiden Anliegen Raum. Zwar stellt die Transparenz gegenüber der Richtigkeit eine weiter gefasste, weichere Forderung dar, sie bietet aber zugleich ausreichend Sicherheit gegenüber dem, was durch das Einmahnen von Richtigkeit vermieden werden soll, nämlich Nicht-Richtigkeit, Täuschung und Lüge. Denn wer transparent kommuniziert, verpflichtet sich dazu, in einem Kontext, der auf eine möglichst große Übereinstimmung zwischen Dargestelltem und Darstellung ausgerichtet ist – wie etwa bei der journalistische Berichterstattung –, zuverlässige und richtige Fakten zu transportieren, während er in einem anderen Kontext, sofern dies entsprechend sichtbar gemacht wird, durchaus auch Meinungen wiedergeben[265], Auftragskommunikation betreiben oder sogar fiktive Geschichten entwerfen darf – wie etwa in einem Spielfilm oder einem Online-Game.

Zugleich wird mit ′Transparenz′ aber auch das Bemühen um eine aufrichtige Kommunikation eingefangen, lässt sich die Transparenz bei näherem Betrachten doch als eine Spielart der Wahrhaftigkeit begreifen. Wahrhaftig zu sein, kann nämlich auch als Bemühen interpretiert werden, dem jeweiligen Gegenüber deutlich anzuzeigen, wann ich die Absicht habe, zu berichten, wann zu behaupten, zu vermuten, zu werben, zu fantasieren oder zu scherzen usw. In diesen und anderen Situationen ist es mehr oder weniger sinnvoll, eine – als Korrespondenz verstandene – Wahrheit zu erwarten. Anders gesagt, es gibt eine ganze Reihe von Situationen, in denen wir gerade nicht der Wahrheit verpflichtet sind bzw. sein wollen – denken wir an das Schauspiel, an Spielsituationen, an die Satire etc.

Gerade indem dies transparent gemacht wird, werden Verstellung und Täuschung – in diesen besonderen, klar bezeichneten – Situationen mora-

---

264 Dass dieses auch in anderen Bereichsethiken eine Rolle spielt, zeigt sich u.a. darin, dass sich Beauchamp T. L. / Childress J. F. (2013), S. 303, intensiv mit der Wahrhaftigkeit als mit einem Gebot der Offenlegung medizinischer Fakten auseinandersetzen.
265 Altmeppen K.-D. (2016), S. 136, etwa plädiert dafür, man solle nicht sklavisch am Ideal des objektiven Journalismus festhalten.

lisch unbedenklich.²⁶⁶ Es gehört zur Kompetenz des Adressaten zu begreifen, um was für eine Situation es sich handelt, es gehört aber genauso zur Verantwortung von transparent agierenden Sendern, alles Notwendige zu tun, damit über den Charakter der Situation kein Irrtum entstehen kann. So verstanden kann Transparenz niemals ein Freifahrtschein dafür sein, eine bloße Vermutung als Tatsache auszuweisen oder ein von mir beworbenes Produkt in den Augen der Konsument*innen unangemessen großartig erscheinen zu lassen. Vielmehr scheint die Transparenz der Wert zu sein, der am besten geeignet ist, die Anliegen, welche hinter dem ursprünglich spezifisch journalistischen Wahrheits-Ideal stecken, in der Gegenwart für alle Bereiche des medialen Agierens sinnvoll auszubuchstabieren.

Last but not least handelt es sich bei der Transparenz um den Wert, der in der Auswertung der Selbstverpflichtungsdokumente die meisten Vorkommen aufweist: Von insgesamt 41 analysierten Kodizes, handeln 29 von Transparenz, ein Befund, der sich mit der weiten Verbreitung des Begriffs in der jüngeren einschlägigen Fachliteratur deckt. Das bedeutet aber, dass mit der Transparenz ein von der Sache her angemessener Oberbegriff gefunden werden konnte, der noch dazu den Vorteil hat, im Fachdiskurs bereits eingeführt zu sein, woraus sich wiederum positive Auswirkungen auf die zu erwartende Akzeptanz durch die Medien-Akteur*innen ableiten lassen.

Nichtsdestotrotz verlangt auch dieser Begriff nach einer Präzisierung. Transparenz wurde bisher nämlich als ein Wert verstanden, der dazu motiviert, Rechenschaft über das eigene medial vermittelte Agieren abzulegen bzw. die eigenen Absichten und Handlungen offen zu kommunizieren. Transparenz wird aber auch von Organisationen ausgesagt und zwar insofern deren „Vorgänge völlig offen und durchschaubar sind und [...] von jedem kontrolliert werden können"²⁶⁷. So lässt sich mit Konrad Mitschka konstatieren, dass ein Wert wie Transparenz einerseits die Frage miteinschließt, „inwieweit Medien Sachverhalte transparent machen sollen, andererseits [...] die Frage, inwieweit Medien selbst transparent sein sollen."²⁶⁸ Während im Hinblick auf den ersten Aspekt von Transparenz weitgehend Konsens besteht – nämlich dahingehend, dass es für das Funktionieren einer modernen Demokratie unerlässlich ist, dass Medien zuverlässige Informationen liefern, diese als solche ausweisen und damit ihre Informati-

---

266 Paganini C. (2013), S. 408–418.
267 Schöttle P. / Böhme R. (2014), S. 23.
268 Mitschka K. (2018), S. 256.

3. Was Medienethik kann

ons- und Kontrollfunktion ausüben –, wird der zweite Aspekt, die Notwendigkeit einer Selbstoffenbarung der Medien, häufig übersehen. Umso mehr müsste bei den Konsument*innen ein Bewusstsein dafür geschaffen werden, dass, wer die Qualität einzelner Medien beurteilen können will, Informationen über diese Medien benötigt. Denn erst das „Wissen über die Botschafterin (das Medium, die Journalistin) gibt Aufschluss über deren Haltung, Grenzen und damit zusammenhängende Objektivität, Neutralität, Zuverlässigkeit etc."[269]

Um Transparenz herzustellen, reicht das bloße Vorhandensein von Informationen jedoch nicht aus, es bedarf einer mit dieser Sichtbarkeit in Wechselwirkung stehende Fähigkeit des Publikums, einen Verarbeitungsprozess in Gang zu setzen und Schlussfolgerungen zu ziehen.[270] Außerdem macht es einen Unterschied, ob die Transparenz über ein System aus diesem System heraus (Selbsttransparenz) oder von außen (Fremdtransparenz)[271] generiert wird. David Heald betont vor allem die Richtung, in die Transparenz erzeugt wird und unterscheidet auf einer hierarchisch gedachten vertikalen Ebene zwischen „downwards transparency" und „upwards transparency" bzw. auf einer horizontalen Ebene zwischen „outwards transparency" (Organisationen erhalten Einblick in Geschehen außerhalb) und „inwards transparency" (Außenwelt erhält Einblicke in Organisation).[272] Die vertikale Ebene versteht er als ein Geschehen zwischen ungleichen Akteur*innen, wobei im ersten Fall die übergeordnete Partei Einblick in das Tun der untergeordneten erhält, im zweiten Fall umgekehrt.

Und auch mit Blick auf die diversen Medienprodukte lassen sich weitere Unterscheidungen vornehmen, etwa zwischen einer Quellen-, einer Akteurs- und einer Prozess-Transparenz[273] oder zwischen einer Urheber- und einer Quellentransparenz[274] mit jeweils eigenen Anforderungen und Spannungen. So hilft das Wissen um die Urheberschaft dem Publikum zwar dabei, Informationen richtig einzuordnen und die Situation angemessen zu beurteilen, im investigativen Journalismus kann es aber durchaus sinnvoll sein, die Urheber*innen eines Textes nicht bekannt zu geben. Ähnlich ambivalent stellt sich die Lage bei der Quellentransparenz dar, ist es doch oftmals gerade das Redaktionsgeheimnis, das potenzielle Quellen ermutigt,

---

269 Mitschka K. (2018), S. 256.
270 Bastian M. / Fengler S. (2016), S. 217–218.
271 Meier K. / Reimer J. (2011).
272 Heald D. (2006).
273 Groenhart H. / Evers H. (2014).
274 Mitschka K. (2018), S. 359.

3.2. Werte für die Medienethik

den Kontakt zu den Journalist*innen zu suchen und ihnen auf diese Weise zu helfen, in der klassischen Funktion des ‚Watchdogs' Angelegenheiten von öffentlichem Interesse bekannt zu machen.

Doch bleiben wir zunächst bei den positiven Folgen, wobei hier in erster Linie das Vertrauen zu nennen ist, das durch Transparenz – wie zuletzt empirische Studien zu bestätigen scheinen[275] – vermehrt wird. Auch ist Transparenz eine wichtige Voraussetzung für die Beteiligung der User am Entscheidungsprozess – wie beispielsweise für die Publikumsbeteiligung bei öffentlich-rechtlichen Rundfunkanstalten[276] – und erleichtert weiters die Entstehung von Teil-Öffentlichkeiten im Netz, die ihrerseits als Korrektiv fungieren und einer Entpolitisierung entgegenwirken können.[277]

Was die Realisierung von Transparenz betrifft, so ist diese vergleichsweise einfacher im Online-Kontext mit seiner Interaktivität, Schnelligkeit, der fehlenden Platzbeschränkung und den besseren Möglichkeiten der Archivierung zu erreichen. Neben einem u.a. auf ein Mehr an Transparenz angelegten Netzaktivismus[278] ergänzen Buttons zur Fehlermeldung, Kommentarfunktionen und Redaktionsblogs, in denen die User Einsicht in die Abläufe innerhalb eines Mediums erhalten, oder aber auch die Vernetzung der Konsument*innen allgemein die traditionellen Media-Accountability-Instrumente wie Ethik-Kodizes, Leserbriefe, Presseräte und Ombudsleute.[279] Nichtsdestotrotz kann das Herstellen von Transparenz immer noch als Kerngeschäft des konventionellen Journalismus betrachtet werden, wiewohl das Verhältnis zwischen Transparenz und Journalismus kein triviales ist.

Neben der Befürchtung, die Aufmerksamkeit der Klientel würde von komplexen inhaltlichen Fragen unnötig auf den Produktionsprozess (ab)gelenkt werden, und dem banalen Einwand, das Offenlegen von Arbeitsweise und Absichten würde einen zu großen Aufwand darstellen[280], bestehen nämlich zumindest zwei grundsätzliche Spannungen: Erstens scheint es, so argumentiert beispielsweise Jane B. Singer, als ob Journalismus per se undurchsichtig sei. Sie schreibt: „Traditionally, journalism has been among the most opaque of industries."[281] Zweitens könnte die durch

---

275 Bastian M. / Fengler S. (2016), S. 213–214.
276 Horz (2018), S. 279.
277 Wallner R. M. (2018), S. 180.
278 Wallner R. M. (2018), S. 180.
279 Bastian M. / Fengler S. (2016), S. 213.
280 Meier K. / Reimer J. (2011), S. 7.
281 Singer J. B. (2005), S. 179.

3. Was Medienethik kann

Transparenz entstehende Selbstreferentialität des Journalismus eine Gefahr für seine Objektivität darstellen.[282]

Dem ersten Problem lässt sich begegnen, indem man zum einen die postulierte Opazität des Journalismus näher zu beschreiben versucht und damit ein differenzierteres Verständnis davon gewinnt, inwiefern tatsächlich eine Unvereinbarkeit mit dem Anspruch der Transparenz besteht. Zum anderen darf man sich durchaus dagegen verwehren, aus dem (möglicherweise vorliegenden) Faktum der Undurchsichtigkeit darauf zu schließen, dass dies auch so sein soll bzw. muss. Das Problem der Selbstreferentialität dagegen, welches darin besteht, dass Objektivität „kein sinnvoller Maßstab für die Qualität der Selbst-Berichterstattung"[283] sein kann, relativiert sich, wenn man verschiedene Phasen der journalistischen Kommunikation – mit je unterschiedlichen Ansprüchen – unterscheidet. Beachtenswert ist in diesem Kontext die Analyse von Klaus Meier und Julius Reimer, die konstatieren, dass der Journalismus sich mit zunehmender Bedeutung der Transparenz allmählich von einem Produktjournalismus zu einem Prozessjournalismus wandeln werde. Dass diese Veränderung bereits in Gang sei, zeige sich u.a. daran, dass, wo Fehler korrigiert werden müssen, das heute nicht mehr bloß in Bezug auf die Inhalte, sondern auch in Bezug auf den Hergang, den Prozess, wie der Fehler entstanden ist, geschieht.[284]

Doch zurück zu den vielfältigen Verwendungsweisen des Begriffs ‚Transparenz'. So spricht man etwa auch von der Transparenz einer Person in dem Sinn, dass jemand über diese Person mehr weiß, als ihr lieb ist. Die sogenannten „gläsernen Bürger" oder „gläsernen Patienten" finden sich in einer Situation wieder, wo nicht sie selbst, sondern andere über ihre Daten verfügen und diese nach Belieben nützen können. Eine solche Transparenz ist das Gegenteil von Privatsphäre und sie ist – selbstverständlich – genau nicht, was Medienethik erreichen will.

Spannungen bestehen außerdem zwischen Transparenz und Anonymität, die – ähnlich wie die Praxis des Verschlüsselns – dort berechtigt ist, wo sie Schutz vor Überwachung bzw. dem Ausspähen von Netzaktivitäten durch Privatpersonen, Unternehmen, Behörden oder staatliche Geheimdienste bietet.[285] Mit dem Konfliktpotential, das entsteht, wenn man Transparenz in Beziehung zu Privatsphäre oder Anonymität setzt, lässt sich innerhalb eines rekonstruktiven Ansatzes jedoch insofern umgehen, als

---

282 Meier K. / Reimer J. (2011), S. 8.
283 Meier K. / Reimer J. (2011), S. 16.
284 Meier K. / Reimer J. (2011), S. 12.
285 Wallner R. M. (2018), S. 181.

3.2. Werte für die Medienethik

keiner der (Basis-)Werte für sich allein oder gar absolut gilt. Vielmehr müssen die prima facie aus den Werten abgeleiteten Ansprüche bzw. Imperative im Prozess des Abwägens differenziert werden, bis man schließlich zu einer gut begründeten inhaltlich konkreten Antwort kommt.

Fokussiert man sich auf weitere Spannungen, fällt auf, dass es sich bei der Transparenz um einen Gegenspieler zur Manipulation handelt, zu „psychologischen Techniken der [...] Kontrolle" also, die „zur emotionalen Beeinflussung und gezielten Steuerung der Menschen in der Massengesellschaft"[286] eingesetzt werden. Wer sich dazu bekennt, Inhalte und Intention der eigenen medial vermittelten Kommunikation offenzulegen, kann nicht zugleich manipulieren oder manipulieren wollen, und er wird auch nicht jene Grenzen überschreiten, innerhalb derer wir – wie bereits erwähnt – Lüge und Täuschung im Alltag für moralisch unbedenklich halten, so etwa beim Schauspiel, dem Scherzen oder dem Kompliment.

Diese Grenzen sind allerdings fließend und lassen sich oftmals nur schwer definieren, weshalb sich Denker wie Thomas von Aquin[287], Machiavelli[288] oder Martin Luther[289] um eine differenzierte Betrachtung der unterschiedlichen Spielarten der Täuschung bemüht haben. Im Anschluss an Friedrich Nietzsche wurde in der jüngeren Vergangenheit vermehrt das kreative Potential der Täuschung wahrgenommen, Max Scheler[290] betont die Notwendigkeit eines im Großen und Ganzen zuverlässigen Kontextes, damit überhaupt gelogen werden kann, ein Zugang, der sich zuletzt auch in der von Harry Frankfurt angestoßenen Debatte um die sogenannte Bullshit-Kultur[291] wiederfindet. Die Auseinandersetzung mit den positiven und negativen Aspekten der Lüge führt die US-amerikanische Philosophin Sissela Bok schließlich dazu, zwischen „white lies", „false excuses", „inauthentic justifications", „lies in crisis", „lies to liars", „lies to enemies", „lies for the public good", „lies to protect peers and clients", „deceptive social science research" and „lies to the sick and dying"[292] zu unterscheiden, die jede für sich einer unterschiedlichen moralphilosophischen Diskussion und Beurteilung bedürfen. Der Wert *Transparenz* ver-

---

286 Wirkus B. (2001), S. 931.
287 Thomas von Aquin, Summa Theologica II-II. Questio 110, art. IV, ad quint.
288 Machiavelli (1532), Kap. 18.
289 Luther M. (1518), S. 510–511.
290 Scheler M. (1955), S. 67: „Wer (organisch) verlogen ist, braucht nicht mehr zu lügen."
291 Frankfurt (2005).
292 Bok S. (1979).

mag hier Orientierung zu bieten, kann für sich genommen jedoch nicht zu einer befriedigenden Antwort führen.

Ähnliches gilt für die Grenzziehung zwischen dem Whistleblowing und dem Leaken. Bei Whistleblowern handelt es sich in der Regel um Angehörige einer Organisation oder – weiter gefasst – einer Gemeinschaft, die diese eines problematischen Verhaltens bezichtigen, welches das öffentliche Interesse beeinträchtigt oder einzelnen Menschen Schaden zufügt. Whistleblower haben diese Missstände erkannt und versucht, eine Verbesserung herbeizuführen, sind darin aber gescheitert und wählen daher als nächsten Schritt den Gang an die Öffentlichkeit. Ungeachtet der sehr unterschiedlichen Möglichkeiten, Informationen publik zu machen – sei es durch ein Interview, eine gerichtliche Anzeige oder die Publikation im Internet –, gilt es als charakteristisches Merkmal des Whistleblowings, dass dabei die eigene Identität preisgegeben wird, man sich selbst als Quelle der Information outet und also transparent agiert. Darin liegt der entscheidende Unterschied zum Leaken. Eine weitere Differenz, die ebenso als eine Forderung der Transparenz gedeutet werden könnte, besteht darin, dass Whistleblower normalerweise alle Informationen auf einmal an die Öffentlichkeit tragen, während Leaking-Plattformen ihre „Geheimdokumente" nach und nach publizieren bzw. bewusst manche Inhalte zurückhalten.

Typischer Weise jedenfalls verfügen Whistleblower über Insider-Wissen, das sie in eine Situation konfligierender Anliegen bringt: Was sie tun, wird Auswirkungen auf die Interessen unterschiedlicher Parteien haben – der Organisation, ihrer Mitarbeiter*innen, der Kund*innen, der Opfer, der Gesellschaft und des Whistleblowers selbst. Auch hier zeigt sich, dass Transparenz als einzige Richtschnur nicht ausreicht. Whistleblower stehen vor der Herausforderung, ihre rollenbezogenen Verpflichtungen gegenüber ihrem Betrieb gegen die Verpflichtungen abzuwägen, die sie gegenüber der Gesellschaft und ihren Mitmenschen haben. Denn auf der einen Seite scheint es offensichtlich zu sein, dass eine schlechte Praxis, die Menschen schädigt, nicht toleriert werden darf, sondern unterbunden werden muss und dass das Sichtbarmachen der Missstände dabei ein wichtiger Schritt ist. Auf der anderen Seite treffen die negativen Konsequenzen selten nur die Schuldigen, sondern auch Angestellte, Geschäftspartner*innen, die Whistleblower und ihre Familien.

Weitet man den Blick und berücksichtigt man außer den unmittelbar Betroffenen die jeweilige Demokratie als Ganze, wird die Situation noch komplexer. Denn Whistleblowing setzt nicht nur falschem Handeln ein Ende und leitet Reparationsleistungen an Geschädigte ein, es dient auch der Demokratie. Einerseits hat es einen erzieherischen Wert, weil das Benennen und Diskutieren vergangenen Unrechts sensibilisiert und daher eine Hilfe sein kann, in Gegenwart und Zukunft nicht dieselben Fehler zu wiederholen. Andererseits kommen Fakten ans Licht, die ansonsten unbekannt geblieben wären. Information aber ist eine entscheidende Voraussetzung dafür, dass Menschen verantwortliche Entscheidungen treffen und eine aktive politische Rolle einnehmen können. Allerdings haben nicht nur Individuen ein Recht auf Privatheit, sondern auch Organisationen und selbst Staaten kommt, so scheint es, das Recht zu, manche Informationen zurückzuhalten und Geheimnisse zu bewahren.

Whistleblowing zielt aber gerade auf die Transparenz von Organisationen, die dann üblicherweise positiv als Basis für freie Meinungsbildung und mündige Partizipation gewertet wird. Diese Art von Transparenz liegt aber oftmals außerhalb der Reichweite dessen, was einzelne Menschen erreichen können, sofern sie sich nicht in einer Schlüsselposition befinden oder – wie ein Whistleblower – ein sehr hohes Maß an Engagement mitbringen. Im Rahmen des eigenen medial vermittelten Interagierens lässt sich Transparenz – als basaler Wert einer rekonstruktiven Medienethik – jedoch in vielerlei Hinsicht realisieren, etwa wenn ich als Influencerin deklariere, ob ich ein Produkt vorstelle, weil ich davon einen wirtschaftlichen Nutzen habe oder weil ich von seinen Eigenschaften überzeugt bin, oder wenn ich als Bloggerin sichtbar mache, woher meine Informationen stammen.

In diesem Sinn entwickelte Bernhard Debatin bereits 2010 eine Handlungsempfehlung für Online-Journalist*innen, die folgendermaßen lautet: „Positioniere Dein Handeln im Schnittfeld zwischen Transparenz, Akkuratheit und Anwaltschaft, um so die präsentierten Informationen auf aufrichtigen Intentionen, faktischer Evidenz und bestmöglichen Gründen zu gründen. Transparenz, d. h. die Offenlegung Deiner Interessen, Präferenzen und Perspektiven ist dabei die zentrale Norm."[293] Im Zuge der Auseinandersetzung mit den von mir rekonstruierten fünf Werten Transparenz, Fairness, Respekt, Verantwortung und Kompetenz formuliert nach Debatin auch Alexander Filipović, der nun seinerseits nicht mehr eine bestimmte Berufsgruppe, sondern jede und jeden Akteur*in im Blick hat: „Achte in deinem Handeln darauf, dass immer ein angemessenes und richtiges Verhältnis zwischen der Darstellung (deinem Text, deiner Pressemeldung, dem Werbeclip, einem Posting…) und dem Dargestellten (dem Berichterstattungsgegenstand, dem Geschehnis, dem Produkt…) herrscht. Mache dein Medienhandeln immer so transparent wie möglich, so dass alle Betei-

---

[293] Debatin B. (2010a), S. 29.

ligten und Betroffenen dein Kommunizieren und Mediengestalten auf Richtigkeit und Nicht-Täuschung überprüfen können."[294]

3.2.2. Fairness

In den Selbstverpflichtungskodizes ähnlich stark vertreten wie die Transparenz ist eine zweite Gruppe von Werten, die sowohl mit ‚Fairness' als auch mit ‚Gerechtigkeit' überschrieben werden könnte. Da diese beiden Werte eine Vielzahl von Überschneidungen und Ähnlichkeiten aufweisen, seien sie hier zunächst kurz charakterisiert.

Beginnt man mit der Gerechtigkeit, so drängt sich sofort jene Definition auf, die quer durch die Philosophiegeschichte rezipiert und diskutiert wurde, nämlich das „suum cuique" des Ulpian. Wenn eine Handlung aber genau dann gerecht ist, wenn sie jedem gibt, was ihm zukommt, dann stellt sich im selben Moment die Frage nach den geltenden Standards, anhand derer sich erfragen lässt, was genau es ist, das jemandem zusteht. Es stellt sich also die Frage nach Recht und Konvention. Ob diese Standards selbst gerecht sind, ist damit noch nicht beantwortet und genau darin liegt zumindest eine der Schwierigkeiten der Gerechtigkeits-Debatte.

Ein zweites Problemfeld ergibt sich, wenn man die Formel des Ulpian präziser fassen will und versucht, die zunächst noch offen Variablen zu bestimmen.[295] Will man das tun, muss man nämlich zumindest nach den Umständen, nach dem Objekt, dem Subjekt, dem Umfang und den Arten der Gerechtigkeit fragen, wobei hier üblicherweise zwischen austeilender und ausgleichender bzw. korrektiver Gerechtigkeit unterschieden wird. Man könnte den Begriff der ‚Gerechtigkeit' aber auch in Teilaspekte unterteilen wie etwa Leistungs-Gerechtigkeit, Bedarfs-Gerechtigkeit, Besitzstands-Gerechtigkeit, Chancen-Gerechtigkeit, Verfahrens-Gerechtigkeit, Generationen-Gerechtigkeit oder Teilhabe-Gerechtigkeit.

Außerdem erscheint es alles andere als eindeutig, wie eine geeignete Rechtfertigungsstrategie aussehen könnte. Denkbar wäre, die Notwendigkeit der Gerechtigkeit über die wechselseitigen Vorteile aller Beteiligten (Vertragstheorien) zu argumentieren, über die natürlichen Rechte und Pflichten (Naturrechtstheorien), über die Achtung der Personenwürde (Vernunftrechtstheorien), über das Gefühl der Solidarität oder als einen Anspruch, der aus einem idealen Diskurs erwächst usw.

---

294 Filipović A. (2020 – im Druck).
295 Gosepath S. (2010), S. 835–839.

Was als „suum cuique" der Gerechtigkeit zu gelten hat, ist also nicht ohne weiteres festzustellen. Umso bemerkenswerter ist es, dass die Gerechtigkeit eines jener vier Prinzipien ist, die Tom Beauchamp und James Childress in ihre medizinethische Prinzipienethik aufgenommen haben, in ein normatives Konzept also, das in seiner Anwendung durch Einfachheit überzeugen wollte. Das kann angesichts der Komplexität des Gerechtigkeits-Begriffs aber nur gelingen, wenn zumindest der Geltungsbereich jener Forderung, jedem zu geben, was ihm zusteht, eingegrenzt wird. Dies geschieht de facto auch und zwar indem das Zustehende als dasjenige aufgefasst wird, was eine Person benötigt: „To say that a person needs something is to say that, without it, that person will suffer a harm, or at least will be detrimentally affected."[296]

Die hier angesprochene Verteilungsthematik spielt auch im Zusammenhang mit der Fairness eine Rolle, auch wenn ‚fair zu sein' grundsätzlich bedeutet, sich an (Spiel-)Regeln zu halten. Diese sehr allgemeine Bestimmung wird im alltäglichen Sprachgebrauch dann meist durch eine oder mehrere der folgenden Forderungen ergänzt: 1) Es ist unzulässig, bestimmte Personen ohne guten Grund anders zu behandeln. 2) Es ist unzulässig, andere zu benachteiligen oder sich selbst einen Vorteil zu verschaffen bzw.: Es ist unzulässig, andere zu benachteiligen, um sich selbst einen Vorteil zu verschaffen. 3) Es ist unzulässig, aus einem System, dessen Funktionieren andere durch ihren Einsatz gewährleisten müssen, Vorteile zu ziehen, ohne selbst einen adäquaten Beitrag zu leisten. 4) Es ist unzulässig, Menschen unangemessen hart zu bestrafen oder zu verurteilen.

Bei Punkt 3 handelt es sich um das sogenannte Trittbrettfahrer-Problem, welches von einer Person, dem sogenannten Trittbrettfahrer, handelt, der ohne einen Beitrag zu leisten (bzw. mit einem nur kleinen Beitrag) in höherem Maß von einer Kooperation profitiert als diejenigen, die einen angemessenen Beitrag leisten – wie das etwa beim Schwarzfahren der Fall ist. Ein solches Verhalten wird üblicherweise als unfair beurteilt, während das umgekehrte supererogatorische Verhalten, wenn nämlich eine Person einen unangemessen großen Anteil leistet und selbst dabei nur wenig oder keinen Nutzen aus der Kooperation zieht, als moralisch neutral oder sogar als besonders lobenswert erachtet wird.

---

296 Beauchamp T. L. / Childress J. F. (2013), S. 251.

3. Was Medienethik kann

Last but not least wird Fairness von Verfahren ausgesagt[297] und zwar dann, wenn dabei keine Partei bevorzugt wird.[298] Dieses Verbot des Ungleichbehandelns – wobei es hier stets um ein Ungleichbehandeln ohne guten Grund geht – ist inhaltlich konkret und insofern weitgehend unproblematisch. Anders verhält es sich bei der Forderung, bestimmte Spielregeln einzuhalten. Diese Forderung nämlich ist inhaltlich unbestimmt, eine Verfahrensregel, die den Konsens der Beteiligten über die Bedingungen des Verfahrens voraussetzt. Insofern wäre Fairness als alleiniger Wert zu vage, er wird letztlich erst durch die Kombination mit anderen Werten praktikabel.

Im Vergleich zur Gerechtigkeit scheint die Fairness einen niedrigeren moralischen Anspruch zu stellen. Auch ist die Konnotation des Begriffs weniger wertend aufgeladen als im Fall der Gerechtigkeit. Als ‚fair' oder ‚unfair' bezeichnet zu werden, wird von den meisten Menschen weniger stark als Lob oder Tadel wahrgenommen, als wenn sie ‚gerecht' oder ‚ungerecht' genannt werden. Ein weiterer Unterschied besteht darin, dass ‚Fairness' mehr im Zusammenhang mit Verfahren und Prozessen verwendet wird, ‚Gerechtigkeit' dagegen, wenn Ergebnisse oder Zustände im Blick sind. Ungeachtet dieser Unterschiede bieten sich prima facie beide – einander in ihrem Grundanliegen so ähnlichen – Werte als geeignete Kandidaten für den gesuchten Oberbegriff an.

Der Umstand jedoch, dass die Gerechtigkeit – wie zuvor skizziert – unter verschiedenerlei Rücksicht der Klärung bedarf, begründet erste Zweifel, ob sich ein solcher Wert in einer anwendungsorientierten Medienethik, wie sie hier entworfen werden soll, bewähren könnte. Gerade da es sich bei der Fairness um eine im Vergleich zur Gerechtigkeit niederschwelligere Forderung handelt, dürfte sie dem alltäglichen, medial vermittelten Interagieren außerdem näher stehen als die etwas sperrig und überfrachtet anmutende Gerechtigkeit. So lautet der Protestschrei im Sport auch nicht, wie Peter Studer als Beispiel für die Verwobenheit der Fairness mit der Praxis anführt, „Das ist nicht gerecht!", sondern „Das ist nicht fair!"[299] Nimmt man weiters den Befund aus den Kodizes ernst, fällt auf, dass diese

---

297 Im Sinn einer Verfahrensgerechtigkeit wird die Fairness auch bei John Rawls in seinem Werk *A Theory of Justice* interpretiert, sein Konzept eines egalitären Liberalismus geht aber weit über das hinaus, was die Autor*innen der diversen Selbstverpflichtungskodizes unter Fairness verstehen. Deshalb soll an dieser Stelle weder auf Rawls noch auf seine Kritiker näher eingegangen werden.
298 Man spricht hier von „procedural fairness" oder von „background fairness". Morelli M. F. (1995), S. 301.
299 Studer P. (2005), S. 9.

sich sehr häufig explizit auf die Fairness berufen.[300] So etwa die Präambel des *Pressekodex*[301], die *Erklärung der Pflichten und Rechte der Journalistinnen und Journalisten*, wo vom „Prinzip der Fairness"[302] die Rede ist, von welchem man sich leiten lassen wolle, weiters die *Programmcharta der SRG SSR*[303], der *Kodex von Venedig*[304], der *SEAP Code of Conduct*[305], *Die sieben Selbstverpflichtungen eines DPRG-Mitglieds*[306] sowie ähnlich lautend der *Ehrenkodex des PRVA*[307], der *Konsolidierte Kodex der ICC*[308] und die *Verhaltensregeln* des Deutschen Werberates[309].

---

300 Ergänzt man diesen Befund durch die Passagen, in denen es implizit um Fairness geht, sind es insgesamt 28 Dokumente, die von Fairness handeln. Damit ist die Fairness nach der Transparenz (29 Vorkommen) der am zweit häufigsten eingemahnte Wert.
301 Pressekodex, Präambel: „Sie [i.e. die Journalist*innen] nehmen ihre publizistische Aufgabe fair, nach bestem Wissen und Gewissen, unbeeinflusst von persönlichen Interessen und sachfremden Beweggründen wahr."
302 Erklärung der Pflichten und Rechte, Pflichten: „Die Journalistinnen und Journalisten lassen sich bei der Beschaffung, der Auswahl, der Redaktion, der Interpretation und der Kommentierung von Informationen, in Bezug auf die Quellen, gegenüber den von der Berichterstattung betroffenen Personen und der Öffentlichkeit vom Prinzip der Fairness leiten."
303 Programmcharta, Artikel 7: „Wir sind im Umgang mit Menschen fair und respektvoll."
304 Code of Venice, Artikel B1: "A member has a general duty of fair dealing towards his/her clients or employers, past and present."
305 SEAP Code of Conduct, Artikel 1: „ And therefore, European affairs professionals when making representations to the EU institutions shall: […] act with honesty and integrity at all times, conducting their business in a fair and professional manner across all channels including social media".
306 Sieben Selbstverpflichtungen, Artikel 4: „Eine Organisation, die es durch ihr Kommunikationsverhalten an Achtung für Menschen und an Fairness zu anderen Organisationen fehlen lässt, werde ich – falls ich für sie arbeite – nach Kräften zu Korrekturen anhalten. Nötigenfalls werde ich den Auftrag zurückgeben."
307 Ehrenkodex des PRVA, Artikel 22: „Eine Organisation, die es durch ihr Kommunikationsverhalten an Achtung für Menschen und an Fairness gegenüber anderen Organisationen fehlen lässt, wird der PR-Treibende – falls er für sie arbeitet – erforderlichenfalls nach Kräften zu einer Verhaltensänderung anhalten. Nötigenfalls wird er den Auftrag zurücklegen."
308 Kodex der ICC, Ausführliche Kapitel A, Artikel A1: „Jede Verkaufsförderung muss fair und ehrenhaft mit Verbrauchern und anderen Empfängern/Begünstigten umgehen. […] Jede Verkaufsförderung muss von fairem Verhalten gegenüber Wettbewerbern und anderen Handelstreibenden am Markt geprägt sein."
309 Verhaltensregeln, Grundregeln: „Sie [i.e. die kommerzielle Kommunikation] muss stets von Fairness im Wettbewerb und Verantwortung gegenüber der Gesellschaft getragen sein."

Im *Deutschen Kommunikationskodex* lautet einer der insgesamt sechs Zielwerte „Fairness" und im weiteren Textverlauf heißt es, die PR- und Kommunikationsfachleute wollten „durch Argumente sowie faires und respektvolles Kommunikationsverhalten" überzeugen. In der *Ethik in der Digitalen Kommunikation* wird die Fairness als eines der acht tragenden Prinzipien angesehen und der *EACA Code of Ethics* zählt die Fairness zu seinen fünf „core values". Nicht ausdrücklich genannt, aber dafür im Sinn einer universalen Gerechtigkeitsvision eingeführt wird die Fairness im ersten Artikel der *Hacker-Ethik*, wo es heißt, man wolle sich für einen unbegrenzten und vollständigen Zugang zu Computern für alle Menschen einsetzen.

Neben diesen programmatischen Aussagen, wie sie gerne in Präambeln und Einleitungen gemacht werden, findet sich aber auch eine ganze Reihe von Fällen, wo der Wert der Fairness hinter einem konkreten Ge- oder Verbot versteckt ist. In diesen Fällen geht es häufig darum, dass faire Verfahren zu gewährleisten sind, etwa wenn Informanden geschützt werden[310] oder faire Bedingungen für den Dialog geschaffen[311] werden sollen, wenn bei der Autorisierung eines fertigen Textes noch einmal ein Austausch mit den Gesprächspartnern gesucht werden soll[312] oder wenn im Zusammenhang mit Kindern betont wird, dass deren persönliche Daten nur mit Zustimmung der Eltern weitergegeben werden dürfen[313]. In den Nutzerkodizes zeigt sich die Fairness der handelnden Personen dann darin, dass Re-Postings nur mit Einverständnis des Urhebers durchgeführt werden dürfen und das Copyright respektiert werden soll[314], dass man Gesprächspartner*innen informiert, wenn man eine Freispracheinrichtung benützt[315], die eigenen Beiträge breit verlinkt[316] und es den Leser*innen damit erleichtert nachzuvollziehen, aus welchen Quellen Informationen stammen.

Besonderer Wert scheint aber gerade dann auf die Fairness im Verfahren gelegt zu werden, wenn konkurrierende Interessen ins Spiel kommen und zwar insbesondere in den Bereichen PR und Werbung. Hier geht es zum einen darum, mit Unvereinbarkeiten von Tätigkeiten und Interessen fair

---

310 Pressekodex.
311 Kodex von Brüssel.
312 Richtlinien zur Erklärung.
313 Kodex der ICC.
314 RFC 1855.
315 Netiquette.
316 Weblog Ethics.

3.2. Werte für die Medienethik

umzugehen.[317] Zum anderen werden verschiedene konkrete Situationen im Sinn der Fairness geregelt. So verbietet etwa der *Verhaltenskodex Freiwillige Selbstkontrolle Multimedia-Diensteanbieter* das unaufgeforderte Anzeigen von Werbeangeboten, weil dadurch das Navigieren erschwert wird, in den *Verhaltensregeln* des deutschen Werberates heißt es im Kontext der Lebensmittelwerbung, dass Personen, die bestimmte Güter nicht konsumieren, nicht herabgewürdigt werden dürfen, und im österreichischen *Ethik-Kodex der Werbewirtschaft* wird betont, dass auf den Konsumenten kein Kaufzwang ausgeübt und ihm keine falschen Versprechen gemacht werden dürfen. Ähnlich die *Grundsätze* der *Schweizer Lauterkeitskommission*, denen zufolge Gewinnspiele nicht mit verbindlichen oder probeweisen Bestellungen gekoppelt sein dürfen und für die Rückgabe einer Ware eine Frist eingeräumt werden muss, die für eine angemessene Beurteilung von Eigenschaften und Wirkung eines Produkts ausreichend ist.

Neben diesen Bestimmungen wird Fairness vor allem im Umgang mit beschuldigten Personen ins Spiel gebracht, wobei diese Vorschriften primär in journalistischen Selbstverpflichtungskodizes zu finden sind. Betont werden dabei einerseits, die Richtigstellungspflicht im Fall von falschen Anschuldigungen[318] und die Pflicht, Rügen in angemessener Form zu publizieren[319]. Andererseits wird gefordert, dass Beschuldigten die Möglichkeit zur Stellungnahme gegeben werden muss[320] und dass eine Folgeberichterstattung stattfinden soll, in der über Freispruch, deutliche Strafmilderung oder die Einstellung eines Verfahrens zu informieren ist[321].

Fairness wird zuletzt überall dort für wichtig erachtet, wo bestimmte Personen die Möglichkeit hätten, ihren eigenen Vorteil zu suchen, sich – in ihrer Akzeptanz der betreffenden Kodizes – aber darauf verpflichten, von einem solchen Verhalten Abstand zu nehmen. Neben allgemeinen Formulierungen[322] finden sich auch Vorschriften, in denen ausbuchstabiert wird, was Fairness im Sinn eines Nicht-den-eigenen-Vorteil-Suchens in einer bestimmten Situation bedeutet. Das gilt beispielsweise für das Ein-

---

317 Pressekodex, Verhaltenskodex des ORF, Erklärung der Pflichten und Rechte, DPRG-Grundsätze, GPRA-Grundsätze.
318 Pressekodex, Erklärung der Pflichten und Rechte.
319 Pressekodex.
320 Ehrenkodex Presse, Richtlinien zur Erklärung.
321 Pressekodex.
322 Kodex von Venedig, ICCO Stockholm-Charta, PLEON Code of Conduct.

3. Was Medienethik kann

halten von Sperrfristen[323] oder für das Verbot von Imitation und Anlehnung bzw. das Verbot des Ausnutzens eines ideellen Firmenwertes[324].

Mit Ausnahme höchstens der *Hacker-Ethik*, die in ihrem ersten Artikel eine umfassende Gerechtigkeits-Vision anreißt, scheinen die Autoren der in Frage kommenden Selbstverpflichtungskodizes – so könnte man zusammenfassend festhalten – primär den Wert der Fairness betonen zu wollen, die im Unterschied zur Gerechtigkeit weniger emotional bzw. wertend aufgeladen ist und sich außerdem aufgrund der geringeren Komplexität besser für eine anwendungsorientierte Medienethik zu eignen scheint.

Treffen wir an dieser Stelle also eine (begründete) Entscheidung zugunsten der Fairness, so handelt es sich dabei nur um ein erstes Fazit. Denn bei der Durchsicht der Detailanalysen trifft man auf weitere Werte, die in einer gewissen Nähe zur Fairness stehen und ihrerseits einer Zuordnung bedürfen. Dies wäre einmal die Moderation, die in drei Kodizes eine Rolle spielt und in einem von ihnen sogar als ein maßgebliches Prinzip eingeführt wird[325]. Inhaltlich bestimmt wird die Moderation in der *Ethik der Digitalen Kommunikation* als das Vorgeben von klaren Richtlinien für den Diskurs, der *Ehrenkodex des PVRA* versteht Moderation in dem Sinn, dass seine Mitglieder auf der Basis einer ehrlichen und langfristigen Kommunikation tätig sind, und im *Kodex von Brüssel* heißt es: „Establish the moral, psychological and intellectual conditions for dialogue, and recognise the rights of all parties involved to state their case and express their views."[326] Angepeilt ist in allen drei Fällen die Etablierung und Förderung einer offenen Gesprächskultur, die es ermöglicht, alle Stimmen gleichermaßen zu hören. Insofern zielt die Moderation auf die Gewährleistung eines fairen Verfahrens ab und lässt sich insofern dem Oberbegriff Fairness zuordnen.

Ähnliches wie für die Moderation gilt für die Rechtschaffenheit, deren 14 Nennungen[327] allesamt darauf abzielen, dass geltende Regeln, seien dies nationale Gesetze oder die Ge- bzw. Verbote des jeweiligen Kodex, eingehalten werden. Die Unterzeichner verpflichten sich also darauf, Spielregeln einhalten und ein faires Verfahren fördern zu wollen.

---

323 Richtlinien zur Erklärung.
324 Kodex der ICC, Grundsätze.
325 Die acht Prinzipien sind: Fairness, Respekt, Verantwortung, Moderation, Klarheit, Transparenz, Höflichkeit, Privatsphäre (Ethik der Digitalen Kommunikation).
326 Kodex von Brüssel, Artikel 3.
327 Kodex von Bordeaux, Erklärung der Pflichten und Rechte, Verhaltenskodex FSM, Freiwillige Selbstverpflichtung, Kodex von Lissabon, SEAP Code of Conduct, GA Code of Ethics, DPRG-Grundsätze, EACA Code of Ethics, Kodex der ICC, Verhaltensregeln, Ethik-Kodex Werbewirtschaft, Grundsätze.

3.2. Werte für die Medienethik

Schwieriger verhält es sich dagegen mit einem Wert, der die diversen Selbstverpflichtungskodizes prima facie ähnlich dominiert wie die Fairness selbst und dabei inhaltlich zumindest teilweise in eine andere Richtung zu gehen scheint. Es handelt sich hierbei um die Integrität. Unter Integrität versteht man die Bereitschaft, sich von moralischen Überzeugungen leiten zu lassen und diesen auch dann treu zu bleiben, wenn man dadurch Nachteile in Kauf nehmen oder auf Vorteile verzichten muss.[328] Zugleich zielt die Integrität auf eine Übereinstimmung von Überzeugungen und eigener Praxis ab. Sie bezeichnet ein Handeln, das vom Bemühen getragen ist, die eigenen moralischen Ideale zu verwirklichen. Diese Ideale leichtfertig aufzugeben dagegen, sich sozusagen korrumpieren zu lassen, ist das Gegenteil dessen, was als ‚integer' angesehen wird.

Innerhalb der verschiedenen Selbstverpflichtungskodizes finden sich zahlreiche explizite wie implizite Verweise auf die Integrität. Betrachtet man zunächst die Dokumente, in denen eine ausdrückliche Nennung erfolgt, fällt auf, dass hier zwar von Integrität die Rede ist, die Erläuterungen, die folgen, dann jedoch andere Werte ins Spiel bringen. So erklärt der *Kodex von Lissabon*, man wolle in der Ausübung des Berufes „Aufrichtigkeit, moralische Integrität und Loyalität" beweisen, im weiteren Textverlauf geht es dann aber primär um Rechtschaffenheit und Nicht-Täuschen. Ähnlich im *GA Code of Ethics*, wo die den Ge- und Verboten vorangestellte Grundsatzerklärung Integrität einmahnt[329], sie kurz darauf allerdings als Nicht-Rufschädigen interpretiert, oder im *Kodex von Brüssel*, wo die in Artikel 1 eingeführte Integrität als Ehrlichkeit bzw. Vertrauenswürdigkeit expliziert wird. Gleich in mehreren Selbstverpflichtungserklärungen wird die eingeforderte Integrität als Fairness im Sinn eines unparteiischen Verfahrens ausgelegt, etwa im *SEAP Code of Conduct*, dessen erster Artikel der Integrität gewidmet ist, im *degepol-Verhaltenskodex*, im *Deutschen Pressekodex*, wo die Integrität eine von fünf Zwischenüberschriften stellt, oder im *EACA Code of Ethics*, der die Integrität als den ersten seiner fünf Kernwerte[330] führt.

---

328 In ihrem Lexikonbeitrag schreibt Forrest B. (1995), S. 441: „Moral integrity [...] requires that an individual refuse to abandon important moral principles even when it is advantageous to do so."
329 GA Code of Ethics: „We pledge * To conduct ourselves professionally, with integrity, truth, accuracy, fairness and responsibility to our clients, our client public, and to an informed society".
330 Diese fünf „core values" sind: Integrität, Respekt, Fairness, Vertrauenswürdigkeit und Professionalität bzw. Exzellenz (EACA Code of Ethics).

3. Was Medienethik kann

Was die übrigen Kodizes betrifft, die von Integrität handeln, lassen sich bei näherer Betrachtung vier Gruppen unterscheiden. Erstens nämlich wird Integrität im Zusammenhang mit fairen Verfahren eingefordert[331], im Zusammenhang mit Verfahren also, die niemandem einen Vorteil gewähren, der sich nicht über Sachargumente begründen ließe. Damit ist ein unmittelbarer Übergang zur zweiten Gruppe von Nennungen gegeben, in denen es darum geht, dass Medien-Akteur*innen die Fairness eines Verfahrens nicht zu ihren eigenen Gunsten aushebeln dürfen[332], d.h. nicht ihren persönlichen Vorteil suchen sollen. Beispiele für derartige Situationen gibt es viele, besonders häufig erscheint aber die Thematik der Geschenkannahme, der Vorteilsannahme durch Mehrwissen und des geistigen Diebstahls.

Eine Ähnlichkeit besteht auch zwischen der dritten und der vierten Gruppe, denn bei der einen steht das Verbot von unlauteren Mitteln in der Recherche im Vordergrund[333], bei der anderen das Verbot von unlauteren Mitteln in der Vermarktung[334]. Als solche genannt werden der Einsatz von Druck- und Bestechungsmitteln, das Ausnützen von Extremsituationen, außerdem von Unerfahrenheit, von Hoffnungen und Ängsten. All diesen Fällen bzw. beiden Bereichen des Einsatzes unlauterer Mittel ist gemeinsam, dass Verfahren hier auf eine Art und Weise beeinflusst werden, die keine Fairness zulässt.

Die große Nähe zur Fairness einerseits und der Umstand, dass die Eigenart der Integrität – nämlich eine Übereinstimmung von Überzeugungen, Charakter und Handlungen zu erzielen – innerhalb der Kodizes gerade nicht thematisiert wird, lässt es vertretbar erscheinen, die Integrität als eigenständigen Wert fallen zu lassen und sie stattdessen unter der Fairness zu subsumieren. Auch gilt es zu bedenken, dass sich die Diskussion über die Integrität der Akteur*innen gewissermaßen auf einer Metaebene abspielt, weil sie die Akzeptanz bestimmter, inhaltlich konkreter Werte be-

---

331 Medienkodex, Ehrenkodex Presse, Richtlinien Wirtschaftsberichterstattung, Verhaltenskodex des ORF, Richtlinien zur Erklärung, Kodex von Lissabon, Kodex von Athen, SEAP Code of Conduct, degepol-Verhaltenskodex, PLEON Code of Conduct, Ehrenkodex des PRVA, EACA Code of Ethics, Kodex der ICC, RFC 1855.
332 Kodex von Bordeaux, Pressekodex, Ehrenkodex Presse, Verhaltenskodex des ORF, Richtlinien zur Erklärung, Programmcharta, Code of Venice, degepol-Verhaltenskodex, Ehrenkodex des PRVA, Weblog Ethics.
333 Kodex von Bordeaux, Pressekodex, Ehrenkodex Presse, Erklärung der Pflichten und Rechte, Richtlinien zur Erklärung, Programmcharta.
334 Sieben Selbstverpflichtungen, PLEON Code of Conduct, EACA Code of Ethics, Kodex der ICC, Verhaltensregeln, Ethik-Kodex Werbewirtschaft, Grundsätze.

reits voraussetzt und auf dieser Basis die Frage nach deren Umsetzung stellt. Diese Problematik wird innerhalb der Kodizes aber gerade nicht thematisiert – mit Ausnahme höchstens des *Code of Venice*, der die „maintenance of [...] high moral standards" zum Thema macht, bzw. jener wenigen Passagen, die von Ehre[335] und Anstand[336] handeln. Doch selbst hier wird die Rede von den „Journalistinnen und Journalisten, welche dieser Bezeichnung würdig sind"[337], rasch in Richtung Rechtschaffenheit präzisiert, ohne dass diskutiert wird, inwiefern dieses Würdig-Sein in der Integration von Überzeugungen und Handlungen spürbar wird.

Doch noch einmal zurück zur Fairness. Im Unterschied zur Transparenz, bei der es sich um einen Wert handelt, der insbesondere der Eigenart der medial vermittelten Kommunikation gerecht zu werden scheint, geht von der Fairness ein deutlich allgemeinerer Anspruch aus. Von diesem ist anzunehmen, dass er auch in anderen Bereichsethiken eine Rolle spielt und somit ein Angelpunkt sein könnte, wollte man im Anschluss an den hier präsentierten Entwurf den Versuch unternehmen, Wertvorstellungen aus unterschiedlichen Bereichsethiken zueinander in Beziehung zu setzen.

Die Fairness im heutigen Sinn taucht jedenfalls erstmals in den altenglischen Turnierregeln des 15. Jahrhunderts auf und erfreut sich dann ab dem 19. Jahrhundert – ausgehend vom Baseball (USA) und dem Cricket (England) – rasch wachsender Beliebtheit. Im politischen Kontext begegnet der Begriff ebenfalls zunächst im englischen Sprachraum und zwar in dem von US Präsident Franklin D. Roosevelt 1938 erlassenen „Fair Labor Standards Act", der eine Begrenzung der Arbeitsstunden und gerechte Löhne für Arbeiter gewährleisten sollte.[338] Aus der sportlichen und – mittlerweile auch – politischen englischen Semantik wurde die Fairness dann in der Nachkriegszeit in das deutsche politische Reden übernommen, wo man sich, wie Thomas Mergel konstatiert, nach 1945 dessen bewusst war, „dass die demokratische Kultur neu zu lernen sei"[339].

Innerhalb der Philosophie spielt die Fairness als spezifische Form der Gerechtigkeit sowohl in den verschiedenen Tugendkatalogen als auch in den unterschiedlichen Fassungen eines Gesellschaftsvertrages eine Rolle[340], explizit tut sie es bei John Rawls, der die Fairness in seinem 1957 erschie-

---

335 Kodex von Bordeaux, Erklärung der Pflichten und Rechte.
336 EACA Code of Ethics, Ethik-Kodex Werbewirtschaft.
337 Erklärung der Pflichten und Rechte, Präambel.
338 Studer, P. (2005), S. 10–11.
339 Mergel Th. (2010), S. 284.
340 Günther, K. (1999), S. 10.

nenen Essay „Justice as Fairness" als Verfahrensgerechtigkeit interpretiert[341], und bei Annemarie Pieper, die Fairness als Angemessenheit im Rahmen höherer Prinzipien deutet. Als „Metanorm" oder „Prinzip der mittleren Ebene" steht sie für Pieper quer zu den diversen inhaltlichen Handlungsnormen und kommt primär dann zum Einsatz, wenn es um Anwendungsfragen innerhalb gewisser akzeptierter Grundsätze geht. Einen Appell an Fairness versteht sie als Appell an Freiwilligkeit, ähnlich wie die Solidarität und die Toleranz interpretiert sie die Fairness als ein „flankierendes Postulat".[342]

Aber auch innerhalb der Medienethik handelt es sich bei der Fairness um einen bereits eingeführten Begriff. So deutet Klaus Günther die Fairness schon 1999 als einen für die medial vermittelte Kommunikation zentralen Wert, insbesondere wenn es darum geht, wie Medienschaffende mit den Objekten der Berichterstattung umgehen (sollen). Er spricht von einer Sympathie-Fairness, die in fünf Arenen – i.e. den Spannungsfeldern einheimisch gegen fremd, gesund/lebendig gegen krank/sterbend/trauernd, jung gegen alt, männlich gegen weiblich und reich gegen arm – dafür sorgen soll, dass die Akteur*innen vermehrt Empathie für andere und Schwächere empfinden bzw. die „diskriminierende[n] Zumutungen von Mächtigen"[343] zurückweisen. Als Kriterien für die Sympathie-Fairness nennt er Recherchegenauigkeit, einen verantwortungsvollen Umgang mit Inszenierung – d.h. auf die Verletzlichkeit von Medienfiguren zu achten und darauf, dass diese als „Personenoriginale"[344] nicht verloren gehen – und die durchaus ambivalente Verschwiegenheit.

Vor einem stärker historischen Hintergrund skizziert Thomas Mergel die zunehmende Bedeutung der Fairness im Kontext dessen, was er „Pazifizierung"[345] des deutschen Wahlkampfs nennt. Ausgehend von der These, dass sich im Dreieck Politik, Medien und Publikum die Standards des Erlaubten allmählich einpendeln, jedoch nicht auf Dauer stabil bleiben, zeigt er, wie Fairness in den 60er Jahren zunächst zu einem Kampfbegriff der Medien wurde, etwa wenn die Norddeutsche Zeitung sich 1953 mit den mahnenden Worten „Seid fair!"[346] an die wahlwerbenden Politiker*innen wandte. Nach und nach wurde die aus der Forderung der Unparteilichkeit

---

341 Studer, P. (2005), S. 13, setzt sich u.a. mit der Frage auseinander, wie Rawls' Zugang für die Medienethik fruchtbar gemacht werden kann.
342 Pieper, A. (1991).
343 Günther, K. (1999), S. 45.
344 Günther, K. (1999), S. 27.
345 Mergel Th. (2010), S. 307.
346 Mergel Th. (2010), S. 299.

entwickelte Fairness, wie Mergel zeigt, selbst zum Wahlkampfthema, eine Frage des Wahlkampfstils gewissermaßen, um schließlich – in der Gegenwart – ihren (vorläufigen) Ort als Gebot der Klugheit gefunden zu haben, z.B. weil PR-Sprecher gelernt haben, dass unfaire Wahlkampftaktik wie Dirty Campaigning sich langfristig nicht bezahlt macht.

Demgegenüber betonen Thilo Baum und Frank Eckert in ihrem 2017 erschienenen Ratgeber, der für all jene, die keine einschlägige Ausbildung besitzen, journalistisches Handwerk zur Verfügung stellen will, die Gefahren der medialen Kommunikation. In einem den drei – wie man es nennen könnte – redaktionellen Tugenden Logik, Distanz und Fairness gewidmeten Kapitel schreiben sie: „Zum journalistischen Handeln gehört unbedingt Fairness. Journalisten verfügen über Waffen, die andere nicht haben: Die meisten können sich drastisch ausdrücken, und das in Kombination mit hoher Reichweite kann Menschen zerstören."[347] Weiter gefasst und mit einem Blick auf die Vielzahl der unterschiedlichen medial vermittelten Interaktionen formuliert schließlich der bereits zitierte Alexander Filipović einen an den Wert Fairness anknüpfenden Leitsatz: „Halte dich bei deinem Medienhandeln an geltende rechtliche und moralische Regeln. Behandle Menschen gleich, sei gerecht, beachte dafür auch Ungleichheiten. Sei fair und suche nicht deinen eigenen Vorteil auf Kosten anderer."[348]

3.2.3. Respekt

Ähnlich wie Transparenz und Fairness wird auch der Respekt in den verschiedenen Selbstverpflichtungskodizes überdurchschnittlich häufig genannt und zwar in allen Bereichen der medial vermittelten Interaktion. Das deckt sich mit dem Befund aus der Literatur, wo man eine Vielzahl von biographischen, narrativen und essayartigen Werken zum Thema Respekt findet.[349] Tatsächlich wird der seit dem späten 16. Jahrhundert aus dem Französischen – das seinerseits auf das lateinische *respectus* (zu *respicere* zurückblicken, Rücksicht nehmen) zurückgreift – in die deutsche Sprache übernommene ‚Respekt' spätestens mit der Aufklärung zu einer Art Modebegriff. Wie bei Ausdrücken, die im Alltag geläufig sind, nicht an-

---

347 Baum, Thilo / Eckert, Frank (2017), S. 123.
348 Filipović A. (2020 – im Druck).
349 Exemplarisch zu nennen wären hier Sennet R. (2004), Strobl I. (2010) und Vranitzky F. (2017).

3. Was Medienethik kann

ders zu erwarten, führt das dazu, dass seine Bedeutung zusehends diffus wird bzw. zu verflachen droht.[350]

Doch bleiben wir zunächst beim Befund, der sich aus den diversen Kodizes gewinnen lässt: In der *Ethik der digitalen Kommunikation* wird er als zweites von insgesamt acht Prinzipien eingeführt und im *EACA Code of Ethics* als zweiter von fünf Kernwerten. Abgesehen davon begegnet den Leser*innen der Kodizes eine Vielzahl von Themenbereichen, die durchwegs im Zusammenhang mit der Forderung nach Respekt stehen: Instrumentalisieren von Personen[351], Verunglimpfen[352], Herabwürdigen – insbesondere im Zusammenhang mit sexualisierenden und pornographischen Darstellungen[353] – sowie das Diskriminieren aufgrund von Alter, Geschlecht, Rasse, Religion, sexueller Orientierung[354] oder aufgrund eines bestimmten Verhaltens wie zum Beispiel des bewussten oder durch mangelnde Kaufkraft bedingten Verzichts[355] auf beworbene Güter.

Neben diesen meist eher allgemein formulierten Verboten – die übrigens sowohl gegenüber bestimmten Personengruppen (wie Kindern und alten Menschen) als auch in bestimmten Situationen (etwa in der Sensationsberichterstattung) eine Verschärfung erfahren – erfolgt in manchen Kodizes auch eine Spezifizierung dessen, was Respekt in einem konkreten Anlassfall bedeutet. Solche Spezialfälle kommen etwa im *Pressekodex* vor (Willen der Autoren von Leserbriefen achten), im *Konsolidierten Kodex der ICC* (nur diejenigen Verbraucher telefonisch kontaktieren, die dem zugestimmt haben; Wartezeiten in der Leitung vermeiden), in den *Grundsätzen zur Lauterkeit in der kommerziellen Kommunikation* (Produkt des Mitbewerbers nicht herabsetzen), im *RFC 1855* (Gruppen nicht nur aufsuchen, um zu zeigen, dass sie Unrecht haben), in der *Hacker-Ethik* (keine Datenflut

---

350 Kämper H. (2008), S. 242.
351 Explizit findet sich das Verbot, Kinder zu instrumentalisieren, in: Verhaltensregeln des Deutschen Werberates, Kinder und Jugendliche. In der positiven Formulierung vom Achten der „Unabhängigkeit und Freiheit meiner Gesprächspartner" begegnet die Forderung zweimal: Sieben Selbstverpflichtungen, Ehrenkodex des PRVA.
352 Kodex von Bordeaux, Ehrenkodex Presse, Countering Illegal Hate Speech.
353 Verhaltenskodex FSM, Freiwillige Selbstverpflichtung, Verhaltensregeln, Ethik-Kodex Werbewirtschaft, Grundsätze.
354 Gegen das Diskriminieren aufgrund all dieser bzw. eines Teils dieser Merkmale richten sich: Ehrenkodex Presse, Countering Illegal Hate Speech, Deutscher Kommunikationskodex, EACA Code of Ethics, Kodex der ICC, Ethik-Kodex Werbewirtschaft, Grundsätze, Hacker-Ethik.
355 Verhaltensregeln, Ethik-Kodex Werbewirtschaft.

auslösen) und in der *Wikiquette*[356] (Änderungen nicht ohne Begründung rückgängig machen) vor. Außerdem ist im *Konsolidierten Kodex der ICC* vom Respekt gegenüber der Natur die Rede und im *Ethik-Kodex der Werbewirtschaft* vom Respekt gegenüber Tieren.

Schließlich können m.E. all jene Fälle, in denen eine freiwillige Selbstverpflichtung zum Respektieren von Menschenrechten bzw. der Menschenwürde[357] erfolgt[358], dem Wert Respekt zugeordnet werden. Eine solche Verknüpfung findet sich auch in der spärlichen wissenschaftlichen Literatur zum Begriff bzw. Wert ‚Respekt'. So zeigt Kurt Seelmann, dass die personale Reichweite des Respektgebotes insbesondere in der Menschenwürdedebatte Niederschlag gefunden hat. Den aus dem Menschenwürdekonzept abgeleiteten, dem Mitmenschen geschuldeten Respekt versteht er in der Nachkriegszeit primär als Anerkennen derselben Rechtssubjektivität, als Schutz der Person gegen Ungleichbehandlung – als Gegenprogramm also zu dem, was in der NS-Zeit systematisch betrieben wurde –, in der Gegenwart dagegen vermehrt als Schutz einer Person in dem Sinn, wie diese sich selbst in ihrer Individualität definiert.[359] Innerhalb der Kodizes werden die Menschenrechte entweder wie ein unspezifisches Kollektiv behandelt oder es werden einzelne Rechte herausgegriffen und explizit angeführt wie zum Beispiel die Freiheit der Meinungsäußerung oder die Presse- bzw. Medienfreiheit. Bei den zuletzt genannten Rechten handelt es sich allerdings nicht so sehr um eine Selbstverpflichtung, als viel mehr um Ansprüche der Medienschaffenden gegenüber der Öffentlichkeit bzw. gegenüber Institutionen. Es geht darum, was die Akteur*innen voraussetzen können, müssen oder wollen, und nicht darum, worauf sie selbst sich verpflichten.

Sofern man die Freiheit auf Meinungsäußerung aber aus der Perspektive dessen denkt, der sie seinem Gegenüber zugesteht, scheint es einmal mehr angemessen, ein solches Verhalten bzw. eine solche Haltung als eine Form von Respekt zu interpretieren. Und auch das Bekenntnis zur demokratischen Gesellschaftsordnung kann – insofern es der Zweck der Demokratie

---

356 Wikiquette, Artikel 2: „Zum gegenseitigen Respekt gehört auch, Änderungen nicht ohne Begründung rückgängig zu machen. Versuche, den Dissens auf der Diskussionsseite des Benutzers zu klären, und hole im Zweifel eine dritte Meinung ein."
357 Zum Geltungsanspruch der Menschenwürde siehe Beck K. (2010), S. 136.
358 Pressekodex, Medienkodex, Ehrenkodex Presse (Würde der Person wahren), Verhaltenskodex des ORF (Persönlichkeitsrechte), Programmcharta, Verhaltenskodex FSM, Kodex von Brüssel, Ethik-Kodex Werbewirtschaft.
359 Seelmann K. (2008), S. 426–427.

ist, die Meinung von einzelnen Personen ernst zu nehmen – als Respekt gegenüber den Mitmenschen gedeutet werden.

Ganz allgemein nämlich meint ‚Respekt' die Achtung, die man einem Gegenüber zeigt und zwar – in erster Linie – die man einem anderen Menschen zeigt. Dessen ungeachtet können auch Tiere oder die Natur mit Respekt behandelt werden, weiters kann man einer Institution oder dem Gesetz gegenüber Respekt zeigen. Bleibt der Fokus aber auf den Respekt gegenüber einem Menschen beschränkt, zeigt sich schnell, dass selbst hier unterschiedliche Leseweisen möglich sind: Respekt kann – wie bereits gezeigt worden ist – positiv als Achtung bzw. als Anerkennung verstanden werden, denn Achtung impliziert gerade, das jeweilige Gegenüber als (gleichberechtigten) Partner anzuerkennen. In eine ähnliche Richtung weist das Verständnis von Respekt als Toleranz, die nämlich darin besteht, andere so anzunehmen, wie sie sind. Interessant ist in diesem Zusammenhang die Position von Heidrun Kämper, die, wenn sie zwischen Duldung, Toleranz und Respekt differenziert, betont, dass der Duldung und der Toleranz immer auch die Konnotation des Abweichenden und Fremden, das eben erst geduldet bzw. toleriert werden muss, innewohnt, während in der „Semantik von Respekt [...] diese mehr oder weniger versteckte Form der Diskriminierung" nicht enthalten ist.[360]

Anders verhält es sich, wenn man Anerkennung im Sinn von Bewunderung deutet, also als Respekt vor einer erbrachten Leistung. Hier handelt es sich nicht mehr um ein ungeschuldetes Respektieren, sondern um ein verdientes. Um eine negative Konnotation verstärkt wird das Verständnis, wenn man Respekt im Kontext von Autorität – Respekt vor Vorgesetzten – bzw. als Angst – vor einer mächtigen Person, vor drastischen Strafmaßnahmen etc. – interpretiert. Gegenüber unberechenbaren Personen oder schwer einzuschätzenden Ereignissen etwa lässt sich von Respekt in der Bedeutung von Vorsicht sprechen. Respekt im bereits genannten Sinn von Furcht – genauer: einer ehrerbietigen, furchtsamen Scheu – begegnet übrigens auch bei Immanuel Kant, allerdings nicht im Zusammenhang mit einer als überlegen empfundenen Person oder vor einem Sachverhalt bzw. Gegenstand, sondern im Hinblick auf das Sittengesetz: „Jeder Mensch hat Gewissen, und findet sich durch einen inneren Richter beobachtet, bedroht und überhaupt im Respekt (mit Furcht verbundener Achtung) gehalten, und diese über die Gesetze in ihm wachende Gewalt ist nicht et-

---

360 Kämper H. (2008), S. 255.

was, was er sich selbst (willkürlich) macht, sondern es ist seinem Wesen einverleibt."³⁶¹

Bei der Durchsicht der verschiedenen Kodizes jedenfalls ist deutlich geworden, dass Respekt hier im Sinn einer ungeschuldeten und unverfügbaren Achtung verstanden wird, die eben nicht zur Disposition steht und auch nicht instrumentalisiert werden darf. Vor diesem Hintergrund stellt sich in einem weiteren Schritt die Frage, ob sich innerhalb der Selbstverpflichtungskodizes weitere Werte finden lassen, die sich in ihrer Bedeutung diesem Verständnis von Respekt annähern und sich insofern in eine mit ‚Respekt' überschriebene Gruppe einfügen lassen.

Auf der Suche nach solchen Werten fällt der Blick zunächst auf die Pietät, die üblicherweise als Respekt gegenüber den Toten definiert wird und im österreichischen *Ethik-Kodex der Werbewirtschaft* eingemahnt wird, wenn es heißt, dass Todesfälle – so wie übrigens auch Leid und Unglück – nicht zu Werbezwecken missbraucht werden dürfen.³⁶² Derselbe Kodex handelt auch von Rücksicht³⁶³, einem weiteren Wert also, der sich durch Nähe zum Respekt hervortut.

Ebenso mit dem Respekt verwandt ist die Höflichkeit, die man als Kunst eines rücksichtsvollen Verhaltens, welches den eigenen Respekt vor dem jeweiligen Gegenüber zum Ausdruck bringen soll, umschreiben könnte. Explizit setzt sich mit dem Verhältnis zwischen Höflichkeit und Respekt übrigens der Rechtsphilosoph Kurt Seelmann auseinander, wobei er die Höflichkeit als Teil und Basis der tiefergreifenden Forderung nach Respekt interpretiert. Er schreibt: „Wenn wir von einer moralischen Pflicht zum Respekt sprechen, meinen wir damit weniger den nur symbolischen Respekt in Höflichkeit, Takt und gutem Benehmen, sondern offenbar eine darüber hinausreichende Pflicht zur Achtung vor dem Menschen, die ihn in seiner sozialen Realität ernst nimmt – wobei an dieser Stelle die umstrittene Frage offengelassen werden kann, ob Respekt gleichzusetzen ist mit der Behandlung anderer als ‚Selbstzweck'."³⁶⁴

---

361 Kant I. (1797), S. 573.
362 Respekt vor der Person des Verstorbenen wird außerdem vom *Ehrenkodex für die österreichische Presse* gefordert und zwar im Zusammenhang mit der Suizidberichterstattung.
363 Ethik-Kodex Werbewirtschaft, 1.1. Allgemeine Werbegrundsätze, Präambel: „Werbung trägt somit soziale Verantwortung und muss auf die Rechte, Interessen und Gefühle von Einzelnen und Gruppen von Menschen Rücksicht nehmen."
364 Seelmann K. (2008), S. 418.

3. Was Medienethik kann

Innerhalb der Kodizes kommt die Höflichkeit jedenfalls viermal vor: Im *SEAP Code of Conduct* wird sie explizit zusammen mit dem Respekt genannt[365], in der *Ethik der digitalen Kommunikation* gilt sie als einer der acht tragenden Werte. Auch ist die Höflichkeit ein besonderes Anliegen der Nutzerkodizes, etwa im *RFC 1855*, der für die One-to-One-Kommunikation „courtesy for interaction"[366] einmahnt und einige Seiten später konkretisiert, dass Höflichkeit zum Beispiel meinen kann, nicht nur Großbuchstaben zu gebrauchen, damit nicht den Eindruck entsteht, man wolle bzw. würde den Gesprächspartner anschreien. Denn: „UPPER CASE LOOKS AS IF YOU'RE SHOUTING."[367] Ebenso um Höflichkeit geht es in der *Wikiquette*, wenn sich die User dazu verpflichten, Neuankömmlinge willkommen zu heißen, auf Anfragen zu antworten und sich für Hilfe zu bedanken.

Pietät, Rücksicht und Höflichkeit zielen also im Wesentlichen auf die Achtung des Kommunikationspartners ab und lassen sich insofern – mit ihren vereinzelten Vorkommen – relativ unproblematisch dem Wert Respekt zuordnen. Wie steht es aber mit dem Nicht-Schädigen, einer Forderung, die sich aus insgesamt zwanzig[368] Kodizes herauslesen lässt? Um klarer zu sehen, wie das Verhältnis zwischen Respekt und Nicht-Schädigen beschrieben werden kann, mag es hilfreich sein, zunächst in Erinnerung zu rufen, in welchen Kontexten das Nicht-Schädigen auftritt.

Sieht man vom Schaden an kulturellen, künstlerischen oder historischen Objekten – dem der *Konsolidierte Kodex der ICC* entgegenwirken will – ab, kann man im Wesentlichen drei große Gruppen von Ge- bzw. Verboten unterscheiden. Untersagt sind erstens Handlungen, durch die die Gesellschaft Schaden nehmen kann[369], wie zum Beispiel Propaganda für verfassungswidrige Organisationen bzw. für rassistisches oder nationalsozialistisches Gedankengut und die Verharmlosung von Gewalt.

---

365 SEAP Code of Conduct, Artikel 1: "treat all others, including colleagues, competitors, and staff, officials or members of the EU-institutions – with respect and civility at all times".
366 RFC 1855, 2.0.
367 RFC 1855, 2.1.1. Artikel 15.
368 Diese Zahl steigt, sofern das Nicht-Rufschädigen nicht, wie es hier geschehen ist, separat ausgewertet, sondern als eine Form des Nicht-Schädigens diesem zugerechnet wird.
369 Verhaltenskodex FSM, Verhaltenskodex Suchmaschinenanbieter, Ehrenkodex des PRVA, Kodex der ICC, Verhaltensregeln, Ethik-Kodex Werbewirtschaft.

3.2. Werte für die Medienethik

Zweitens sind Darstellungen zu unterlassen, die dazu verleiten können, sich selbst Schaden zuzufügen[370], wenn nämlich zur Nachahmung eingeladen wird oder die Risiken eines bestimmten Verhaltens bzw. eines Produktes verharmlost werden. Im Blick ist dabei sowohl die Suizidberichterstattung als auch das Bewerben von Drogen, Alkohol oder ungesunden Lebensmitteln, das Idealisieren von problematischen Körperbildern, die Bulimie oder Anorexie Vorschub leisten, oder die Darstellung von sexuellen Handlungen[371], die im Widerspruch zu Selbstbestimmung und sexueller Integrität stehen. Besonderes Augenmerk wird dabei einmal mehr auf Kinder und Jugendliche gelegt.

Dies gilt auch für die dritte Gruppe von Verboten, bei denen es darum geht, dass Personen weder materiell noch physisch oder psychisch geschädigt werden dürfen und nicht in Gefahren gebracht werden sollen[372] – was etwa der Fall ist, wenn Zeugen zu wenig geschützt oder durch unfallriskante Bildmotive Unfälle provoziert werden. Auch darf das Ansehen von Personen nicht beschädigt werden und zwar umso weniger, wenn es um prekäre Situationen wie um die Resozialisierung von Straftäter*innen geht. Damit aber sind wir bereits beim Nicht-Rufschädigen angelangt, einem weiteren Wert, dem insbesondere in den Kodizes der Public Relations Verbände ein großer Stellenwert[373] zukommt und der dort primär als Schädigen der Reputation der eigenen Berufsgruppe begriffen wird. Alle Formen des Nicht-Schädigens jedenfalls werden häufig gemeinsam mit dem Respekt genannt so wie beispielsweise im *degepol-Verhaltenskodex*, wo es in Artikel 5 heißt: „Degepol-Mitglieder gehen mit Auftraggebern und Kollegen respektvoll um und verpflichten sich, deren berufliche und persönliche Reputation zu achten." Wie aber lässt sich das Verhältnis von Respekt und Nicht-Schädigen verstehen?

Tom Beauchamp und James Childress, die das Nicht-Schädigen als eines ihrer vier Prinzipien führen, unterscheiden beim Schädigen zwischen tri-

---

370 Pressekodex, Richtlinien zur Erklärung, Verhaltenskodex FSM, Verhaltenskodex Suchmaschinenanbieter, Freiwillige Selbstverpflichtung, Kodex der ICC, Verhaltensregeln, Ethik-Kodex Werbewirtschaft.
371 Allhutter D. (2016), S. 173, zeigt auf, dass Schaden, Ärgernis und Diskriminierung jene Gründe sind, die im Wesentlichen dazu führen, dass das Recht auf freie Meinungsäußerung im Zusammenhang mit pornografischen Darstellungen eingeschränkt werden darf.
372 Pressekodex, Countering Illegal Hate Speech, Kodex der ICC, Verhaltensregeln, Ethik-Kodex Werbewirtschaft, RFC 1855, Hacker-Ethik.
373 Von insgesamt zwölf Vorkommen entfallen acht allein auf die Public Relations.

vialem und schwerwiegendem Schaden³⁷⁴ und definieren das Prinzip als eine Verpflichtung, – im Kontext einer medizinischen Intervention – zugefügten Schaden mit guten Gründen zu rechtfertigen. Sie schreiben: „Nevertheless the principle of nonmaleficence is a prima facie principle that requires the justification of harmful actions."³⁷⁵ Darin wie in der Betonung der Funktion der Freiwilligkeit³⁷⁶, die ein Schädigen rechtfertigen kann, zeigt sich, dass die Situation der Medizinethik von derjenigen der Medienethik deutlich abweicht.

Während die Tätigkeit von Ärzt*innen sehr häufig mit einem (zumindest partiellen) Schädigen einhergehen muss und – im Wissen um das Einverständnis der Patient*innen bzw. um größeren Schaden zu vermeiden – auch erfolgen darf, ist in der Medienethik bereits ein geringfügiges Schädigen problematisch, dient es üblicherweise doch gerade nicht dazu, dass die Betroffenen ein höheres Gut realisieren können, sondern dazu, außermoralische Interessen umzusetzen. Vor dem Hintergrund dieser Überlegung lässt sich besser verstehen, warum in den verschiedenen Kodizes selbst kleine Übertretungen des Nicht-Schädigen-Gebotes verurteilt werden. Zugleich rückt das Nicht-Schädigen der Medienethik damit in eine größere Nähe zum Respekt. Denn der Respekt verbietet neben dem „serious harm", gegen das Tom Beauchamp und James Childress ihr Prinzip der „nonmaleficence" richten, gerade auch die kleinen Übertretungen, alles, was anderen materiellen, physischen oder psychischen Schaden zufügt bzw. sie in Gefahr bringt.

Grundsätzlich ist der Respekt als Achtung vor anderen Menschen weiter als das Nicht-Schädigen, er schließt das Nicht-Schädigen ein, mit Ausnahme allerdings jener Fälle, in denen im Interesse und mit der Einwilligung dieser Person eine schädigende Handlung getätigt wird. Dann nämlich kann der Respekt es sehr wohl erlauben, die Person in diesem einen, klar definierten Fall zu schädigen. Da solche Situationen, wie beispielsweise das Schädigen der körperlichen Unversehrtheit von Patient*innen bei einer Operation, in der Medizin sehr häufig sind, wäre der Wert Respekt hier nicht geeignet, das Nicht-Schädigen zu ersetzen. In der medial vermittelten Kommunikation dagegen wird Schaden selten im Einverständnis mit den Geschädigten zugefügt und wenn das doch einmal zutreffen sollte – wie zum Beispiel beim Zur-Schau-Stellen von Schicksalen in Fernsehfor-

---

374 Beauchamp T. L. / Childress J. F. (2013), S. 154.
375 Beauchamp T. L. / Childress J. F. (2013), S. 153.
376 Beauchamp T. L. / Childress J. F. (2013), S. 137.

maten wie *Frauentausch* oder *Horror Tattoos* –, dann geschieht es jedenfalls nicht im (richtig verstandenen) Interesse des Geschädigten.

Aber nicht nur das Nicht-Schädigen begegnet innerhalb der Kodizes häufig gemeinsam mit der Forderung nach Respekt, auch Privatheit bzw. Privatsphäre werden gerne zusammen mit dem Respekt gegenüber dem Kommunikationspartner genannt. Einmal mehr haben wir es dabei sowohl mit allgemein formulierten Forderungen[377] – die Privatsphäre eines Menschen nicht zu verletzen – zu tun, als auch mit konkreten Regeln, wenn es etwa in den *Grundsätzen zur Lauterkeit in der kommerziellen Kommunikation* heißt, man solle das Hausieren – als eine bestimmte Form des Übertretens von Privatsphäre – unterlassen, oder im *RFC 1855*, man dürfe andere User nicht dazu drängen, ihre Identität preiszugeben, noch ohne vorherige Absprache offenlegen, wer sich hinter einem Pseudonym verbirgt.

Dabei sollte nicht vergessen werden, dass es sich bei der Privatsphäre um ein Phänomen handelt, das – wie Petra Grimm und Hans Krah aufzeigen[378] – mehrere Dimensionen aufweist: Neben dem Anspruch nämlich, von anderen nicht manipuliert zu werden, bedeutet, eine Privatsphäre zu haben, sich zurückziehen zu können, Erlebtes zu reflektieren und auf diese Weise ein selbstbestimmtes Leben zu führen, außerdem private Daten zurückhalten zu können bzw. frei entscheiden zu dürfen, mit wem sie geteilt werden wollen. Diese Aspekte sind aber sowohl in den verschiedenen Gesellschaften als auch im Lauf der Zeit sehr unterschiedlich gedeutet worden.

Es handelt sich bei der Privatsphäre also auch um eine dynamische Größe, die durch die gegenwärtige Digitalisierung immer größerer Lebensbereiche tiefgreifende Veränderungen erfährt. Diese gehen so weit, dass zugleich das Ende der Privatsphäre verkündet wird, wie – von anderen Autor*innen – auf die schwerwiegenden Auswirkungen von Selbstzensur und Selbstnormierung, die unausweichlichen Folgen einer solchen Entwicklung, hingewiesen wird. Die große Dynamik einerseits und der Umstand, dass in vielerlei Hinsicht noch Forschungsbedarf besteht bzw. Forschung de facto erfolgt – wie etwa im Zusammenhang mit Big Data oder dem Pri-

---

377 Pressekodex, Ehrenkodex Presse, Erklärung der Pflichten und Rechte, Richtlinien zur Erklärung, Ethik der digitalen Kommunikation (hier als eines von acht Prinzipien), Kodex der ICC, Ethik-Kodex Werbewirtschaft, Grundsätze.
378 Grimm P. / Krah H. (2016), S. 178–185.

3. Was Medienethik kann

vacy-Paradox[379] –, legen die Befürchtung nahe, dass die Achtung der Privatsphäre als eigenständiger Wert innerhalb einer rekonstruktiven Medienethik die Anwendbarkeit eher erschweren würde. Nebenbei erwähnt sei, dass es sich bei der Achtung der Privatsphäre mit insgesamt neun Vorkommen bestimmt nicht um einen inhaltlichen Schwerpunkt innerhalb der Selbstverpflichtungsdokumente handelt.

Schließlich beschränkt sich die Verantwortung jener Personen, die sich nicht in einer Schlüsselfunktion befinden, auf den Bereich der medialen Verletzungen von Privatsphäre, der nicht unbedeutende Bereich der computerisierten Verletzungen[380] aber, zu welchen es bei der Datafizierung von Privatsphäre kommt, entzieht sich weitgehend den Entscheidungsoptionen der einzelnen User. Genau der Bereich aber, in welchem sich konkrete Handlungsoptionen auftun – wenn beispielsweise entschieden werden muss, ob die Identität seines Berichtobjektes preisgegeben wird –, kann unter Berufung auf den Respekt gegenüber anderen gut erfasst werden.

Außerdem ist der als Achtung vor den Mitmenschen verstandene Respekt genügend flexibel, um mit einem sich in Veränderung befindlichen Verständnis von Privatsphäre zu korrespondieren. Respekt meint nämlich eine Grundhaltung, andere um ihrer selbst willen zu schätzen und ihre Grenzen anzuerkennen, und integriert damit die Anliegen, welche hinter Pietät, Rücksicht und Höflichkeit, aber auch hinter dem Nicht-Schädigen, seiner Sonderform dem Nicht-Rufschädigen und der Wahrung der Privatsphäre stehen. Was die Medienethik betrifft, liegen derzeit keine systematischen Überlegungen dazu vor, was für eine Rolle dem Respekt zukommt bzw. zukommen kann oder soll und was für Implikationen für das Handeln sich daraus ergeben.[381]

Konkrete Anwendungsfelder gäbe es allerdings viele und zwar nicht nur im klassischen Kontext des Journalismus und der Begegnung zwischen Re-

---

379 Für einen kompakten Forschungsüberblick siehe Grimm P. / Krah H. (2016), S. 178–185, sowie Heesen J. (2014), S. 33–40.
380 Grimm P. / Krah H. (2016), S. 180.
381 Vereinzelte Anmerkungen findet man etwa bei Coleman M. C. (2015), S. 186–202, der den von ihm konstatierten Mangel an Respekt in der Online-Kommunikation u.a. auf den fehlenden Augenkontakt zurückführt und für eine "courageous recognitions of the dignity of persons" plädiert. Diefenbach S. / Ullrich D. (2016), S. 161, interpretieren vor allem „Parallelbeschäftigung mit Technik" als fehlenden Respekt und Kämper H. (2008), S. 254, verweist unter Bezugnahme auf den Song „Respekt dem Respekt" von Bas Böttcher auf die Bedeutung des Wertes Respekt insbesondere in Subkulturen wie hier der Hip-Hop-Szene.

dakteur*innen und ihrem menschlichen Berichtsobjekt, sondern auch überall dort, wo Menschen medial vermittelt interagieren, so zum Beispiel in Casting-Shows wie *GNTM*, wenn Eltern Bilder ihrer Kinder auf Facebook posten etc. Einen ersten Leitfaden, wie man Respekt in diesen und anderen Situationen interpretieren könnte, liefert einmal mehr Alexander Filipović. Er schreibt: „Erkenne andere Menschen in deinem Medienhandeln als gleichberechtigt an. Vermeide nicht einfach nur Missachtung, sondern bringe Menschen Achtung entgegen. Schätze sie um ihrer selbst willen und *respektiere* ihre Eigenheiten und Grenzen. Prüfe dein Medienhandeln, gerade wenn du Öffentlichkeit herstellst, Bilder verwendest und Kritik jeder Form publizierst, daraufhin, ob es respektvoll ist und nicht diskriminiert."[382]

3.2.4. Verantwortung

Während der Respekt eine positive Grundhaltung zum Ausdruck bringt, ansonsten aber darauf beschränkt bleibt, dass Grenzen eingehalten, keine Übertretungen, keine zerstörerischen oder aggressiven Akte gesetzt werden, kommen nun Werte in den Blick, die darauf abzielen, etwas zu verbessern, einen positiven Beitrag zu leisten, also einen guten Schritt über die Nullgrenze zwischen Schaden und Helfen hinauszugehen. Manche von ihnen kommen allerdings bloß in einem einzigen Kodex, der *Wikiquette*, vor, so nämlich die Freundlichkeit – anderen etwas Nettes sagen –, die Hilfsbereitschaft – Neuankömmlinge unterstützen – und das Wohlwollen – von der guten Absicht der anderen ausgehen, Kritik schonend vorbringen. Auch die im Zusammenhang mit Beleidigungen ins Spiel gebrachte Vergebung[383] zielt nicht bloß auf eine Wiederherstellung des ursprünglichen Zustandes ab, sondern darauf, dass die Kommunikationssituation durch einen bewusst gesetzten positiven Akzent verbessert wird.

Deutlich häufiger kommen dagegen die Werte Sensibilität, Engagement und Verantwortung vor, wobei es beinahe eine Art Standard geworden zu sein scheint, letztere in der Präambel anzuführen. Die Formulierungen

---

382 Filipović A. (2020 – im Druck).
383 Wikiquette, Artikel 9: „Sei nicht nachtragend. [...] Verzeih Beleidigungen, sei bereit, um Entschuldigung zu bitten, und versuche, Konflikte nach angemessener Zeit auf sich beruhen zu lassen."

sind hier sehr ähnlich[384] und lassen sich, zumal in den ersten einleitenden Sätzen üblicherweise noch keine Konkretisierung erfolgt, tatsächlich im Sinn einer – wie es Micha H. Werner formuliert – „universalgültigen Meta-Verantwortung"[385] begreifen. Darüber hinaus wird aber am Umgang mit konkreten Fragestellungen erkennbar, worin sich dieses zunächst grundsätzliche Bekenntnis zur Verantwortung manifestieren soll.

Besonders den journalistischen Kodizes ist der angemessene Umgang mit Inhalten ein wichtiges Anliegen und es wird festgehalten, man wolle dafür Verantwortung tragen[386], dass redaktionelle Inhalte und Marketing voneinander getrennt werden, Fakten gründlich recherchiert und dem Publikum Hintergrundinformationen zur Verfügung gestellt werden, die ausreichend sind, um einen Beitrag verstehen und einordnen zu können. Darüber hinaus wird Verantwortung primär als ein Sich-Einsetzen für ein

---

384 Pressekodex, Präambel: „Verleger, Herausgeber und Journalisten müssen sich bei ihrer Arbeit der Verantwortung gegenüber der Öffentlichkeit [...] bewusst sein."; Ehrenkodex Presse, Präambel: „Journalismus bedingt Freiheit und Verantwortung."; Programmcharta, Präambel: "Die SRG SSR nimmt so ihre Verantwortung gegenüber der Gesellschaft wahr.", Artikel 2: „Wir kennen unsere rechtlichen und ethischen Pflichten und die sich daraus gegenüber der Gesellschaft ergebende Verantwortung."; Verhaltenssubkodex Teletextanbieter, Präambel: „Die in der Freiwilligen Selbstkontrolle Multimedia-Dienstanbieter e.V. (FSM) zusammengeschlossenen Anbieter privater Teletext-Angebote sind sich ihrer daraus resultierenden gesellschaftlichen Verantwortung zum Schutz von Kindern und Jugendlichen bewusst."; ICCO Stockholm-Charta, Präambel: „Mit dieser Beeinflussung geht eine Verantwortung gegenüber unseren Kunden, unseren Mitarbeitern, unserer Profession und der Gesellschaft insgesamt einher."; Kodex der ICC, Allgemeine Bestimmungen, Artikel 1: „Jede Marketingkommunikation muss legal, anständig, redlich und wahrheitsgemäß sein. Jede Marketingkommunikation muss mit einem gebührenden Sinn für soziale und unternehmerische Verantwortung ausgearbeitet werden und im Einklang mit den in der Geschäftswelt allgemein anerkannten Prinzipien des fairen Wettbewerbs stehen."; Verhaltensregeln, Grundregeln: „Die in der Werbewirtschaft tätigen Unternehmen dokumentieren damit [i.e. mit Verhaltensregeln] auch gegenüber Gesellschaft und Politik, dass sie ihre soziale Verantwortung wahrnehmen. [...] Sie [i.e. die kommerzielle Kommunikation] muss stets von Fairness im Wettbewerb und Verantwortung gegenüber der Gesellschaft getragen sein."; Ethik-Kodex Werbewirtschaft, 1.1. Allgemeine Werbegrundsätze, Artikel 1: „Werbung trägt [...] soziale Verantwortung und muss auf die Rechte, Interessen und Gefühle von Einzelnen und Gruppen von Menschen Rücksicht nehmen."
385 Werner M. H. (2003), S. 29.
386 Ehrenkodex Presse, Verhaltenskodex des ORF.

gutes Zusammenleben in der Gesellschaft[387] eingemahnt und zwar insbesondere im Zusammenhang mit der Verfügbarkeit wichtiger Informationen, dem Aufrechterhalten der öffentlichen Sicherheit, der Förderung eines freien Diskurses und der gegenseitigen Akzeptanz. Auch wird die besondere Verantwortung betont, die bestimmten Personengruppen[388], nämlich Kindern, Jugendlichen und alten Menschen, entgegenzubringen ist.

An dieser Stelle wird aber zugleich unterstrichen, dass die Verantwortung nicht allein bei den Medienschaffenden selbst liegen kann, sondern gerade auch junge Menschen und ihre Eltern dazu herangeführt werden müssen, Verantwortung für die eigenen Entscheidungen und Lebensentwürfe zu übernehmen.[389] Damit wird in einem praktischen Kontext ausgesprochen, was in den letzten Jahren insbesondere von Rüdiger Funiok auf wissenschaftlicher Ebene mehrfach aufgezeigt worden ist[390], dass sich Verantwortung nämlich auf unterschiedlichen Ebenen vollzieht und insofern von einer „(gestuften) Mitverantwortung"[391] aller Beteiligten, also auch des Publikums, auszugehen ist.

Doch wie steht es mit den beiden anderen Werten, die – ähnlich wie die bisher genannten – das Anliegen um einen positiven Impuls zu einen scheint. Wenn die Verantwortung, zumindest in den offen Formulierungen der Präambeln, primär wie eine regulative Leitidee zu funktionieren scheint, so lässt sich Ähnliches auch im Zusammenhang mit der Sensibilität beobachten. Wenn im *EACA Code of Ethics* von einem „sensitive approach"[392] die Rede ist oder der *degepol-Verhaltenskodex* die Sensibilität der Politikberater den darauf folgenden Ge- und Verboten quasi als Verständnishorizont voranstellt[393], wird die Sensibilität der Handelnden als eine Art Grundhaltung eingeführt, eine Voraussetzung, auf deren Basis Werte

---

387 Ehrenkodex Presse, Erklärung der Pflichten und Rechte, Richtlinien zur Erklärung, Programmcharta, Countering Illegal Hate Speech, Kodex der ICC. Singulär ist im Zusammenhang mit der gesellschaftlichen Verantwortung die Einladung der *Hackerethik*, mit Computern Kunst und Schönheit zu schaffen.
388 Verhaltenssubkodex Suchmaschinenanbieter, Verhaltenssubkodex Teletextanbieter, Ethik-Kodex Werbewirtschaft.
389 Freiwillige Selbstverpflichtung, Kodex der ICC, Verhaltensregeln.
390 Funiok R. (2011). Eine Vorreiterrolle nahm in diesem Zusammenhang auch Debatin B. (1997) und Debatin B. (1998) ein.
391 Funiok R. (2016), S. 76.
392 EACA Code of Ethics, Artikel 2.
393 degepol-Verhaltenskodex, Präambel: „Der ständige Wechsel zwischen den Feldern Politik, Wirtschaft und Öffentlichkeit verlangt daher von Politikberaterinnen und Politikberatern eine besondere Sensibilität und Transparenz in der Ausübung ihres Berufs."

wie Fairness oder Respekt erst realisiert bzw. Ge- und Verbote richtig umgesetzt werden können.

Zugleich findet sich aber auch eine Vielzahl von Belegen, in denen Sensibilität im Zusammenhang mit konkreten Problemkonstellationen eingefordert wird, wobei auffällt, dass Sensibilität nicht bloß Aufmerksamkeit meint, sondern darüber hinaus eine Bereitschaft bzw. Fähigkeit miteinschließt, sich über das normale Maß mit einer Sache auseinanderzusetzen, Betroffenheit zuzulassen und statt mit einem formalen Abhandeln von Regeln mit Anteilnahme zu (re)agieren. Dieses Hineinversetzen in die Situation von anderen wird besonders da betont, wo sich Menschen in Extremsituationen[394] befinden, wenn im Zuge der One-to-One Kommunikation unmittelbar in den Alltag eines Menschen eingegriffen wird[395] oder wenn es darum geht, die Entwicklung von Kindern[396] nicht zu beschädigen. Weiters dort, wo das Interesse an der Verbreitung von Inhalten oder an der Vermarktung von Produkten solange zurückgenommen werden muss, bis Klarheit über die Aufnahmefähigkeit der Zielgruppe[397] besteht.

Damit ist aber bereits der Schritt zu einer weiteren Gruppe von Anwendungsfällen getan, nämlich zu all jenen Situationen, in denen eine engagierte Sensibilität notwendig ist, um eine Situation richtig einzuschätzen – etwa im Zusammenhang mit der Grenzziehung zwischen dem Schutz der Privatsphäre und dem öffentlichen Interesse[398], der angemessenen Darstellung von Personen und ihrer Sexualität[399], dem Abwägen zwischen berechtigter inhaltlicher Korrektur und Zensur[400] bzw. zwischen dem Verhältnis von pädagogischer Wirkung und dem Einsatz von schockierendem Bild- bzw. Textmaterial.[401]

---

394 Pressekodex, EACA Code of Ethics.
395 Besondere Aufmerksamkeit auf derartige Situationen richten die Kodizes der Nutzerethik. So fordert der *RFC 1855* Sensibilität für den Lebensrhythmus anderer Menschen, für die konkrete Situation, in der sich Adressaten gerade befinden, für deren kulturellen Hintergrund sowie für ihr Verständnis von Sprache und Humor. Ähnlich die *Netiquette*, die diese Sensibilität besonders im Zusammenhang mit Online-Telefonaten ausbuchstabiert, oder die *Wikiquette* mit ihrem Anliegen, dass Probleme, die auch zwischen zwei bzw. einigen wenigen Usern gelöst werden könnten, nicht an die Öffentlichkeit gezerrt werden sollen.
396 Verhaltensregeln, Ethik-Kodex Werbewirtschaft.
397 Programmcharta, Kodex der ICC, Verhaltensregeln, Grundsätze.
398 Pressekodex, Ehrenkodex Presse, Richtlinien zur Erklärung.
399 Verhaltenssubkodex Teletextanbieter, Grundsätze.
400 Kodex der ICC.
401 Ethik-Kodex Werbewirtschaft.

3.2. Werte für die Medienethik

Im Gegensatz dazu zeigen jene Textpassagen, in denen das Engagement der Akteur*innen im Vordergrund steht, eine deutliche Handlungsorientierung. Engagement im Sinn von ‚etwas verbessern' wird aber nicht als das schlichte Erfüllen positiver Pflichten verstanden, sondern als ein Handeln, das über das bloß Gesollte hinausgeht und in dem die Handelnden – getragen von einem „higher sense of serving the public"[402] – mehr realisieren, als man zurecht von ihnen fordern kann. Dies ist etwa dann der Fall, wenn man sich proaktiv dafür einsetzt, „counter-narratives"[403] gegen Diskriminierung und Hass zu verbreiten, kindergerechte Angebote zu etablieren[404] oder Organisationen, die es an Fairness und Respekt fehlen lassen, aktiv zu einer Verhaltensänderung[405] zu bewegen. Außerdem, erklären die Unterzeichner des *Medienkodex* und der *Programmcharta des SRG SSR*, wolle man sich besonders für den Schutz von Informanten einsetzen bzw. für Menschen, die aufgrund ihres Alters, ihrer Persönlichkeit oder sonstiger Umstände besonderen Schutzes bedürfen.

Damit aber zeigt sich, was auch an vielen anderen Stellen deutlich wird, dass Engagement und Verantwortung weitgehend Hand in Hand gehen. Mehr noch, man könnte das Verhältnis zwischen den drei zuletzt behandelten Werten sogar so deuten, dass sich Sensibilität und Engagement als zwei (notwendige) Aspekte von Verantwortung interpretieren lassen, als Wahrnehmen und Handeln also, die gemeinsam zu einer „subjektiven Verantwortung"[406] werden, welche den Fokus auf die einzelne Handlung zugunsten des Einfühlens in die Situation der Anderen aufbricht.

In der ethischen Debatte jedenfalls ist die Rede von Verantwortung nicht neu. Als Korrelat der menschlichen Freiheit war die Verantwortung – und zwar insbesondere die Frage, ob Verantwortung auch dann möglich sei, wenn der Mensch nicht als (völlig) frei zu verstehen ist – lange Zeit

---

402 GA Code of Ethics, Appendix A.
403 Countering Illegal Hate Speech.
404 Verhaltenskodex FSM.
405 Diese Forderung findet sich zweimal beinahe gleichlautend. Sieben Selbstverpflichtungen, Artikel 4: „Eine Organisation, die es durch ihr Kommunikationsverhalten an Achtung für Menschen und an Fairness zu anderen Organisationen fehlen lässt, werde ich – falls ich für sie arbeite – nach Kräften zu Korrekturen anhalten. Nötigenfalls werde ich den Auftrag zurückgeben." Ehrenkodex des PRVA, Artikel 22: „Eine Organisation, die es durch ihr Kommunikationsverhalten an Achtung für Menschen und an Fairness zu anderen Organisationen fehlen lässt, wird der PR-Treibende – falls er für sie arbeitet – erforderlichenfalls nach Kräften zu einer Verhaltensänderung anhalten. Nötigenfalls wird er den Auftrag zurücklegen."
406 Chouliaraki L. / Stolic T. (2017), S. 1174, in Anlehnung an Hannah Arendt.

hindurch vor allem Gegenstand der Kompatibilismus-Debatte, wobei sich im Laufe der Ideengeschichte selbstverständlich unterschiedliche Sichtweisen von ‚Verantwortung' etabliert haben. So zeigt beispielsweise Holger Burckhart auf, dass Verantwortung ursprünglich relativ simpel im Sinn einer Zurechnung begriffen wurde und sich die Vorstellung des autonomen, handlungsfähigen, verursachungsfähigen Menschen als Träger von Verantwortung erst im Lauf der Zeit etabliert hat.[407] Da die Zurechnung von Handlungsfolgen spätestens mit dem Axiom vom Tod bzw. vom Schweigen Gottes neu konzipiert werden musste, entstand ein neues Verständnis von Verantwortung, wonach diese an das in der Macht bzw. Kompetenz des Menschen Stehende geknüpft ist und als Forderung danach verstanden werden kann, das, was als Engagement für andere geleistet werden kann, auch tatsächlich zu tun.

Denker wie Martin Buber, Hans Jonas, Emmanuel Levinas oder Max Weber haben die Verantwortung dann als grundlegendes Prinzip der Ethik eingeführt, was dazu beigetragen haben dürfte, dass die Verantwortung gegenwärtig von Vertreter*innen unterschiedlicher normativer Zugänge gerne als ein regulatives Leitprinzip[408] akzeptiert wird, wie nicht zuletzt in den Selbstverpflichtungsdokumenten sichtbar geworden ist. Mit ihren philosophisch-soziologischen Konzepten einer „neuen" Verantwortungsethik konnten Buber, Jonas, Levinas und Weber jedenfalls bei älteren, weniger expliziten Ansätzen von Aristoteles und Kant anknüpfen und haben sich dabei mehr oder weniger stark bzw. mehr oder weniger explizit von der Gesinnungsethik abgegrenzt. Gegenwärtig sind sich die Interpreten uneinig[409], ob die deontologisch geprägte Gesinnungsethik und die konsequentialistisch gedeutete Verantwortungsethik unvereinbare Gegenspieler sind oder ob es sich bei der Verantwortungsethik nicht vielmehr, wie Rüdiger Funiok argumentiert, um eine „Zwei-Ebenen-Ethik" handelt, in der „sowohl intuitive Wert- und Pflichtannahmen wie auch kritische Überlegungen zu den Rahmenbedingungen und Folgen des Handelns Platz haben".[410] Ausgehend von diesen Ansätzen hat der Verantwortungsbegriff Eingang in verschiedene Bereichsethiken gefunden, eine systematische Auseinandersetzung im Hinblick auf die Medienethik haben insbe-

---

407 Burckhart H. (2012), S. 44–46.
408 Funiok R. (2016), S. 75. Siehe auch Birnbacher D. (1995) bzw. Gosepath S. (2006), S. 393, im Zusammenhang mit der sekundären Verantwortung.
409 Für eine Darstellung der Debatte siehe Huber W. (1990) und Kaufmann F.-X. (1992), S. 25–26.
410 Funiok R. (2016), S. 74.

sondere der bereits mehrfach erwähnte Rüdiger Funiok[411] sowie Bernhard Debatin[412] geliefert.

Will man die Verantwortung als möglichen Wert einer rekonstruktiven Medienethik besser verstehen, gilt es zunächst zu bedenken, dass man es hier nicht mit einem genuin ethischen Begriff zu tun hat. Denn Verantwortung entsteht zunächst einmal infolge von Gesetzen, Verträgen, politischen Wahlen etc. oder – wenn man die Erwartungen präzis definieren kann – infolge von Verpflichtungen, die Personen oder Personengruppen eingegangen sind. Insofern ist der Terminus ‚Verantwortung' im juristischen Kontext mindestens ebenso beheimatet wie im philosophischen[413], wobei die Rede von Verantwortung historisch gesehen klar im Zusammenhang mit Anklage und Verteidigung stand, also juristisch konnotiert war, und erst mit dem Erstarken des liberalen Prinzips der Eigenverantwortung eine Wendung in Richtung Philosophie vollzogen hat.[414]

In beiden Disziplinen aber ist mindestens zwischen einer Akteurs- und einer System- bzw. Systemdesignperspektive[415] zu unterscheiden. In Abhebung von einer sich aus dem geltenden Gesetz ergebenden juristischen Verantwortung geht man in einem philosophischen Verständnis davon aus, dass Verantwortung als „Für-etwas-Rede-und-Antwort-Stehen"[416] durch soziale Zuschreibung und Selbstverpflichtung zustande kommt und sich nicht bloß auf bestimmte Pflichten, sondern auf die Verpflichtungsfähigkeit des Subjekts bezieht. Die Zuschreibung von Verantwortung bedeutet außerdem Vertrauen in die Fähigkeiten einer Person oder eines Kollektivs, dass diese eine bestimmte Aufgabe, „die weder hinsichtlich ihres konkreten Inhaltes noch ihres optimalen Ergebnisses im Voraus eindeutig bestimmt werden kann"[417], angemessen erfüllen werden.

Die Sensibilität dafür, wie Verantwortung entsteht – zum Beispiel in der Politik, wo durch Wahl und Ernennung bestimmte Aufgaben übertragen werden –, hat dazu geführt, dass verschiedene Unterscheidungen vorgenommen wurden. So grenzt beispielsweise Otfried Höffe die Zurechnungsverantwortung von der Rechenschaftsverantwortung und der Handlungsverantwortung ab[418], Rüdiger Funiok unterscheidet zwischen Fol-

---

411 Funiok R. (2012).
412 Debatin B. (1997, 1998).
413 Mangan D. (2015).
414 Kaufmann F.-X. (1992), S. 10–11.
415 Funiok R. (2016), S. 74.
416 Werner M. (2011), S. 541.
417 Kaufmann F.-X. (1992), S. 45.
418 Höffe O. (1993).

gen-, Aufgaben- und Rollenverantwortung[419]. Wieder andere betonen die Ambivalenz, dass verschiedene Verantwortungsbereiche gegenwärtig ständig ausgeweitet werden und alle für alles verantwortlich zu sein scheinen, während zugleich eine starke Betonung der Grenzen menschlicher Verantwortung erfolgt, indem wir uns stärker als „Opfer denn als Täter der Verhältnisse"[420] begreifen. Roger Silverstone beschreibt in diesem Zusammenhang die Gefahr, dass sich eine Ethik der Verantwortung von einer Form der Komplizenschaft[421] mit dem Bösen korrumpieren lässt, wenn nämlich, um die Spannung zwischen den vielfältigen Handlungsimperativen und der eigenen bequemen Praxis auszugleichen, Formen der medialen Verharmlosung gesellschaftspolitischer Probleme stillschweigend gutgeheißen oder sogar verinnerlicht werden.

Im Hinblick auf konkrete Handlungen kann Verantwortung jedenfalls sowohl retrospektiv als auch prospektiv verstanden werden, wobei durch die Verlängerung von Handlungsketten und fortschreitende Arbeitsteilung immer mehr Menschen zusammenarbeiten und Verantwortung übernehmen müssen, damit die Bewertung aus beiden Perspektiven heraus positiv ausfallen kann. Während das retrospektive Einstehen für die Folgen von Handlungen bzw. Unterlassungen in den der Analyse unterzogenen Kodizes – mit Ausnahme höchstens der Forderung nach Richtigstellung[422] – keine Rolle spielt, scheint es tatsächlich die prospektive Verantwortung der einzelnen Akteur*innen zu sein, auf die das Gros der Ge- und Verbote abzielt.

Ohne die Auswirkungen von Macht- und Abhängigkeitsstrukturen übersehen oder Menschen zu moralischen Helden stilisieren zu wollen, scheint die Verantwortung daher geeignet, als Wert das Bemühen zum Ausdruck zu bringen, anderen gegenüber – auch nach getaner Pflicht – nicht gleichgültig zu sein, sondern danach zu streben, in vielen kleinen, möglicherweise unbedeutend wirkenden Situationen nach einer – wenn auch nur geringfügigen – Verbesserung des Status quo zu streben. Eine mögliche Spezifizierung schließlich ließe sich im Hinblick auf die Medienethik – mit Alexander Filipović – folgendermaßen formulieren: „Überlege vor einer Handlung im Bereich Medien und Kommunikation, welche Folgen dein

---

419 Funiok R. (2016), S. 74.
420 Kaufmann F.-X. (1992), S. 10.
421 Diese Komplizenschaft beschreibt Silverstone R. (2006), S. 131, zugleich als „complicity" wie als „collusion".
422 Kodex von Bordeaux, Pressekodex, Ehrenkodex Presse, Erklärung der Pflichten und Rechte, Richtlinien zur Erklärung, Weblog Ethics.

Handeln hat und ob dein Handeln in dieser Hinsicht verantwortet werden kann. Richte dein Medienhandeln an dem Ziel des guten Zusammenlebens aller aus, auch wenn du dafür kritisch sein musst."⁴²³

3.2.5. Kompetenz

Mit Ausnahme der Transparenz sind bisher allerdings ausschließlich Werte rekonstruiert worden, die mutatis mutandis auch in anderen Bereichsethiken eine Rolle spielen, nicht jedoch von spezifischer Bedeutung für die Medienethik sind. Zugleich sind aber auch noch nicht alle Ergebnisse der Detailanalyse aufgegriffen und fruchtbar gemacht worden, was nun auf diesen letzten Seiten geschehen soll. Bereits auf den ersten Blick zeichnet sich ab, dass dabei Werte in den Blick kommen werden, die stärker mit der Eigenart medial vermittelter Kommunikation zu tun haben. Manche von ihnen betreffen alle Teilbereiche, andere nur einen einzigen oder einige wenige. Sie alle jedenfalls sollen im Folgenden zunächst für sich allein diskutiert werden, damit dann in einem weiteren Schritt überlegt werden kann, ob sie ausreichend Gemeinsamkeiten aufweisen, um unter einem passenden Oberbegriff zusammengeführt werden zu können.

Mit jenen Werten beginnend, die in den Kodizes eines einzigen oder einiger weniger Bereiche vorkommen, sei als erstes die Gelassenheit genannt. Sie findet sich ausschließlich in den Selbstverpflichtungsdokumenten der Nutzerethik und zwar besonders prominent im *RFC 1855* und in der *Wikiquette*. Interessant ist dabei, dass beide Texte gerade nicht von in sich ruhenden, souveränen Akteur*innen ausgehen, sondern davon, dass jede und jeder von Zeit zu Zeit provoziert und aufgebracht ist, einen schlechten Tag hat etc. Trotz alledem bzw. gerade dann empfehlen die Verfasser*innen der Kodizes, nicht sofort zu reagieren, sondern abzuwarten, bis es gelungen ist, wieder die nötige Ruhe und Distanz zu finden.⁴²⁴ Situationen – wie beispielsweise Flame-Wars –, die ein solches Zurücknehmen und Hinterfragen der eigenen Emotionen nicht zulassen, sind daher grundsätzlich zu vermeiden.

---

423 Filipovic A. (2020 – im Druck).
424 RFC 1855, RFC 1855, 2.1.1. Artikel 6: „You should not send heated messages [...] even if you are provoked. On the other hand, you shouldn't be surprised if you get flamed and it's prudent not to respond to flames."; Wikiquette, Artikel 5: „Bleibe ruhig! Jeder hat mal schlechte Tage und ist impulsiv und reizbar – atme durch und probier's mal mit Gemütlichkeit! Dann hast du weniger Stress, kannst besser reagieren und bist nicht so verletzlich."

3. Was Medienethik kann

Eine weitere für einen bestimmten Bereich spezifische Forderung ist die Loyalität, welche in insgesamt zehn Dokumenten der Public Relations[425] und in einer Selbstverpflichtung der Werbewirtschaft[426] eine Rolle spielt. Besonders ausführlich ist die Auseinandersetzung im *Deutschen Kommunikationskodex*, wo der Loyalität – so wie auch der Transparenz, Integrität, Fairness, Wahrhaftigkeit und Professionalität – eine Zwischenüberschrift gewidmet ist. Im weiteren Textverlauf wird dann expliziert, dass Loyalität zum einen gegenüber den Auftraggeber*innen zu wahren sei, zu denen ein besonderes Vertrauensverhältnis besteht und von denen man Schaden fernhalten müsse, zum anderen gegenüber dem eigenen Berufsstand und zwar im Sinn eines Nicht-Rufschädigens.

Ein besonderes Problem stellt der Umgang mit vertraulichen Informationen dar, wobei hier eine Mainstreamposition dahingehend zu bestehen scheint, dass Loyalität nur dann praktiziert werden darf, wenn es dadurch nicht zu einem (erheblichen) Verstoß gegen das öffentliche Interesse kommt. Überhaupt wird der Anwendungsbereich der Loyalität grundsätzlich durch Ansprüche begrenzt, die sich aus anderen Werten – meist sind das Transparenz und Fairness – ergeben. Zum Tragen kommt die Forderung nach Loyalität aber auch bei Interessenskonflikten zwischen zwei und mehreren Kund*innen, wobei in diesem Fall den Interessen des Altkund*innen der Vorzug zu geben ist.

Ähnlich dominant im Bereich der Public Relations[427], aber auch im Journalismus von Bedeutung sind die Werte Diskretion und Verschwiegenheit[428], welche durchgehend synonym verwendet werden. Den Kontext dazu bildet im Journalismus das Redaktionsgeheimnis, also die Wahrung der Verschwiegenheit zugunsten von privaten Informanten, und in der Öffentlichkeitsarbeit das – gleichermaßen in der nationalen Gesetzgebung

---

425 Code of Venice, Kodex von Athen, Kodex von Lissabon, GA Code of Ethics, IPRA-Verhaltenskodex, Sieben Selbstverpflichtungen, PLEON Code of Conduct, GPRA-Grundsätze, Deutscher Kommunikationskodex, Ehrenkodex des PRVA.
426 EACA Code of Ethics.
427 Kodex von Lissabon, SEAP Code of Conduct, degepol-Verhaltenskodex, PLEON Code of Conduct, Deutscher Kommunikationskodex, DPRG-Grundsätze, GPRA-Grundsätze, Ehrenkodex des PRVA.
428 Neben drei journalistischen Kodizes (Kodex von Bordeaux, Pressekodex, Erklärung der Pflichten und Rechte) befassen sich auch je ein Kodex aus den Bereichen Werbung (EACA Code of Ethics) und Nutzerethik (Netiquette) mit Diskretion bzw. Verschwiegenheit.

verankerte – Berufsgeheimnis[429]. Dieses bezeichnet im allgemeinen eine beruflich begründet Schweigepflicht, wie sie etwa auch für Ärzt*innen oder Anwält*innen besteht, und hängt innerhalb der Selbstverpflichtungsdokumente eng mit der Forderung nach Loyalität zusammen. Ähnlich wie die Loyalität erfährt auch die Diskretion Einschränkungen, sofern es zu Wertekonflikten kommen sollte – und zwar insbesondere dann, wenn das öffentliche Interesse tangiert ist.

Im Speziellen für den Journalismus, aber auch für PR und Werbung relevant scheinen weiters die Forderungen nach Objektivität und Sachlichkeit[430] zu sein, die zu einem guten Teil mit dem Anliegen der Transparenz korrespondieren und insofern nicht gesondert berücksichtigt werden müssen. Wo es aber darum geht, nicht parteiisch zu sein, sondern anhand von nachvollziehbaren sachlichen Argumenten zu handeln[431], sind die Berührungen mit den Werten Offenheit bzw. Neutralität[432] groß. Die *Programmcharta des SRG SSR* etwa verbietet es, voreingenommen zu agieren bzw. ohne rationale Begründung bestimmte Standpunkte zu favorisieren. Die *Verhaltensregeln* des Deutschen Werberates laden die Konsument*innen zu einer vorurteilsfreien Auseinandersetzung mit Werbung ein und der *RFC 1855* betont, dass anderen Menschen, ihrer Kultur und ihrem Lebensstil grundsätzlich mit Offenheit zu begegnen sei, selbst wenn einem das Andere fremd oder ungewohnt erscheine. Mit dem Wert der Offenheit jedenfalls ist die Schnittstelle zu jenen Werten erreicht, die sich nicht in einem bestimmten Kontext allein manifestieren, sondern quer durch alle Bereiche der medial vermittelten Kommunikation Geltung besitzen.

---

429 Siehe beispielsweise die Formulierung des Kodex von Lissabon, Artikel 7: „Bei der Ausübung ihres Berufes bewahren Public Relations-Fachleute absolute Diskretion. Sie respektieren gewissenhaft das Berufsgeheimnis und geben insbesondere keine vertraulichen Informationen weiter, die sie von früheren, gegenwärtigen oder potentiellen Auftrag- oder Arbeitgebern erhalten haben."

430 Kodex von Bordeaux, Ehrenkodex Presse, Verhaltenskodex FSM, ICCO Stockholm-Charta, GPRA-Grundsätze, Ethik in der digitalen Kommunikation, Kodex der ICC, Ethik-Kodex Werbewirtschaft, Grundsätze, RFC 1855, Wikiquette.

431 Als Beispiele genannt werden können die unparteiische und sachliche Beratung der Kundinnen (GPRA-Grundsätze) oder das Anliegen, Diskussionen auf Sachfragen zu fokussieren, anstatt sich mit den involvierten Personen auseinanderzusetzen (RFC 1855).

432 Explizit genannt wird die Neutralität etwa in den *GPRA-Grundsätzen* bzw. in den *Grundsätzen* zur *Lauterkeit in der digitalen Kommunikation*.

3. Was Medienethik kann

Um einen solchen Wert handelt es sich auch bei der Sorgfalt[433], welche in allen Kodizes einen hohen Stellenwert besitzt. Was die konkreten Anwendungsfälle betrifft, geht es dann einerseits um die Herkunft von Inhalten, d.h. um die Sorgfalt in der Recherche, andererseits um die Berichterstattung, wobei es hier zu Überschneidungen mit der Forderung nach Transparenz kommt. Derartige Überschneidungen bestehen auch zwischen Sorgfalt und Verantwortung, wenn nämlich (mit Sorgfalt) zu prüfen ist, ob eine Publikation im Interesse der Allgemeinheit ist. Als Situationen, in denen es der Sorgfalt bedarf, werden außerdem der angemessene Umgang mit Beschwerden angeführt – und zwar vom *RFC 1855* ebenso wie vom *Pressekodex* –, das Auffinden und Entfernen von Hasspostings[434], das Vermeiden von Vorverurteilungen[435] und der Datentransfer[436] von einem Land in ein anderes.

Ähnlich breit gestreut sind die Verweise auf die Professionalität der Akteur*innen, mit der wenig überraschenden Einschränkung allerdings, dass sich innerhalb der Nutzerethik keine Vorkommen finden lassen. Die Forderung nach Professionalität[437], die in einzelnen Kodizes auch als gutes Handwerk[438] bzw. als Qualität[439] umschrieben wird, ist dabei meistens sehr allgemein gehalten. Sofern eine Präzisierung erfolgt, läuft diese auf die Trias[440] 1) Beherrschen und Anwenden von Instrumenten bzw. Methoden, 2) Fortbildung und 3) die Bereitschaft zur Selbstreflexion hinaus. Über die Fähigkeit, den Anforderungen eines Berufes zu entsprechen, hinaus – und zwar mit Bezug auf das notwendige Wissen, die geeigneten Techniken und das Bewältigen von Standardsituationen bzw. -belastungen – meint Professionalität also auch, sich ständig weiterzuentwickeln und das eigene Tun kritisch zu hinterfragen.

---

433 Pressekodex, Medienkodex, Ehrenkodex Presse (synonyme Verwendung von ‚Genauigkeit', Richtlinien Wirtschaftsberichterstattung, Richtlinien zur Erklärung, Countering Illegal Hate Speech, Verhaltenskodex FSM, Verhaltenssubkodex Teletextanbieter, Ga Code of Ethics, GPRA-Grundsätze, Kodex der ICC, RFC 1855, Netiquette, Weblog Ethics.
434 Countering Illegal Hate Speech.
435 Pressekodex.
436 Kodex der ICC.
437 Medienkodex, Programmcharta, Kodex von Athen, GA Code of Ethics, degepol-Verhaltenskodex, PLEON Code of Conduct, GPRA-Grundsätze, Deutscher Kommunikationskodex, EACA Code of Ethics (als einer von fünf Kernwerten).
438 Medienkodex.
439 Medienkodex, Programmcharta.
440 Besonders klar dargestellt wird diese Trias im *Deutschen Kommunikationskodex*, der die Professionalität übrigens auch als eine Zwischenüberschrift führt.

Die auf den letzten Seiten dargestellten Werte Gelassenheit, Diskretion, Objektivität, Offenheit und Sorgfalt können jedenfalls als entscheidend für das Bewältigen von Standardsituationen der medial vermittelten Interaktion gelten. Insofern scheint es legitim, die Professionalität als umfassenden bzw. verbindenden Wert einzuführen. Schwierigkeiten ergeben sich allerdings, wenn man bedenkt, dass damit zwar das professionelle Handeln abgedeckt ist, nicht aber das Agieren der User. Es stellt sich daher die Frage, ob sich nicht ein Wert finden lässt, der auf angemessene Art und Weise auch diese Gruppe der Medienakteur*innen miteinzubeziehen vermag und der dabei weit genug ist, den spezifischen zuvor diskutierten Anforderungen der Professionen gerecht zu werden.

Dabei müsste es nicht „alleine um die technische Fertigkeit, moderne Medien zu bedienen," gehen, „sondern auch um die Fähigkeit, Medienangebote, Produkte wie Dienstleistungen, in ihrer weltvermittelnden Bedeutung zu erfassen, zu verstehen und gegebenenfalls zu kompensieren."[441] All das aber ist üblicherweise gemeint, wenn in der Medienethik von Kompetenz gesprochen wird. Diese Fähigkeit, „selbstorganisiert in offenen Problemsituationen handeln zu können"[442], ist bestimmt weit genug, die Forderung nach Professionalität miteinzuschließen, denn Kompetenz ist immer kontextabhängig und es scheint von daher auf der Hand zu liegen, dass – trotz aller Überschneidungen – die Kompetenz der Facebook-User eine andere ist als die von Politikberater*innen und dass es weiters unproblematisch ist, im Fall von letzteren Professionalität und Kompetenz wie Synonyme zu behandeln.

Der Begriff der Kompetenz jedenfalls wird seit den 1960er Jahren hauptsächlich innerhalb der modernen Pädagogik, Ökonomie und Politik verwendet und bezeichnet dort ganz allgemein „die selbstorganisierte, kreative Handlungsfähigkeit von Individuen oder kollektiven Subjekten"[443]. Wenngleich ‚Kompetenz' bereits im Jahr 1753 in einem Eintrag von Johann Heinrich Zedlers Universallexikon in einer ähnlichen Bedeutung gebraucht wurde[444], geht unser heutiges Verständnis wesentlich auf Noam Chomskys Arbeiten zum linguistischen Kompetenzbegriff zurück. Ver-

---

441 Rath M. (2016), S. 303, in Auseinandersetzung mit Wolfgang Wunden. Weiter schreibt er: „Wir stellen also fest, die Medienwirkungsstufen Produktion, Distribution und Rezeption weisen nur auf den ersten Blick differenzierte Wertzuweisungen auf. Vielmehr laufen alle Stufen auf eine kompetente Mediennutzung und eine kompetente Medienaneignung hinaus."
442 Erpenbeck J. (2010), S. 1271.
443 Erpenbeck J. (2010), S. 1269.
444 Johanning A. (200), S. 23.

schiedene sozialwissenschaftliche Arbeiten setzten in der Folge bei Chomsky an und erweiterten seinen Ansatz im Sinn einer Grammatik des sozialen und intersubjektiven Handelns. Jürgen Habermas und Niklas Luhmann betonen schließlich die Wichtigkeit der kommunikativen Kompetenz, während psychologisch fundierte Ansätze dafür argumentieren, dass bei jedem Menschen ein bestimmtes Maß an Kompetenz vorhanden ist.[445] Aufschlussreich erscheint in diesem Kontext die These von John Erpenbach und Lutz von Rosenstiel, wonach die Frage, wie man ‚Kompetenz' definiert, stets theorierelativ ist und es daher auch keine einheitliche Definition geben kann.[446]

In eine ähnliche Richtung geht Harald Gapski, der jener definitorischen Vagheit allerdings Herr zu werden versucht, indem er zwischen einem medientechnischen, einem biologistischen, einem linguistischen, einem soziologischen Diskurs, einem psychologischen, einem medienpädagogischen, einem medienwirtschaftlichen, einem medienpolitischen, einem medienrechtlichen und einem medienethischen Diskurs unterscheidet, in denen je unterschiedlich von Kompetenz gesprochen wird.[447] Im Zusammenhang mit dem medientechnischen Diskurs verweist er insbesondere auf das Spannungsfeld zwischen Medien- und Selbstbezug und warnt davor, dass ein zu starker Medienbezug zu einer instrumentell technokratischen Verkürzung führe, eine Fixierung auf das Subjekt das Spezifische der Medienkompetenz verloren gehen lasse.[448]

In diesem Sinn konstatieren auch andere Autor*innen, dass unklar sei, worin genau die Eigenständigkeit der Medienkompetenz gegenüber der Kommunikationskompetenz liege.[449] Im Kontext der hier entwickelten rekonstruktiven Medienethik ist dies aber weitgehend unproblematisch, da die mit ‚Kompetenz' umschriebenen Werte ihrerseits nicht exklusiv der Medienkompetenz zuzurechnen sind, sondern tatsächlich einer allgemeineren Kompetenz der Kommunikation und Interaktion. Das Maß des Vorhandenseins einer solchen Kompetenz scheint jedenfalls von der Förderung durch Erziehungs- und Bildungsinstitutionen sowie von verschiedenen Formen der Selbstsozialisation abhängig zu sein. In Anlehnung an Pierre Bourdieu kann man von einem – in Wechselwirkung zum sozialen Kapital stehenden – kulturellen Kapital sprechen, das nicht in erster Linie

---

445 Johanning A. (200), S. 24–25.
446 Erpenbeck J. / von Rosenstiel L. (2003), S. XI.
447 Gaspski H. (2001).
448 Gaspski H. (2001), S. 49.
449 Treumann K. P. et al. (2002), S. 21.

Bürde ist, weil es zu bestimmten Handlungen verpflichtet, sondern ein subjektiver Gewinn, der seinerseits wieder in ökonomisches Kapital umgewandelt werden kann.[450] Wo ein Mangel an einem solchen kulturellen Kapital festgestellt wird, gilt es dies den jeweiligen Betroffenen daher auch nicht in erster Linie zum Vorwurf zu machen, sondern im Sinn der Chancengleichheit als Gesellschaft danach zu streben, dass besonders jene gefördert werden, die von Haus aus über wenig kulturelles Kapital verfügen.

An dieser Stelle stellt sich nun die Frage, ob die Rede von kulturellem Kapital und – insbesondere – von Kompetenz nicht zu vage ist, um die deutlich spezifischeren, zuvor dargestellten Werte zusammenzuführen. Wirft man noch einmal einen Blick auf die Werte Transparenz, Fairness, Respekt und Verantwortung, mag sich die Befürchtung zunächst erhärten. Denn in all diesen Bereichen haben die rekonstruierten Werte tatsächlich die Eigenart der in dieser Gruppe diskutierten Anliegen zum Ausdruck gebracht. Bei der Kompetenz jedoch scheint dies nur bedingt der Fall zu sein.

Allerdings ist auch der ursprüngliche Befund ein anderer. Manche der hier behandelten Werte – wie zum Beispiel die Loyalität – gelten nämlich nur für einen oder einige wenige Bereiche der medial vermittelten Kommunikation und es dürfte deshalb nicht sinnvoll sein, sie in den Kernbestand einer alle Bereiche umfassenden Medienethik aufzunehmen. Außerdem haben wir gesehen, dass die in diesem Kapitel diskutierten Werte – und zwar insbesondere jene, die für die ganze Bandbreite des medialen Handelns relevant erscheinen – starke Überschneidungen mit den bereits zuvor herausgearbeiteten Werten aufweisen, d.h. dass ihre spezifischen Anliegen weitgehend bereits abgedeckt sind. Von daher erscheint es legitim, mit der Kompetenz zumindest einen tendenziell offeneren Wert zuzulassen. Nicht zuletzt liegt in dieser Offenheit eine Stärke: Die Rede von Kompetenz ist offen genug, um den rasch wechselnden Anforderungen der Medienwelt gerecht werden zu können. Inhaltlich konkreter, dabei aber immer noch an die jeweilige Situation anpassungsfähig wird sie dagegen, wenn man – wie das Alexander Filipović tut – eine Spezifizierung in Form einer Handlungsempfehlung vornimmt: „Sei professionell in jeder Hinsicht, beachte die handwerklichen Regeln, die dein Medienhandeln und deine Expertise ausmachen. Handle kompetent, sorge für Kompetenz: Arbeite immer sorgfältig, gib Kolleg*innen und deinem Team genug Zeit,

---

450 Bourdieu P. (1997), S. 56.

um sorgfältig und professionell zu arbeiten. Sei gelassen und reagiere beim Medienhandeln nicht im Affekt."[451]

---

451 Filipović A. (2020 – im Druck).

4. Ein Ausblick

Am Beginn dieses Ausblicks stehen fünf Werte, die mithilfe der Rekonstruktion aus einer Vielzahl von nationalen und internationalen Selbstverpflichtungskodizes gewonnen worden sind und denen daher zugetraut werden kann, im Kontext der medial vermittelten Kommunikation einen konsensfähigen Kernbestand der Moral abzubilden. Diese fünf Werte – Transparenz, Fairness, Respekt, Verantwortung und Kompetenz – sollen also nicht unvermittelt nebeneinander stehen bleiben, sondern müssen vielmehr in der jeweiligen Entscheidungssituation zueinander in Beziehung gesetzt und gegeneinander abgewogen werden. Dieser im Zusammenhang mit der Einführung in die rekonstruktive Methode vorgestellte Schritt, der bis jetzt noch nicht vollzogen worden ist, soll daher in diesem Ausblick anhand eines Beispiels exemplarisch durchgespielt werden. Anschließend soll ein stärker theoretisch fundierter Ausblick erfolgen, in dem nach dem Beitrag dieses Ansatzes zur Weiterentwicklung der Medienethik – bzw. allgemeiner gesprochen: zur Weiterentwicklung der Bereichsethik – als spezifischer Disziplin der Philosophie gefragt wird.

4.1. *Möglichkeiten für die Praxis*

Beginnen wir mit dem bereits angekündigten Beispiel: Ein Pressesprecher A hat entdeckt, dass mehrere seiner Kolleg*innen, die gemeinsam mit ihm für Politiker Z arbeiten, an einem Dirty Campaigning Projekt beteiligt sind und eine eigens für diesen Zweck betriebene Facebook-Seite mit Verleumdungen gegen Politiker W füllen. A ist schockiert, er hätte seinen Kolleg*innen nicht zugetraut, dass sie mit so unlauteren Mitteln arbeiten, noch weniger hätte er Z zugetraut, Auftraggeber für derartige Aktivitäten zu sein. Zugleich spürt A aber eine gewisse Bereitschaft, das Verhalten von Z und das seiner Kolleg*innen zu entschuldigen. Immerhin befinden sie sich im Wahlkampf, und auch die PR-Büros der politischen Mitbewerber haben sich bisher nicht immer durch Korrektheit ausgezeichnet. Dazu kommt, dass A von den politischen Zielen seines Klienten Z überzeugt ist, sie einander auf diversen Dienstreisen besser kennengelernt haben und ein beinahe freundschaftliches Verhältnis pflegen. Politiker W dagegen ist A unsympathisch und er lehnt sein Parteiprogramm ab. Durch seine ausgezeichneten Kontakte zur Presse wäre es für A ein Leichtes, mit seinen Informationen über das Dirty Campaigning an die Öffentlichkeit zu gehen. Wie soll er sich verhalten?

Was zunächst auffällt, ist, dass mehrere Emotionen, moralische Empfindungen und Überzeugungen miteinander in Konflikt stehen und dies noch dazu auf eine diffuse, für den Betroffenen schwer durchschaubare Art und Weise. Es wurde gesagt, dass sich aus den fünf Werten – Transparenz, Fairness, Respekt, Verantwortung und Kompetenz – üblicherweise prima facie Intuitionen ableiten lassen, die jedoch nicht als solche bestehen bleiben dürfen, sondern in einen Reflexionsprozess übergeführt werden müssen. Gehen wir also die Werte der Reihe nach durch. Die Transparenz spricht für eine Veröffentlichung der Informationen – so der erste Eindruck, der sich bei näherem Hinsehen sogar noch erhärtet. Denn die Bevölkerung, die in wenigen Wochen zur Wahl aufgerufen sein wird, hat ein Recht zu erfahren, dass die auf Facebook verbreiteten negativen Behauptungen über W nicht den Tatsachen entsprechen, sondern Teil einer unlauteren PR-Taktik sind. Die Wähler*innen sollen aber auch erfahren, dass Z und ein Teil seines Teams mit solchen Methoden arbeiten, denn diese Informationen sind wichtig, damit sie ihre aktive Rolle in der Demokratie gewissenhaft ausüben können. Die durch ein Öffentlich-Machen der schlechten Praxis realisierte Transparenz würde außerdem dazu beitragen, die Sensibilität der Menschen zu wecken, ihnen die Augen öffnen und sie befähigen, in der Gegenwart wie in der Zukunft ähnliches problematisches Verhalten besser wahrnehmen zu können und dagegen vorzugehen. Auch damit wäre der Demokratie ein Dienst erwiesen.

Ähnlich klar scheint sich die Lage darzustellen, wenn man die Fairness ins Spiel bringt. Einen politischen Gegner mithilfe von Verleumdungen schlecht zu machen, damit seinen Ruf wie seinen Erfolg zu beschädigen und gleichzeitig der eigenen Sache einen Vorteil zu verschaffen, ist eindeutig als ein unfaires Vorgehen einzustufen. Schwieriger wird die Lage aber, wenn man bedenkt, dass Fairness nicht nur gegenüber dem auf Facebook schlecht gemachten Politiker W einzumahnen ist, sondern auch gegenüber Z. Natürlich hat Z die Situation selbst herbeigeführt. Aber verhält sich A ihm gegenüber wirklich fair, wenn er etwas tut, von dem er weiß, dass es zu einem Skandal und zu einem massiven Reputationsverlust für seinen langjährigen Klienten und (beinahe schon) Freund Z führen muss? Hier tun sich also bereits Fragen auf.

Eine vergleichbare Konstellation findet man vor, wenn man die Aufmerksamkeit darauf richtet, was für eine Entscheidung der Respekt nahelegen könnte. Denn was Respekt bedeutet, soll natürlich nicht nur in Bezug

4.1. Möglichkeiten für die Praxis

auf den beschädigten W bzw. auf die Öffentlichkeit ausbuchstabiert werden, sondern auch in Bezug auf Z sowie auf diejenigen Kolleg*innen, die in das Dirty Campaigning verwickelt sind. Respekt schuldet A den anderen Beteiligten nämlich nicht aufgrund seiner eigenen Sympathien oder Antipathien ihnen gegenüber – die im Gegenteil ausgeblendet werden sollten – und auch nicht aufgrund deren Verdienstes oder deren Schuld. Trotzdem verbietet es A sein Respekt gegenüber W, tatenlos zuzusehen, wie dieser Opfer einer schmutzigen Kampagne wird.

Auch der Wert der Verantwortung legt primär eine Berücksichtigung der Interessen des Opfers nahe. A hat die Möglichkeit, eine Situation, in der ein Mensch zum Opfer wird, zu unterbrechen, und es ist außerdem gerade jetzt der Moment, wo dies von ihm gefordert werden kann – denn es gibt keine Rechtfertigung, warum ein Schaden verursachender Prozess wie dieser länger zugelassen werden sollte. Insofern konkretisiert sich der Wert der Verantwortung für A in der positiven Pflicht, aktiv zu werden und dem Tun seiner Kolleg*innen ein Ende zu setzen. Wie sieht es aber mit seiner Verantwortung gegenüber der eigenen Familie und gegenüber sich selbst aus? Wenn A sich mit seinen Informationen über das Dirty Campaigning an die Presse wendet, wird er sehr wahrscheinlich seinen Arbeitsplatz verlieren und er wird sich Gedanken darüber machen müssen, ob die Familie mit dem Gehalt der Frau den Kredit für die Eigentumswohnung zurückzahlen kann. Und auch wenn er für sich beanspruchen könnte, im Dienst einer guten Sache gehandelt zu haben, ist es fraglich, ob ein anderes PR-Büro jemanden, der einmal gegen die Interessen seines Arbeitgebers agiert hat, anstellen würde. Auch gilt es zu überlegen, was die – wenngleich nur kurzfristige – mediale Aufmerksamkeit um seine Person für seine Frau und seine Kinder bedeuten würde. Fairness, Respekt und Verantwortung lassen also eine Tendenz in Richtung Offenlegung erkennen, machen aber zugleich auch eine Reihe negativer Aspekte sichtbar.

Wenn wir schließlich von Kompetenz sprechen, so könnte eine erste Intuition sein, dass A seine Loyalität dem Politiker Z gegenüber zur Geheimhaltung verpflichtet. Bei näherem Hinsehen fällt aber auf, dass Loyalität nur dann das Wahren der Kundeninteressen impliziert, wenn dadurch anderen kein nennenswerter Schaden zugefügt wird. Dies ist hier jedoch der Fall. Wir fragen also noch einmal: Wie soll sich A verhalten? Das Abwägen der fünf Kernwerte hat zwar keine eindeutige Antwort gebracht, sehr wohl aber die Sensibilität der Betrachter geschärft. Der bis jetzt durchgespielte Prozess hat eine Präferenz in Richtung Öffentlich-Machen gezeigt, hat aber auch die zu erwartenden Schwierigkeiten und Nachteile deutlich gemacht. Zu klären wäre nun, ob Handlungsalternativen vorliegen bzw. ob

4. Ein Ausblick

die soeben gewonnene Sensibilität dazu beitragen kann, klarer zu sehen, wie diese beschaffen sein müssten? Zieht man in Betracht, dass A sich – anders als in den Gedankenexperimenten der Philosophie-Lehrbücher – möglicherweise nicht in einer Dilemmasituation befindet, tun sich Möglichkeiten auf, die dazu geeignet sein könnten, dass A sein Hauptanliegen, das Dirty Campaigning zu beenden, realisieren, die negativen Folgen zugleich aber zumindest abfedern kann.

Eine naheliegende Möglichkeit besteht darin, seinen Arbeitgeber Z mit seinem Wissen zu konfrontieren und ihn dazu aufzufordern, die Kampagne sofort zu stoppen. Auf diese Weise könnte A seinen – zuvor skizzierten – Verpflichtungen gegenüber W sowie gegenüber der Öffentlichkeit nachkommen. Sein Verhalten gegenüber Z wäre aber trotzdem nicht unfair und er würde sich seiner Familie wie sich selbst gegenüber auch verantwortungsvoll verhalten, weil er ihre materielle Sicherheit und Zukunft nicht aufs Spiel setzt. Was aber, wenn Z sich entweder weigert, die eigene schlechte Praxis zu ändern, oder wenn er – was wahrscheinlicher ist – dies zwar zusichert, de facto seine Facebook-Aktivitäten aber fortsetzen lässt und lediglich mehr Aufmerksamkeit darauf richtet, diese A gegenüber zu verschleiern.

Wenn dem so wäre, würde sich die Situation für A freilich verändern: Seine Verpflichtungen, die sich aus den Werten Fairness, Respekt und Kompetenz gegenüber Z ergeben, würden deutlich schwächer werden, denn er hatte Z die Chance gegeben, sein Handeln zu korrigieren, ohne dabei gröberen Schaden zu nehmen. Problematisch wäre immer noch die Situation der eigenen Familie. Und doch lässt sich auch hier eine mögliche Weichenstellung erkennen. A bleibt nämlich immer noch die Wahl, das brisante Beweismaterial der Presse anonym zuzuspielen – es also zu leaken – oder aber mit seinem Namen und mit seiner Funktion hinter den Informationen zu stehen – d.h. als Whistleblower zu agieren. Da er zuvor bereits ein Gespräch mit Z geführt hat und dieser natürlich wissen wird, von wem die Presse informiert worden ist, hat A auch im Fall einer anonymen Veröffentlichung mit einer Kündigung zu rechnen. Es wäre für ihn aber leichter, in einer anderen PR-Agentur wieder Fuß zu fassen.

Natürlich könnte man nun – unter Bezugnahme auf die Werte Transparenz, Fairness, Respekt, Verantwortung und Kompetenz – überlegen, wie wichtig es sei, persönlich für eine Information gerade zu stehen. Und man müsste für den Fall, dass es A gelungen wäre, Z zu einer Verhaltensänderung zu bewegen, fragen, ob das Ende des Dirty Campaignings als ausreichend befriedigendes Ergebnis angesehen werden kann oder ob die Transparenz nicht nach einer größeren Radikalität verlangen würde usw. An diesen und anderen Punkten kann der Reflexionsprozess fortgesetzt werden und es ist zulässig, dass sich in der das Prozedere abschließenden Antwort – je nachdem, ob dem einen oder dem anderen Wert höheres Gewicht zugemessen wird – feine Unterschiede ergeben. Es sollte aber ersichtlich geworden sein, dass diese graduelle Offenheit nicht bedeutet, dass der vorgeschlagene Zugang unkritisch wäre und letztlich jedes beliebige Verhalten rechtfertigen würde.

Trotz der – selbstverständlich immer gegebenen – Schwierigkeit, sich der Praxis anhand von Paper Cases adäquat zu nähern, sollte doch ein Eindruck entstanden sein, wie das Auffinden einer gut begründeten Antwort aussehen kann. Abzuwägen bedeutet dabei nicht nur, ein immer schärferes Verständnis für die Handlungsoptionen zu gewinnen und sich der gewünschten Antwort mehr und mehr anzunähern, es bedeutet – sofern es sich um Gruppenprozesse handelt – auch, alle Beteiligten im Gespräch zu halten und nicht durch das Verurteilen bzw. Disqualifizieren von Positionen Gesprächspartner vor den Kopf zu stoßen und zu verlieren.

Dass dies das Gegenteil von dem wäre, was dieser Entwurf erreichen will, sollte inzwischen hinreichend klar geworden sein, so wie überhaupt die Anliegen ausreichend dargelegt worden sein dürften. Auch sind die methodischen Schritte durchgeführt und auf die Ausgangsthese rückbezogen worden. Und es wurde schließlich ein Musterfall durchgespielt, der die Möglichkeiten einer rekonstruktiven Medienethik veranschaulicht. Was nun fehlt, ist die tatsächliche Erprobung im Alltag. Eine solche kann angestoßen werden, indem Werke wie das vorliegende publiziert werden, der eigene Ansatz auf Fachtagungen vorgestellt wird etc. und man dabei hofft bzw. darauf vertraut, von der wissenschaftlichen Community wie von den Professionalisten der medial vermittelten Kommunikation wahrgenommen zu werden. Das aber sind Visionen für die Zukunft. Für den Moment liegt mit diesem medienethischen Entwurf ein Instrumentarium vor, mit Hilfe dessen konkrete Problemstellungen differenziert wahrgenommen und bearbeitet werden können.

4.2. Möglichkeiten für die Theorie

Auf der Ebene der Theorie(bildung) dagegen wurde ein Zugang erarbeitet, der nicht von oben diktiert ist, sondern seinen Ausgangspunkt bei den Betroffenen selbst nimmt und der bei ihren Überzeugungen von dem, was moralisch wertvoll sei, angesetzt hat. Dabei ist es erstmals gelungen, mit den diversen nationalen und internationalen Selbstverpflichtungskodizes eine große Menge an Material, das bis dato kaum beachtet und noch weniger untersucht worden war, einer systematischen Analyse zu unterziehen und es auf diese Weise für die Wissenschaft nutzbar zu machen. In einem weiteren Schritt wäre es wünschenswert, wenn weitere Daten – etwa anhand von Interviews oder mithilfe von Experimenten, durch die Analyse von Chatverläufen etc. – beschafft und für die Rekonstruktion fruchtbar gemacht werden könnten. Ein solches Vorhaben unterscheidet sich von dem zuvor beschriebenen Projekt, weil es hier noch nicht darum gehen würde, die Praxistauglichkeit zu evaluieren, sondern Materialien zu gewinnen, die in ihrer Auswertung die hier durchgeführte Rekonstruktion ergänzen, präzisieren und möglicherweise auch korrigieren können.

Bisher ist unter Berücksichtigung der derzeit vorliegenden Selbstverpflichtungsdokumente ein systematischer normativer Zugang entwickelt worden, der alle Teilbereiche des medial vermittelten Interagierens miteinschließt und von dem zu erwarten ist, dass er dort, wo sich das Fach weiterentwickelt, problemlos erweitert werden kann. Die schnelle Zunahme technischer Möglichkeiten und die Kreativität der Anwender*innen lassen erwarten, dass es zu einer Veränderung dessen, was gegenwärtig unter dem Fach Medienethik verstanden wird, kommen wird, mehr noch, dass diese Veränderung – denkt man an die Herausforderungen, die sich im Zusammenhang mit Virtual Reality oder Intelligenten Systemen ergeben – bereits in Gang ist. Was dabei konstant bleiben wird, ist dass es immer Menschen sind, die sich zu diesen neuen Möglichkeiten auf die eine oder die andere Weise verhalten müssen, und dass es dabei wiederum immer ihre moralischen Überzeugungen sein werden, die sie leiten. Von einem Zugang, der sich der Rekonstruktion dieser moralischen Überzeugungen widmet, ist daher auch angesichts einer veränderten Ausgangslage ein konstruktiver Beitrag zu erwarten.

Ein weiterer Gewinn dieses Entwurfs besteht darin, eine Methodik, die sich in einem anderen Bereich – nämlich der Medizinethik – mittlerweile seit fast 40 Jahren bewährt hat, für die Medienethik fruchtbar gemacht zu haben. Dieser Ansatz wurde allerdings nicht eins-zu-eins übertragen, vielmehr sind nur jene Bestandteile, die im Zusammenhang mit der Medienethik als erfolgsversprechend gelten konnten, aufgegriffen und weiterentwickelt worden. Es ist dies zum einen das Vertrauen auf die grundsätzliche moralische Kompetenz der Akteur*innen, zum anderen die Betonung des reflexiven Prozesses des Abwägens. Und es ist außerdem das Bemühen darum, im Hinblick auf andere normative Theorien anschlussfähig zu sein.

4.2. Möglichkeiten für die Theorie

Diese Anschlussfähigkeit ist unter mehrfacher Rücksicht gegeben – im Hinblick auf verschiedene normative Konzepte im Allgemeinen wie im Hinblick auf jene, die sich in der Medienethik in den letzten Jahren etabliert haben, im Konkreten. So bringt die Betonung des Abwägens und des Dialogs eine Nähe zu den diskursethischen Ansätzen, während die Aufmerksamkeit auf die präzise Beschreibung der Entscheidungssituation und der sich aus ihr ergebenden Handlungsoptionen die Zusammenarbeit mit stärker empirisch ausgerichteten Zugängen als reizvoll erscheinen lässt. Wird die Sensibilität für die Handlungssituation dagegen mehr dahingehend entwickelt, dass man fragt, was für ein Mensch man sein soll, wäre ein Anknüpfungspunkt für eine moderne Individualethik gegeben.

Betrachtet man weiters die einzelnen Werte für sich, fällt auf, dass diese mehr oder weniger stark mit unterschiedlichen normativen Positionen korrelieren: Respekt und Verantwortung, bei denen die Haltung bzw. die Absicht, das moralisch Gute zu verwirklichen, im Vordergrund stehen, lassen sich gut vor dem Hintergrund einer Gesinnungsethik interpretieren. Außerdem besteht hier natürlich eine Anschlussmöglichkeit zu Rüdiger Funiok[452] und seiner explizit für die medial vermittelte Kommunikation entwickelten Verantwortungsethik. Fairness und Transparenz dagegen spiegeln etwas von der Klarheit und der Unverhandelbarkeit einer deontologischen Position wider und die Kompetenz schließlich lässt sich gut mit den Anliegen einer neuen Tugendethik in Verbindung bringen. Utilitaristische Philosoph*innen wiederum könnten den Prozess des Abwägens zwischen den Werten Transparenz, Fairness, Respekt, Verantwortung und Kompetenz aufgreifen und im Sinn einer von ihnen angezielten Maximierung von Nutzen neuinterpretieren.

Wie bereits aus diesem Überblick ersichtlich geworden ist, besteht eine erstaunliche Vielzahl von Anschlussmöglichkeiten, die letztendlich darauf zurückzuführen sein dürfte, dass es sich bei der auf diesen Seiten entwickelten rekonstruktiven Medienethik um eine basale Ethik handelt. Diese setzt bei einem moralischen Kernbestand an, bei einem Konsens, von dem ausgehend die Vertreter*innen der verschiedenen normativen Theorien spezifischere Forderungen formulieren können. In diesem Sinn lässt sich beispielsweise auch Christian Schichas Konzept von Ideal- und Praxisnormen[453] aufgreifen, wenn er die umgekehrte Richtung geht und davon spricht, dass Leitbilder nicht aufgegeben werden dürfen, sondern auf eine

---

452 Funiok R. (²2011). Zur Verantwortung im Medienhandeln siehe auch Debatin B. (1998).
453 Schicha C. (2003), S. 44–53.

4. Ein Ausblick

Art und Weise operationalisierbar gemacht werden müssen, dass sie in der Praxis als Entscheidungshilfen fungieren können.

Doch kommen wir nun von der Medienethik als einer Bereichsethik zur Bereichsethik als solcher, wo sich zeigt, dass der hier erarbeitete normativer Zugang mutatis mutandis in anderen Bereichsethiken zur Anwendung kommen kann. Davon abgesehen wäre natürlich auch eine Durchführung des rekonstruktiven Ansatzes außerhalb der Grenzen einer bestimmten Bereichsethik denkbar, wenn man nämlich danach fragen wollte, welche Werte Menschen ganz allgemein in ihrem Handeln und Urteilen für wichtig erachten. Bei einer derartigen Fragestellung müsste die Methode freilich stärker adaptiert werden als im Fall einer „Übertragung" auf eine andere Bereichsethik.

Der eigentliche Gewinn einer solchen Erweiterung auf andere Bereichsethiken bestünde aber darin, dass es auf diese Weise gelingen könnte, die unterschiedlichen Bereichsethiken stärker zusammenführen. Gegenwärtig finden wir uns nämlich in einer Situation wieder, wo sich Medizinethik, Wirtschaftsethik, Medienethik, Tier- und Umweltethik etc. als philosophische Fächer rasch weiterentwickeln und in ihrer Institutionalisierung voranschreiten, dabei aber weitgehend unvermittelt nebeneinander stehen bleiben. Bei den rekonstruierten Werten nun hat sich gezeigt, dass manche – wie zum Beispiel die Transparenz – stärker die Spezifik der Medienethik zum Ausdruck bringen, andere – wie etwa die Fairness – jedoch genauso Forderungen einer Medizinethik, Wirtschaftsethik etc. sein könnten. Während sich mit Blick auf die Medizinethik und die vier von Beauchamp und Childress rekonstruierten Prinzipien – Gerechtigkeit, Autonomie, Nicht-Schädigen und Fürsorge – bereits erste Vergleiche anstellen lassen, müsste der hier vorgelegte Ansatz in anderen Bereichen erst durchgeführt werden. Im Anschluss daran ließe sich feststellen, ob und wenn ja, welche Werte über die Grenzen der einzelnen Bereichsethiken hinaus zu einer Art moralischem Minimalbestand zählen können.

Wenn sich also im Zuge der Rekonstruktion zeigen würde – und davon ist m. E. auszugehen –, dass es zwischen den Bereichsethiken Überschneidungen gibt, dann könnte auf diese Weise die Stellung der Bereichsethik gegenüber ihren traditionsreichen mächtigen „Kollegen", der normativen Ethik und der Metaethik, aufgewertet werden. Es würde damit nicht nur deutlich, was die verschiedenen Bereichsethiken – trotz ihrer sehr unterschiedlichen Themenstellungen – verbindet, vielmehr würde sich zugleich eine reizvolle Möglichkeit auftun, die Gräben zwischen den unterschiedlichen normativen Ansätzen zu überbrücken. Denn ein über die Grenzen der jeweiligen Lebensbereiche hinausgehender moralischer Kernbestand würde – ähnlich wie dies zuvor skizziert wurde – wiederum Anschlussmöglichkeiten für unterschiedliche normative Theorien bieten. Einen Versuch, stärker die Gemeinsamkeiten und die wechselseitige Verbundenheit der normativen Zugänge hervorzuheben, hat Derek Parfit auf sehr anspruchsvolle Weise in seinem Werk *On What Matters*[454] auf der Ebene der Theoriebildung durchgeführt. Reizvoll wäre es nun, wie gesagt, von der Praxis ausgehend einen ähnlichen Versuch zu unternehmen. Damit könnte in einem holistischen Sinn gezeigt werden, dass die Auseinandersetzung mit Praxisfragen manchmal eben auch zu Veränderungen auf der Ebene der Theorie führen kann.

Wie aber bereits festgehalten wurde, handelt es sich beim vorliegenden Werk um einen Entwurf. Ein Entwurf ist etwas Vorläufiges, etwas, das noch verändert werden kann oder sogar muss. Durch die Lesebrille einer Sozial-Media-Generation betrachtet, verliert das Wörtchen ‚Entwurf' aber seine leicht negative Konnotation. Wenn man Erkenntnis nämlich nicht länger als Verdienst oder Besitz einzelner Wissenschaftler*innen auffasst, sondern als einen ständig fortschreitenden Prozess begreift, in dem das gemeinsame Gut Wissen durch Teilen und Teilhabe weiterentwickelt und verbreitet wird, dann verliert das Unvollkommene eines Entwurfes seinen Stachel. Dann ist das Unvollkommene nicht Mangel, sondern Einladung, von anderen weitergedacht zu werden. Mit diesem Gedanken schließt sich der Kreis zu der im ersten Kapitel kurz gestreiften Medienphilosophie. Nimmt man ihn nämlich ernst, zeigt sich exemplarisch, wie Fragen, die sich im Zusammenhang mit dem Umgang mit Medien ergeben, unser Verständnis von Philosophie – in diesem Fall der Wissenschaftstheorie – beeinflussen und verändern können.

---

454 Parfit D. (2011).

Bibliographie

Ach, Johann S. / Runtenberg, Christa (2003): Bioethik. Disziplin und Diskurs. Zur Selbstaufklärung angewandter Ethik (Kultur der Medizin). Frankfurt am Main: Campus Verlag.

Allhutter, Doris (2016): Pornographie. In: Heesen, Jessica (Hrsg.): Handbuch Medien- und Informationsethik. Stuttgart: Metzler, S. 170–177.

Altmeppen, Klaus-Dieter (2016): Anwaltschaftlicher Journalismus. In: Heesen, Jessica (Hrsg.): Handbuch Medien- und Informationsethik. Stuttgart: Metzler, S. 132–137.

Ammann, Thomas / Lehnhardt, Matthias / Meißner, Gerd / Stahl, Stephan (1989): Hacker für Moskau. Deutsche Computer-Spione im Dienst des KGB. Reinbek bei Hamburg: Wunderlich.

Anscombe, Gertrude Elizabeth Margaret (1958): Modern Moral Philosophy. In: Philosophy 33, S. 1–19.

– (^{2}1963): Intention. Oxford: Basil Blackwell.

Avenarius, Horst (1998): Die ethischen Normen der Public Relations. Kodizes, Richtlinien, freiwillige Selbstverpflichtung. Ulm: Ebner Verlag.

Barthes, Roland (1985): Am Nullpunkt der Literatur. Üs. von Helmut Scheffel. Frankfurt am Main: Suhrkamp.

Bastian, Mariella / Fengler, Susanne (2016): Transparenz und Medien: Perspektiven der Kommunikationswissenschaft – Schnittstellen für die Politologie. In: Zeitschrift für Politikwissenschaft 26 (2), S. 211–220.

Baum, Thilo / Eckert, Frank (2017): Sind die Medien noch zu retten? Das Handbuch der öffentlichen Kommunikation. Zürich: Midas Management Verlag.

Bayertz, Kurt (1991): Praktische Philosophie als angewandte Ethik. In: Bayertz, Kurt (Hrsg.): Praktische Philosophie. Grundorientierungen angewandter Ethik. Reinbek bei Hamburg: Rowohlt Taschenbuch, S. 7–47.

– (2008): Was ist angewandte Ethik? In: Ach, Johann / Bayertz, Kurt / Siep, Ludwig (Hrsg.): Grundkurs Ethik. Band 1: Grundlagen. Paderborn: Mentis Verlag, S. 165–179.

Bazin, André (1981): Ontologie des photographischen Bildes. In: Wiegand, Wilfried (Hrsg.): Die Wahrheit der Photographie. Klassische Bekenntnisse zu einer neuen Kunst. Frankfurt am Main: Fischer, S. 257–267.

Beauchamp, Tom L. / Childress, James F. (^{6}2009): Principles of Biomedical Ethics. Oxford: Oxford University Press.

– (^{7}2016): Principles of Biomedical Ethics. Oxford: Oxford University Press.

Beck, Klaus (2007): Kommunikationswissenschaft. Konstanz: UVK Verlagsgesellschaft.

– (2010): Ethik der Online-Kommunikation. In: Schweiger, Wolfgang / Beck, Klaus (Hrsg.): Handbuch Online-Kommunikation. Wiesbaden: VS Verlag für Sozialwissenschaften, S. 130–155.

Becker, Günter (2011): Kohlberg und seine Kritiker: Die Aktualität von Kohlbergs Moralphilosophie. Wiesbaden: VS Verlag für Sozialwissenschaften.

Benhabib, Seyla (^{4}1995): Selbst im Kontext. Gender Studies. Frankfurt am Main: Suhrkamp.

Bentele, Günter (2016): Wahrheit. In: Heesen, Jessica (Hrsg.): Handbuch Medien- und Informationsethik. Stuttgart: Metzler, S. 59–66.

Birnbacher, Dieter (^{3}2013): Analytische Einführung in die Ethik. Berlin: Walter de Gruyter.

Blood, Rebecca (2002): The Weblog Handbook: Practical Advise on Creating and Maintaining Your Blog. Basic Books: New York.

Bohrmann, Thomas (1997): Ethik – Werbung – Mediengewalt. Werbung im Umfeld von Gewalt im Fernsehen. Eine sozialethische Programmatik. München: Verlag Reinhard Fischer.

Bok, Sissela (1979): Lying: Moral Choice in Public and Private Life. New York: Pantheon Books.

Borchers, Dagmar (2001): Die neue Tugendethik. Schritt zurück im Zorn? Paderborn: Mentis Verlag.

Bourdieu, Pierre (1997): Die verborgenen Mechanismen der Macht (Schriften zu Politik & Kultur 1). Hamburg: VSA.

Brecht, Bertolt (1967): Der Rundfunk als Kommunikationsapparat. In: Bertolt Brecht: Gesammelte Werke 18. Schriften zur Literatur und Kunst 1. Frankfurt am Main: Suhrkamp.

Burckhart, Holger (2012): Ethik der Verantwortung: Begründungsprobleme aus diskursethischer Sicht. In: Topologik – Rivista internazionale di Scienze Filosofiche Pedagogiche e Sociali 12, S. 41–55.

Chéroux, Clément (2011): Diplopie. Bildpolitik des 11. September. Üs. von Robert Fajen. Konstanz: Konstanz University Press.

Childress, James F. (2007): Methods in Bioethics. In: Steinbock, Bonnie (Hrsg.): The Oxford Handbook of Bioethics. Oxford: Oxford University Press, S. 15–45.

Chouliaraki, Lilie / Stolic, Tijana (2017): Rethinking Media Responsibility in the Refugee 'Crisis': A Visual Typology of European News. In: Media, Culture & Society 39 (8), S. 1162–1177.

Cline, Ernest (2017): Armada: Nur du kannst die Erde retten. Frankfurt am Main: Fischer TOR.

Coleman, Miles C. (2015): Courage and Respect in New Media Science Communication. In: Journal of Media Ethics 30, S. 186–202.

Cortina, Adela (1992): Ethik ohne Moral. Grenzen einer postkantischen Prinzipienethik. In: Apel, Karl-Otto / Kettner, Matthias (Hrsg.): Zur Anwendung der Diskursethik in Politik, Recht und Wissenschaft. Frankfurt am Main: Suhrkamp, S. 278–295.

Coy, Wolfgang (2012): Internet und öffentliche Meinung. In: Rußmann, Uta / Breinsteiner, Andreas / Ortner, Heike / Hug, Theo (Hrsg.): Grenzenlose Enthüllungen. Medien zwischen Öffnung und Schließung. Innsbruck: Innsbruck University Press, S. 47–51.

Debatin, Bernhard (1997): Medienethik als Steuerungsinstrument? Zum Verhältnis von individueller und korporativer Verantwortung in der Massenkommunikation. In: Weßler, Hartmut / Matzen, Christiane / Jarren, Otfried / Hasebrink, Uwe (Hrsg.): Perspektiven der Medienkritik. Die gesellschaftliche Auseinandersetzung mit gesellschaftlicher Kommunikation in der Mediengesellschaft. Opladen: Springer VS, S. 287–303.

- (1998): Verantwortung im Medienhandeln. Medienethische und handlungstheoretische Überlegungen zum Verhältnis von Freiheit und Verantwortung in der Massenkommunikation. In: Wunden, Wolfgang (Hrsg.): Freiheit und Medien. Beiträge zur Medienethik. Frankfurt am Main: kopaed, S. 113–130.
- (1999): Ethik und Internet. Zur normativen Problematik von Online-Kommunikation. In: Funiok, Rüdiger / Schmälzle, Udo F. / Werth, Christoph H. (Hrsg.): Medienethik – die Frage der Verantwortung. Bonn: Bundeszentrale für politische Bildung, S. 274–293.
- (2002): „Digital Divide" und „Digital Content": Grundlagen der Internetethik. In: Karmasin, Matthias (Hrsg.): Medien und Ethik. Stuttgart: Reclam, S. 220–237.
- (2010): New Media Ethics. In: Schicha, Christian / Brosda, Carsten (Hrsg.): Handbuch Medienethik. Wiesbaden: VS Verlag für Sozialwissenschaften, S. 318–327.
- (2010a): Herausforderungen und ethische Standards für den Multi-Plattform Journalismus im World Wide Web. In: Zeitschrift Für Kommunikationsökologie und Medienethik 12, S. 25–29.
- (2011): Ethical Implications of Blogging. In: Fortner, Robert S. / Fackler, P. Mark (Hrsg.): Handbook of Global Communication and Media Ethics. Hoboken: Blackwell Publishing Ltd, S. 823–844.
- (2015): Das Ende der journalistischen Ethik? Gedanken zur Verortung des Journalismus im 21. Jahrhundert am Beispiel der USA und zur Neubestimmung seiner ethischen Aufgabe. In: Prinzing, Marlis / Rath, Matthias / Schicha, Christian / Stapf, Ingrid (Hrsg.): Neuvermessung der Medienethik. Bilanz, Themen und Herausforderungen seit 2000. Weinheim: Beltz Juventa, S. 56–73.

Desgranges, Ilka / Wassink, Ella (2005): Der Deutsche Presserat [1956]. In: Baum, Achim / Langenbucher, Wolfgang R. / Pöttker, Horst / Schicha, Christian (Hrsg.): Handbuch Medienselbstkontrolle. Wiesbaden: VS Verlag für Sozialwissenschaften, S. 79–88.

Diefenbach, Sarah / Ullrich, Daniel (2016): Digitale Depression. Wie neue Medien unser Glücksempfinden verändern, München: mvgverlag.

DiMaggio, Paul / Hargittai, Eszter / Celeste, Coral / Shafer, Steven (2004): Digital Inequality: From Unequal Access to Differentiated Use. In: Neckerman, Kathryn (Hrsg.): Social Inequality. New York: Russell Sage Foundation, S. 355–400.

Bibliographie

Dovifat, Emil (1971): Handbuch der Publizistik. Band 1: Allgemeine Publizistik. Berlin: Walter de Gruyter.

– (1990): Die publizistische Persönlichkeit. Berlin: Walter de Gruyter.

Düwell, Marcus (1999): Methodische Probleme der Wissenschafts- und Technikethik. In: Mittelstraß, Jürgen (Hrsg.): Die Zukunft des Wissens. XVIII. Deutscher Kongress für Philosophie. Konstanz 1999. Workshop-Beiträge. Konstanz: UVK, S. 851–857.

– (^{2}2006): Angewandte oder Bereichsspezifische Ethik. In: Düwell, Marcus / Hübenthal, Christoph / Werner, Micha H. (Hrsg.): Handbuch Ethik. Stuttgart: Verlag J. B. Metzler, S. 243–247.

Ebersbach, Anja / Glaser, Marcus / Heigl, Richard (^{3}2016): Social Web. Konstanz: UVK Verlagsgesellschaft.

Eisemann, Christoph (2011): „Dedicated to my ♥" – Zur Ritualhaftigkeit des gegenseitigen Widmens von Videos auf YouTube (Schriftenreihe Medienethik 9). Stuttgart: Franz Steiner Verlag, S. 125–134.

Erdmann, Hans-Christian (2012): Verantwortung von Medienunternehmen aus Perspektive der Ökonomischen Ethik. Hamburg: Verlag Dr. Kovač.

Erpenbeck, John (2010): Kompetenz. In: Sandkühler, Hans Jörg (Hrsg.): Enzyklopädie Philosophie. Band 2. I-P. Hamburg: Felix Meiner Verlag, S. 1269–1273.

Erpenbeck, John / von Rosenstiel, Lutz (^{2}2003): Handbuch Kompetenzmessung. Stuttgart: Schäffer-Poeschel Verlag.

Faulstich, Werner (2002): Einführung in die Medienwissenschaft. Probleme – Methoden – Domänen. München: Wilhelm Fink Verlag.

Fengler, Susanne (2012): From Media Self-Regulation to „Crowd-Criticism". Media Accountability in the Digital Age. In: Central European Journal of Communication 5, S. 175–189.

Fenner, Dagmar (2010): Einführung in die Angewandte Ethik (UTB). Tübingen: Narr Francke Attempo Verlag.

Filipović, Alexander (2007): Öffentliche Kommunikation in der Wissensgesellschaft: Sozialethische Analysen (Forum Bildungsethik 2). Bielefeld: Bertelsmann.

– (2013): Die Enge der weiten Medienwelt. Bedrohen Algorithmen die Freiheit öffentlicher Kommunikation? In: Communicatio Socialis 46, S. 192–208.

– (2014): Eine angemessene Ethik für das Netz. In: Dabrowski, Martin / Wolf, Judith / Abmeier, Karlies (Hrsg.): Ethische Herausforderungen im Web 2.0. Paderborn: Ferdinand Schöningh, S. 109–125.

– (2015): Aufgaben und Versuchungen der Medien bei Katastrophen. Zur medienethischen Kritik am Zusammenhang von Katastrophenmedien und Medienkatastrophen. In: tv diskurs 19 (3), S. 48–51.

– (2015a): Ungleichheit in der vernetzten Gesellschaft. Der Zusammenhang von Internetnutzung und sozialer Ungleichheit in medienethischer Perspektive. In: Prinzing, Marlis / Rath, Matthias / Schicha, Christian / Stapf, Ingrid (Hrsg.): Neuvermessung der Medienethik. Bilanz, Themen und Herausforderungen seit 2000. Weinheim: Beltz Juventa, S. 206–221.

- (2016): Angewandte Ethik. In: Heesen, Jessica (Hrsg.): Handbuch Medien- und Informationsethik. Stuttgart: Metzler, S. 41–49.
- (2020 – im Druck): Medien und öffentliche Kommunikation aus ethischer Perspektive. In: Altmeppen, Klaus-Dieter / Klaus, Elisabeth / Röttger, Ulrike (Hrsg.): Kommunikationswissenschaft. Eine Einführung in die kommunikativen und medialen Grundlagen der Gesellschaft. Wiesbaden: Springer VS.

Fiske, John (1987): Television Culture. London: Methuen & Co. Ltd.
- (1989): Reading the Popular. Boston: Unwin Hyman.
- (1993): Power Plays, Power Works. London: Verso.
- (1996): Media Matters. Race and Gender in U.S. Politics. Revised Edition. Minneapolis: University of Minnesota Press.

Forrest, Barbara (1995): Integrity. In: Roth, John K. (Hrsg): International Encyclopedia of Ethics. London: Fitzroy Dearborn Publishers, S. 441–442.

Frankfurt, Harry G. (2005): On Bullshit. Princeton: Princeton University Press.

Frey, Bruno S. (2006): Wissenschaftliche Motivation und Publikation. In: Ethikkommission der Universität Zürich: Ethische Verantwortung in den Wissenschaften. Zürich: vdl Hochschulverlag, S. 53–63.

Funiok, Rüdiger (^{2}2011): Medienethik. Verantwortung in der Mediengesellschaft. Stuttgart: Kohlhammer.
- (2016): Verantwortung. In: Heesen, Jessica (Hrsg.): Handbuch Medien- und Informationsethik. Stuttgart: Metzler, S. 74–80.

Gapski, Harald (2001): Medienkompetenz. Eine Bestandsaufnahme und Vorüberlegungen zu einem systemtheoretischen Rahmenkonzept. Wiesbaden: Westdeutscher Verlag.

Garncarz, Joseph (2016): Medienwandel. Konstanz: UVK Verlagsgesellschaft.

Geach, Peter (1967): Good and Evil. In: Foot, Philippa (Hrsg.): Theories of Ethics. Oxford: Oxford University Press, S. 64–73.

Gert, Bernard (1998): Morality. Its Nature and Justification. New York: Oxford University Press.

Gert, Bernard / Culver, Charles M. / Clouser, K. Danner (1997): Bioethics. A Return to Fundamentals. Oxford: Oxford University Press.

Gordon, David / Kittross, John Michael (^{2}1999): Controversies in Media Ethics. Boston: Addison Wesley.

Gosepath, Stefan (2006): Verantwortung für die Beseitigung von Übel. In: Heidbrink, Ludger / Hirsch, Alfred (Hrsg.): Verantwortung in der Zivilgesellschaft: Zur Konjunktur eines widersprüchlichen Prinzips. Frankfurt: Campus Verlag, S. 387–408.
- (2010): Gerechtigkeit. In: Sandkühler, Hans Jörg (Hrsg.): Enzyklopädie Philosophie. Band 1. A-H. Hamburg: Felix Meiner Verlag, S. 835–839.

Gottberg, Joachim von (2005): Die Freiwillige Selbstkontrolle Fernsehen e.V. (FSF) [1993]. In: Baum, Achim / Langenbucher, Wolfgang R. / Pöttker, Horst / Schicha, Christian (Hrsg.): Handbuch Medienselbstkontrolle. Wiesbaden: VS Verlag für Sozialwissenschaften, S. 375–385.

Bibliographie

Göbel, Elisabeth (1999): Werbung. In: Korff W. u.a. (Hrsg.): Handbuch der Wirtschaftsethik 4. Gütersloh: Gütersloher Verlagshaus, S. 648–670.

Greis, Andreas (2001): Identität, Authentizität und Verantwortung. Die ethischen Herausforderungen der Internetethik zwischen der Medien- und Computerethik. München: KoPaed Verlag.

Grimm, Petra (2011): Bausteine einer medienethischen Einordnung der Gewaltproblematik – Hinführung zum Thema (Schriftenreihe Medienethik 10). Stuttgart: Franz Steiner Verlag, S. 13–37.

– (2016): Gewaltdarstellungen. In: Heesen, Jessica (Hrsg.): Handbuch Medien- und Informationsethik. Stuttgart: Metzler, S. 161–169.

Grimm, Petra / Capurro, Rafael (Hrsg.) (2008): Informations- und Kommunikationsutopien (Schriftenreihe Medienethik 7). Stuttgart: Franz Steiner Verlag.

Grimm, Petra / Krah, Hans (2016): Privatsphäre. In: Heesen, Jessica (Hrsg.): Handbuch Medien- und Informationsethik. Stuttgart: Metzler, S. 178–185.

Groenhart, Harmen / Evers, Huub (2014): Media Accountability and Transparency – What Newsrooms (Could) Do. In: Fengler, Susanne / Eberwein, Tobias / Mazzoleni, Gianpietro / Porlezza, Collin/ Russ-Mohl, Stephan (Hrsg.): Journalists and Media Accountability. An International Study of News People in the Digital Age, New York: Peter Lang, S. 129–145.

Groth, Otto (1962): Die unerkannte Kulturmacht. Grundlegung der Zeitungswissenschaft (Periodik). Band 4 (Das Werden des Werkes 2). Berlin: Walter de Gruyter.

Günther, Klaus (1999): Fairneß in den Medien. Münster: agenda Verlag.

Hähnel, Martin (2014): Das Ethos der Ethik. Zur Anthropologie der Tugend. Wiesbaden: Springer VS.

Halbig, Christoph (2007): Praktische Gründe und die Realität der Moral (Philosophische Abhandlungen 94). Frankfurt am Main: Verlag Vittorio Klostermann.

Hare, Richard M. (1972): Essays on the Moral Concepts. Berkeley: University of California Press.

Hausmanninger, Thomas (1992): Kritik der medienethischen Vernunft. Die ethische Diskussion über den Film in Deutschland. München: Fink Verlag.

Heald, David (2006): Varieties of Transparency. Proceedings of the British Academy 135, S. 25–43.

Heesen, Jessica (2014): Die totale Intransparenz. Korreferat zu Pascal Schöttle und Rainer Böhme. In: Dabrowski, Martin / Wolf, Judith / Abmeier, Karlies (Hrsg.): Ethische Herausforderungen im Web 2.0. Paderborn: Ferdinand Schöningh, S. 33–40.

– (2015): Ein Fels in der Brandung? Positionen der Medienethik zwischen verflüssigtem Medienbegriff und schwankender Wertebasis. In: Prinzing, Marlis / Rath, Matthias / Schicha, Christian / Stapf, Ingrid (Hrsg.): Neuvermessung der Medienethik. Bilanz, Themen und Herausforderungen seit 2000. Weinheim: Beltz Juventa, S. 86–98.

Heinrichs, Bert (2006): Forschung am Menschen. Elemente einer ethischen Theorie biomedizinischer Humanexperimente. Berlin: Walter de Gruyter.

Heinrichs, Jan-Hendrik (2013): Moralisches Wissen. Grundriss einer reliabilistischen Moralepistemologie (ethica 23). Münster: Mentis Verlag.

Hoffmann, Stefan (2002): Geschichte des Medienbegriffs. Hamburg: Meiner.

Hondrich, Karl Otto (2002): Enthüllung und Entrüstung. Eine Phänomenologie des politischen Skandals. Frankfurt am Main: Suhrkamp.

Honneth, Axel ([2]2005): Verdinglichung: Eine anerkennungstheoretische Studie. Berlin: Suhrkamp.

– (2011): Das Recht auf Freiheit: Grundriss einer demokratischen Sittlichkeit. Berlin: Suhrkamp.

Horz, Christine (2018): Publikumsperspektive auf Transparenz und Finanzierung der öffentlich-rechtlichen Medien. In: Hilker, Heiko / Herzog, Christian / Novy, Leonard / Torun, Orkan (Hrsg.): Transparency and Funding of Public Service Media – Die deutsche Debatte im internationalen Kontext. Wiesbaden: Springer VS, S. 279–291.

Höffe, Otfried (1993): Moral als Preis der Moderne – Ein Versuch über Wissenschaft, Technik und Umwelt. Frankfurt am Main: Suhrkamp.

Höffe, Otfried ([2]2009): Lebenskunst und Moral oder: Macht Tugend glücklich? (Beck'sche Reihe 1926). München: C.H. Beck.

Huber, Wolfgang (1990): Konflikt und Konsens. Studien zur Ethik der Verantwortung. München: Chr. Kaiser Verlag.

Irrgang, Bernhard (1998): Praktische Ethik aus hermeneutischer Sicht (UTB). Paderborn: Ferdinand Schöningh.

– (2011): Internetethik. Philosophische Versuche zur Kommunikationskultur im Informationszeitalter. Würzburg: Königshausen & Neumann.

Isermann, Holger / Knieper, Thomas (2010): Bildethik. In: Schicha, Christian / Brosda, Carsten (Hrsg.): Handbuch Medienethik. Wiesbaden: VS Verlag für Sozialwissenschaften, S. 304–317.

Jäckel, Michael ([5]2011): Medienwirkungen. Ein Studienbuch zur Einführung (Studienbücher zur Kommunikations- und Medienwissenschaft). Wiesbaden: VS Verlag für Sozialwissenschaften.

Johanning, Anja (2009): Kompetenzvermittlung im Internet. Fallstudien über eine Community of Practice (Internet Research 35), Baden-Baden: Nomos.

Jonas, Hans (1991): Wissenschaft und Forschungsfreiheit. Ist erlaubt, was machbar ist? In: Lenk, Hans (Hrsg.): Wissenschaft und Ethik. Stuttgart: Reclam, S. 193–214.

Kaminsky, Carmen (2005): Moral für die Politik. Eine konzeptionelle Grundlegung der Angewandten Ethik. Paderborn: Mentis Verlag.

Kant, Immanuel (1797/1977): Die Metaphysik der Sitten. In: Weischedel, Wilhelm (Hrsg.): Immanuel Kant: Werke in zwölf Bänden. Band 8. Frankfurt a.M.: Suhrkamp, S. 307–632.

Karmasin, Matthias (1993): Das Oligopol der Wahrheit. Medienunternehmen zwischen Ökonomie und Ethik. Wien: Böhlau.

Bibliographie

- (1998): Medienökonomie als Theorie (massen-)medialer Kommunikation. Kommunikationsökonomie und Stakeholder Theorie. Graz / Wien: Nausner & Nausner.
- (1999): Medienethik als Wirtschaftsethik medialer Kommunikation? In: Communicatio Socialis 32, S. 343–366.
- (^{2}2008): Stakeholder Management als Ansatz der PR. In: Bentele, Günter / Fröhlich, Romy / Szyszka, Peter (Hrsg.): Handbuch der Public Relations. Wissenschaftliche Grundlagen und berufliches Handeln. Wiesbaden: VS Verlag für Sozialwissenschaften, S. 268–280.

Katzer, Catarina (2011): Das Phänomen Cyberbullying – Genderaspekte und medienethische Konsequenzen (Studienreihe Medienethik 10). Stuttgart: Franz Steiner Verlag, S. 101–108.

Kaufmann, Franz-Xaver (1992): Der Ruf nach Verantwortung. Risiko und Ethik in einer unüberschaubaren Welt. Freiburg: Herder.

Kämper, Heidrun (2008): Duldung – Toleranz – Respekt. Leitwörter des interkulturellen Diskurses. In: Aptum. Zeitschrift für Sprachkritik und Sprachkultur 3, S. 242–256.

Kerlen, Dietrich (2003): Einführung in die Medienkunde. Stuttgart: Reclam.

Kloock, Daniela / Spahr, Angela (1997): Medientheorie. Eine Einführung (UTB). München: Wilhelm Fink Verlag.

Knoche, Manfred (1999): Medienkonzentration und publizistische Vielfalt. In: Renger, Rudi / Siegert, Gabriele (Hrsg.): Kommunikationswelten. Wissenschaftliche Perspektiven zur Medien- und Informationsgesellschaft (Beiträge zur Medien- und Kommunikationsgesellschaft 1). Wien: StudienVerlag, S. 123–158.

Knoepffler, Nikolaus (2010): Angewandte Ethik. Ein systematischer Leitfaden (UTB). Köln: Böhlau.

Kolodej, Christa (2011): Mobbing im Medienkontext (Studienreihe Medienethik 10). Stuttgart: Franz Steiner Verlag, S. 93–100.

Köberer, Nina (2015): Medienethik als angewandte Ethik – eine wissenschaftssystematische Verortung. In: Prinzing, Marlis / Rath, Matthias / Schicha, Christian / Stapf, Ingrid (Hrsg.): Neuvermessung der Medienethik. Bilanz, Themen und Herausforderungen seit 2000. Weinheim: Beltz Juventa, S. 99–113.

Könches, Barbara (2001): Ethik und Ästhetik der Werbung. Phänomenologie eines Skandals. Frankfurt am Main: Europäischer Verlag der Wissenschaften.

Kreiser, Lothar / Stekeler-Weithofer, Pirmin (2010): Wahrheit/Wahrheitstheorie. In: Sandkühler, Hans Jörg (Hrsg.): Enzyklopädie Philosophie. Band 3. Q-Z. Hamburg: Felix Meiner Verlag, S. 2927–2937.

Krüger, Uwe (^{2}2016): Mainstream. Warum wir den Medien nicht mehr trauen. München: C.H. Beck.

Kübler, Hans-Dieter (2000): Mediale Kommunikation. Tübingen: Niemeyer.

Lagaay, Alice / Lauer, David Lauer (2004): Einleitung. Medientheorien aus philosophischer Sicht. In: Lagaay, Alice / Lauer, David Lauer (Hrsg.): Medientheorie. Eine philosophische Einführung. Frankfurt am Main: Campus Verlag.

Lenk, Hans (1986): Zur Frage der Verantwortung des Wissenschaftlers. In: Braun, Edmund (Hrsg): Wissenschaft und Ethik. Bern: Peter Lang Verlag, S. 117–143.
- (1992): Zwischen Wissenschaft und Ethik. Frankfurt am Main: Suhrkamp.

Levy, Steven (1984): Hackers: Heroes of the Computer Revolution. New York: Penguin Books.

Luther, Martin (1883): Praeceptum octavum. In: Decem praecepta Wittenbergensi praedicata populo, 1518, Werke. Krit. Gesamtausgabe. I. Weimar.

Lyotard, Jean-François (^{8}2015): Das postmoderne Wissen. Ein Bericht (Passagen Forum). Wien: Passagen Verlag.

L´Etang, Jacquie (2003): The Myth of the 'Ethical Guardian': An Examination of its Origins, Potency and Illusions. In: Journal of Communication Management 8, S. 53–67.

Machiavelli, Niccolo (1532): Il principe. Florenz.

Mangan, David (2015): Regulating for responsibility: reputation and social media. In: International Review of Law, Computers & Technology 29 (1), S. 16–32.

McDowell, John (1979): Virtue and Reason. In: The Monist 62, S. 331–350.
- (1998): Mind, Value and Reality. Cambridge: Harvard University Press.

McLuhan, Marshall (1964): Understanding Media: The Extensions of Man. New York: New American Library.

Meier, Klaus / Reimer Julius (2011): Transparenz im Journalismus. Instrumente, Konfliktpotentiale, Wirkung. In: Publizistik 56, S. 133–155.

Mergel, Thomas (2010): Propaganda nach Hitler. Eine Kulturgeschichte des Wahlkampfs in der Bundesrepublik 1949–1990. Göttingen: Wallstein Verlag.

Merten, Klaus (1977): Kommunikation. Eine Begriffs- und Prozessanalyse. Opladen: Westdeutscher Verlag.
- (1999): Einführung in die Kommunikationswissenschaft. Band 1: Grundlagen der Kommunikationswissenschaft. Münster / Hamburg: Lit-Verlag.

Meyers, Christopher (Hrsg.) (2010): Journalism Ethics. A Philosophical Approach. Oxford: Oxford University Press.

Mitchell, William John Thomas (1994): Picture Theory. Essays on Verbal and Visual Representation. Chicago: University of Chicago Press.

Mitschka, Konrad (2018): Vom Nutzen der Transparenz. In: Hilker, Heiko / Herzog, Christian / Novy, Leonard / Torun, Orkan (Hrsg.): Transparency and Funding of Public Service Media – Die deutsche Debatte im internationalen Kontext. Wiesbaden: Springer VS, S. 355–362.

Morelli, Mario F. (1995): Fairness. In: Roth, John K. (Hrsg.): International Encyclopedia of Ethics. London: Fitzroy Dearborn Publishers, S. 301–302.

Moser, Paul K. / Carson, Thomas L. (Hrsg.) (2000): Moral Relativism. Oxford: Oxford University Press.

Moulines, C. Ulises (2010): Rationale Rekonstruktion. In: Sandkühler, Hans Jörg (Hrsg.): Enzyklopädie Philosophie. Band 3. Q-Z. Hamburg: Felix Meiner Verlag, S. 2200–2201.

Bibliographie

Münker, Stefan (2009): Philosophie nach dem »Medial Turn«: Beiträge zur Theorie der Mediengesellschaft. Bielefeld: transcript Verlag.

Nagenborg, Michael / Sell, Saskia (2016): Hackerethik. In: Heesen, Jessica (Hrsg.): Handbuch Medien- und Informationsethik. Stuttgart: Metzler, S. 344–351.

Nida-Rümelin, Julian (^{2}2005): Theoretische und angewandte Ethik: Paradigmen, Begründungen, Bereiche. In: Nida-Rümelin, Julian (Hrsg.): Angewandte Ethik. Die Bereichsethiken und ihre theoretische Fundierung. Ein Handbuch. Stuttgart: Alfred Kröner Verlag, S. 2–87.

- (^{2}2005a): Wissenschaftsethik. In: Nida-Rümelin, Julian (Hrsg.): Angewandte Ethik. Die Bereichsethiken und ihre theoretische Fundierung. Ein Handbuch. Stuttgart: Alfred Kröner Verlag, S. 834–860.

Niederbacher, Bruno (2012): Erkenntnistheorie moralischer Überzeugungen. Ein Entwurf (Philosophische Analyse 45). Heusenstamm: Ontos Verlag.

Paganini, Claudia (2011): Medienethik als Prinzipienethik. Gibt es in der Medienethik einen Kernbestand ethischer Ansprüche? In: Filipović, Alexander / Jäckel, Michael / Schicha, Christian (Hrsg.): Medien- und Zivilgesellschaft. Weinheim: Beltz Juventa, S. 144–158.

- (2012): Auf der Suche nach positiver Öffentlichkeit. Teilen und Mitteilen im Alten Testament. In: Sützl, Wolfgang / Stalder, Felix / Maier, Ronald / Hug, Theo (Hrsg.): Medien – Wissen – Bildung: Kulturen und Ethiken des Teilens. Innsbruck: Innsbruck University Press, S. 195–207.

- (2012a): Rezension zu Meyer, Christopher: Journalism Ethics. In: Zeitschrift für Katholische Theologie 2, S. 232–236.

- (2013): Israel-Loves-Iran. Das Überschreiten von Medienräumen. In: Dander, Valentin / Gründhammer, Veronika / Ortner, Heike / Pfurtscheller, Daniel / Rizzolli, Michaela (Hrsg.): Medienräume: Regionalität und Materialität. Innsbruck: Innsbruck University Press, S. 107–116.

- (2013a): Warum nicht ein bisschen schwindeln? Täuschung und Lüge aus moralphilosophischer Sicht. In: Communicatio Socialis (46), S. 408–418.

- (2015): How Much Publicness Does Democracy Need? Reflections on Media Ethics between Whistleblowing, Data Collection and the Right to Privacy. In: Vonach, Andreas / Thayil, Jose (Hrsg.): Democracy in an Age of Globalization. Innsbruck: Innsbruck University Press, S. 59–65.

- (2017): „Dear Mister President". Christliche Werte in einer pluralistischen Gesellschaft. In: Datterl, Monika / Guggenberger, Wilhelm / Paganini, Claudia (Hrsg.): Glaube und Politik in einer pluralen Welt (theologische trends 27). Innsbruck: Innsbruck University Press, S. 151–165.

- (2018): Entwurf einer rekonstruktiven Medienethik. Analyse und Auswertung internationaler und nationaler Selbstverpflichtungskodizes (Studien und Impulse zur Medienethik 2). München: zem::dg papers.

- (2019): Quelle der Kreativität oder unnützer Müßiggang? Vom analogen Spielen in der Philosophiegeschichte zum digitalen Spielen in der Medienethik. In: Stapf, Ingrid / Prinzing, Marlies / Köberer, Nina (Hrsg.): Aufwachsen mit

Medien. Zur Ethik mediatisierter Kindheit und Jugend (Kommunikations- und Medienethik 9). Baden-Baden: Nomos, S. 129–141.

Parfit, Derek (2011): On What Matters. Oxford: Oxford University Press.

Pariser, Eli (2011): The Filter Bubble. London: Viking.

Pauer-Studer, Herlinde (2003): Einführung in die Ethik (UTB). Wien: Facultas Verlag.

Pieper, Annemarie (1991): Fairneß als ethisches Prinzip. In: Zeitschrift für Deutsche Philosophie 39 (8), S. 890–900.

Pieper, Annemarie / Thurnherr, Urs (1998): Angewandte Ethik. Eine Einführung (Beck'sche Reihe 1261). München: C.H. Beck.

Pörksen, Bernhard / Detel Hanne (2012): Der entfesselte Skandal. Das Ende der Kontrolle im digitalen Zeitalter. Köln: Herbert von Halem Verlag.

Posner, Roland (1985): Nonverbale Zeichen in öffentlicher Kommunikation. In: Zeitschrift für Semiotik 7, S. 235–271.

Prinzing, Marlis / Blum, Roger (2015): Medienregulierung zwischen normativen Anforderungen und faktischen Defiziten. In: Prinzing, Marlis / Rath, Matthias/ Schicha, Christian /Stapf, Ingrid (Hrsg.): Neuvermessung der Medienethik. Bilanz, Themen und Herausforderungen seit 2000. Weinheim: Beltz Juventa, S. 258–272.

Pross, Harry (1972): Medienforschung. Film, Funk, Presse, Fernsehen. Darmstadt: Habel.

Quante, Michael (^{4}2011): Einführung in die Allgemeine Ethik (Einführung Philosophie). Darmstadt: WBG.

Rath, Matthias (2014): Ethik der mediatisierten Welt. Grundlagen und Perspektiven. Wiesbaden: VS.

Rawls, John (1983): A Theory of Justice (Reprint, Original 1971). Oxford: Oxford University Press.

Ricken, Friedo (^{4}2003): Allgemeine Ethik (Grundkurs Philosophie 4). Stuttgart: Kohlhammer.

Rifkin, Jeremy (2014): Die Null-Grenzkosten-Gesellschaft. Das Internet der Dinge, kollaboratives Gemeingut und der Rückzug des Kapitalismus. Frankfurt am Main: Campus Verlag.

Rippe, Klaus Peter (2002): Relativismus. In: Düwell, Marcus / Hübenthal, Christoph / Werner, Micha H. (Hrsg.): Handbuch Ethik. Stuttgart: Verlag J. B. Metzler, S. 481–486.

Ropohl, Günter (2002): Welche Schwierigkeiten die Technik mit der Ethik hat. In: Arnswald, Ulrich / Kertscher, Jens (Hrsg.): Herausforderungen der Angewandten Ethik. Paderborn: Mentis Verlag, S. 97–109.

Rühl, Manfred / Saxer, Ulrich (1981): 25 Jahre Deutscher Presserat. Ein Anlass für Überlegungen zu einer kommunikationswissenschaftlich fundierten Ethik des Journalismus und der Massenkommunikation. In: Publizistik 26, S. 471–507.

Bibliographie

Saxer, Ulrich (1997): Konstituenten einer Medienwissenschaft. In: Schanze, Helmut / Ludes, Peter (Hrsg.): Qualitative Perspektiven des Medienwandels. Positionen der Medienwissenschaft im Kontext „Neuer Medien". Opladen: Westdeutscher Verlag, S. 15–26.

Schäfer, Mirko Tobias (2012): Vorprogrammierte Partizipation. Zum Spannungsfeld von Appropriation und Design in Social-Media-Plattformen. In: Rußmann, Uta / Breinsteiner, Andreas / Ortner, Heike / Hug, Theo (Hrsg.): Grenzenlose Enthüllungen. Medien zwischen Öffnung und Schließung. Innsbruck: Innsbruck University Press, S. 73–86.

Scheler, Max (1955): Vom Umsturz der Werte. Bern: Francke.

Schicha, Christian (2001): Ethik der Werbung? Zu den Grenzen der persuasiven Kommunikation bei Produkten und Politikern. In: Zeitschrift für Kommunikationsökologie 2, S. 20–28.

– (2002): Politik als Inszenierung. Zur Angemessenheit bei der Politikvermittlung in Unterhaltungsformaten. In: Forum Medienethik 2, S. 61–67.

– (2003): Medienethik und Medienqualität. In: Zeitschrift für Kommunikationsökologie 2, S. 44–53.

– (2005): Wirtschaftswerbung zwischen Information, Provokation und Manipulation. Konsequenzen für die Selbstkontrolle des Deutschen Werberates. In: Baum, Achim / Langenbucher, Wolfgang R. / Pöttker, Horst / Schicha, Christian (Hrsg.): Handbuch Medienselbstkontrolle. Wiesbaden: VS Verlag für Sozialwissenschaften, S. 255–269.

– (2011): Inhaltsleere Medienrituale? Kritische Anmerkungen zu standardisierten Formen der Fernsehberichterstattung am Beispiel von Nachrichten und politischen Talkshows (Schriftenreihe Medienethik 9). Stuttgart: Franz Steiner Verlag, S. 157–176.

Schicha, Christian / Brosda, Carsten (2010) (Hrsg.): Handbuch Medienethik. Wiesbaden: VS Verlag für Sozialwissenschaften.

Schleich, Markus / Nesselhauf, Jonas (2016): Fernsehserien. Geschichte, Theorie, Narration. Tübingen: A. Francke Verlag.

Schmidt, Jan-Hinrik (2016): Ethik des Internets. In: Heesen, Jessica (Hrsg.): Handbuch Medien- und Informationsethik. Stuttgart: Metzler, S. 284–292.

Schöndorf, Harald (2010): Prinzip. In: Schöndorf, Harald / Brugger, Walter (Hrsg.): Philosophisches Wörterbuch. München: Verlag Karl Alber, S. 375–377.

– (2011): Wert. In: Schöndorf, Harald / Brugger, Walter (Hrsg.): Philosophisches Wörterbuch. München: Verlag Karl Alber, S. 570–571.

Schöttle, Pascal / Böhme, Rainer (2014): Die totale Transparenz. Facebook, Cookies, RFID etc. In: Dabrowski, Martin / Wolf, Judith / Abmeier, Karlies (Hrsg.): Ethische Herausforderungen im Web 2.0. Paderborn: Ferdinand Schöningh, S. 11–32.

Schröder, Thomas (2012): Alles für alle? Zum Verhältnis von Medien und Öffentlichkeit in 400 Jahren Mediengeschichte. In: Rußmann, Uta / Breinsteiner, Andreas / Ortner, Heike / Hug, Theo (Hrsg.): Grenzenlose Enthüllungen. Medien zwischen Öffnung und Schließung. Innsbruck: Innsbruck University Press, S. 19–31.

Schulz, Winfried (1994): Kommunikationsprozeß. In: Moelle-Neumann, Elisabeth / Schulz, Winfried / Wilke, Jürgen (Hrsg.): Das Fischer Lexikon Publizistik. Massenkommunikation. Frankfurt am Main: Fischer, S. 140–171.

Schulze, Angela (1999): Werbung an der Grenze: Provokation in der Plakatwerbung der 50er bis 90er Jahre. Wiesbaden: Deutscher Universitäts-Verlag.

Schweiger, Günter / Schrattenecker, Gertraud (31992): Werbung. Eine Einführung (UTB). Stuttgart: UVK Lucius.

Seelmann, Kurt (2008): Respekt als Rechtspflicht?, In: Brugger, Winfried / Neumann, Ulfrid / Kirste, Stephan (Hrsg.): Rechtsphilosophie im 21. Jahrhundert. Frankfurt am Main: Suhrkamp, S. 418–439.

Sehr, Marc (2016): Embedded Journalism. In: Heesen, Jessica (Hrsg.): Handbuch Medien- und Informationsethik. Stuttgart: Metzler, S. 126–131.

Sennet, Richard (2004): Respekt im Zeitalter der Ungleichheit. Berlin: Berliner Taschenbuchverlag.

Shirky, Clay (2010): Cognitive Surplus: Creativity and Generosity in a Connected Age. London: Penguin Press.

Sicart, Miguel (2009): The Ethics of Computer Games, Cambridge MA: The MIT Press.

Siep, Ludwig (2004): Konkrete Ethik. Mannigfaltigkeit, Natürlichkeit, Gerechtigkeit. Frankfurt am Main: Suhrkamp.

Silverstone, Roger (2006): Media and Morality: On the Rise of the Mediapolis. Cambridge: Polity Press.

Singer, Jane B. (2005), The Political J-Blogger. 'Normalizing' a New Media Form to Fit Old Norms and Practices. In: Journalism 6, S. 173–198.

Singer, Peter (^{3}2011): Practial Ethics. New York: Cambridge University Press.

Stapf, Ingrid (2010): Selbstkontrolle. In: Schicha, Christian / Brosda, Carsten (Hrsg.): Handbuch Medienethik. Wiesbaden: VS Verlag für Sozialwissenschaften, S. 164–185.

- (2015): Überlegungen zur Neuvermessung der Medienregulierung – 10 Thesen. In: Prinzing, Marlis / Rath, Matthias / Schicha, Christian /Stapf, Ingrid (Hrsg.): Neuvermessung der Medienethik. Bilanz, Themen und Herausforderungen seit 2000. Weinheim: Beltz Juventa, S. 273–299.

- (2016): Freiwillige Medienregulierung. In: Heesen, Jessica (Hrsg.): Handbuch Medien- und Informationsethik. Stuttgart: Metzler, S. 96–104.

Starck, Kenneth / Kruckeberg, Dean (2003): Ethical Obligations of Public Relations in an Era of Globalization. In: Journal of Communication Management 8, S. 29–40.

Strobl, Ingrid (2010): Respekt. Anders miteinander umgehen. München: Pattloch Verlag.

Studer, Peter (2005): Fairness – Lehrformel oder durchsetzbare Forderung? Das Wertwort Fairness in der ethischen und juristischen Praxis. Konstanz: UVK.

Tappe, Inga (2016): Bildethik. In: Heesen, Jessica (Hrsg.): Handbuch Medien- und Informationsethik. Stuttgart: Metzler, S. 306–312.

Tapscott, Don (1998): Growing Up Digital. The Rise of the New Generation. New York: McGraw-Hill.

Tenbruck, Friedrich H. (1965): Jugend und Gesellschaft. Freiburg im Breisgau: Rombach.

Tetens, Holm (2011): Argumentationsstrukturen in der Angewandten Ethik. In: Stoecker, Ralf / Neuhäuser, Christian / Raters, Marie-Louise (Hrsg.): Handbuch Angewandte Ethik. Stuttgart: Carl Ernst Poeschel Verlag, S. 18–22.

Thies, Christian (2011): Medienethik. In: Stoecker, Ralf / Neuhäuser, Christian / Raters, Marie-Louise (Hrsg.): Handbuch Angewandte Ethik. Stuttgart: Carl Ernst Poeschel Verlag, S. 206–209.

Thimm, Caja / Dang-Anh, Mark / Einspänner, Jessica (2012): Mehr Zivilgesellschaft durch Social Media? In: Filipović, Alexander / Jäckel, Michael / Schicha, Christian (Hrsg.): Medien- und Zivilgesellschaft (Kommunikations- und Medienethik). Weinheim: Beltz Juventa, S. 200–211.

Thomas von Aquin (1933): Die deutsche Thomas-Ausgabe (Summa theologica), Üs. von Dominikanern u. Benediktinern Deutschlands u. Österreichs. Graz: Styria.

Thomaß, Barbara (1998): Journalistische Ethik. Ein Vergleich der Diskurse in Frankreich, Großbritannien und Deutschland. Wiesbaden: Westdeutscher Verlag.

– (2003): Fünf ethische Prinzipien journalistischer Praxis. In: Debatin, Bernhard / Funiok, Rüdiger (Hrsg.): Kommunikations- und Medienethik. Konstanz: UVK, S. 159–168.

Trampota, Andreas (2012): Vernunft allein bewegt nichts – Hume, Kant und die Externalismus-Internalismus-Kontroverse in der Ethik. In: Brüntrup, Godehard / Schwartz, Maria (Hrsg.): Warum wir handeln – Philosophie der Motivation. Stuttgart: Kohlhammer, S. 41–60.

Treumann, Klaus Peter et al. (2002): Medienkompetenz im digitalen Zeitalter. Wie die neuen Medien das Leben und Lernen Erwachsener verändern (Schriftenreihe Medienforschung der Landesanstalt für Rundfunk Nordrhein-Westfalen 39). Opladen: Leske + Budrich.

Vieth, Andreas (2006): Einführung in die Angewandte Ethik. Darmstadt: WBG.

Vranitzky, Franz / Pelinka, Peter (2017): Zurück zum Respekt: Überleben in einer chaotischen Welt. Wien: edition a.

Wahlert, Christiane von / Wiese, Heiko (2005): Die Freiwillige Selbstkontrolle der Filmwirtschaft GmbH (FSK) [1949]. In: Baum, Achim / Langenbucher, Wolfgang / Pöttker, Horst / Schicha, Christian (Hrsg.): Handbuch Medienselbstkontrolle. Wiesbaden: VS Verlag für Sozialwissenschaften, S. 37–45.

Wallner, Regina Maria (2018): Digitale Medien zwischen Transparenz und Manipulation. Internet und politische Kommunikation in der repräsentativen Demokratie (Medienkulturen im digitalen Zeitalter). Wiesbaden: Springer VS.

Ward, Stephan J. A. (2011): Ethics and the Media. An Introduction. Cambridge: Cambridge University Press.

Weber, Patrick (2016): Nachrichtenwert. In: Heesen, Jessica (Hrsg.): Handbuch Medien- und Informationsethik. Stuttgart: Metzler, S. 114–121.

Wehner, Josef (2000): Wie die Gesellschaft sich als Gesellschaft sieht – elektronische Medien in systemtheoretischer Perspektive. In: Neumann-Braun, Klaus / Müller-Doohm, Stephan (Hrsg.): Medien- und Kommunikationssoziologie. Eine Einführung in zentrale Begriffe und Theorien. Weinheim: Juventa Verlag, S. 93–124.

Weichert, Stephan (2011): Brennpunkt 9/11. Krisenereignisse und deren Bedeutung für das Fernsehpublikum (Schriftenreihe Medienethik 9). Stuttgart: Franz Steiner Verlag, S. 177–192.

Weischenberg, Siegfried (1992): Journalismus. Theorie und Praxis aktueller Medienkommunikation. Band 1: Mediensystem, Medienethik, Medieninstitutionen. Opladen: Westdeutscher Verlag.

Welker, Martin / Elter, Andreas / Weichert, Stephan (2016) (Hrsg.): Pressefreiheit ohne Grenzen? Grenzen der Pressefreiheit. Köln: Halem Verlag.

Werner, Micha H. (2003): Diskursethik als Maximenethik. Von der Prinzipienbegründung zur Handlungsorientierung. Würzburg: Königshausen u. Neumann.

Westerbarkey, Joachim (1995): Journalismus und Öffentlichkeit. Aspekte publizistischer Interdependenz und Interpenetration. In: Publizistik 40, S. 152–162.

Wiegerling, Klaus (1998): Medienethik. Stuttgart: Metzler.

Wild, Claudia (1990): Ethik im Journalismus. Individualethische Überlegungen zu einer journalistischen Berufsethik. Wien: VWGÖ.

Wirkus, Bernd (2001): Manipulation. In: Uedin, Gert (Hrsg.): Historisches Wörterbuch der Rhetorik. Band 5: L-Musi. Tübingen: Niemeyer, S. 930–945.

Wittengenstein, Ludwig (1953): Philosophische Untersuchungen. Stuttgart: Reclam.

Wolf, Ursula (2012): Ethik der Mensch-Tier-Beziehung. Frankfurt am Main: Vittorio Klostermann.

Wunden, Wolfgang (2005): Die „Verhaltensgrundsätze" des VPRT zu den Nachmittags-Talkshows. In: Baum, Achim / Langenbucher, Wolfgang R. / Pöttker, Horst / Schicha, Christian (Hrsg.): Handbuch Medienselbstkontrolle. Wiesbaden: VS Verlag für Sozialwissenschaften, S. 284–293.

Zeilinger, Thomas (2009): „Social Networking" als Basis der Wahrnehmung kommunikativer Kompetenz im Internet. Von einer Ethik allgemeiner Geltungsansprüche zu einer Ethik sozialer Verbundenheit. In: Zeitschrift für Kommunikationsökologie und Medienethik 1, S. 57–60.

Bibliographie

Zerfaß, Ansgar (1999): Soziale Verantwortung in der Mediengesellschaft. Handlungsspielräume und politische Ansätze einer ethisch aufgeklärten Unternehmensführung. In: Funiok, Rüdiger / Schmälzle, Udo F. / Werth, Christoph (Hrsg.): Medienethik – die Frage der Verantwortung. Bonn: Bundeszentrale für politische Bildung, S. 163–168.

Zimmerli, Walther Christoph / Aßländer, Michael Stefan (^{2}2005): Wirtschaftsethik. In: Nida-Rümelin, Julian (Hrsg.): Angewandte Ethik. Die Bereichsethiken und ihre theoretische Fundierung. Ein Handbuch. Stuttgart: Alfred Kröner Verlag, S. 302–385.